办公软件实验指导

主编 许 芸
主审 王 勋

浙江工商大学出版社

图书在版编目（CIP）数据

办公软件实验指导/许芸 主编. – 杭州：浙江工商大学出版社，2009.8
ISBN 978-7-81140-077-9

Ⅰ.办… Ⅱ.许… Ⅲ.办公室–自动化–应用软件
Ⅳ.TP317. 1

中国版本图书馆CIP数据核字（2009）第142431号

【内容提要】办公软件基础是我国高等学校非计算机专业的一门公共基础课，是针对高等学校非计算机专业学生计算机基础教育的第一层次的课程，该课程要求学生掌握较高的实际操作能力。我们编写这本实验指导书，就是从学生学习的特点、兴趣和知识点出发，通过实验的方式，指导他们完成该课程的学习，并且能学以致用。本指导书共分为 6 章：第 1 章为“Windows XP 系统操作实验”，设置了 Windows XP 下关于基本操作的 6 个实验，最终学生能够完成文件管理等基本操作；第 2 章为“Word 高级操作实验”，设置了文本编辑、图文、表格混排等 5 个实验，最终学生能够完成复杂的论文排版；第 3 章为“Excel 高级操作实验”，设置了数据录入、编辑、处理、公式和函数运用等7个数据处理实验，最终学生应学会公式和函数的复杂数据处理；第 4 章为“PowerPoint 2003 操作实验”，设置了幻灯片建立、编辑、加入多媒体效果等 7 个实验，最终学生应学会演示文稿的编辑；第 5 章为“Access 数据库操作实验”，设置了创建数据库表、查询、管理数据库等 4 个实验，最终学生应学会通过数据库实现对数据的管理；第 6 章为“网络应用操作实验”，设置了2个实验，最终学生应通过实验掌握网络的基本使用方法。

办公软件实验指导

许 芸 主编

责任编辑 何海峰
策划编辑 孙惊初
责任校对 张振华
封面设计 刘 韵
责任印制 汪 俊
出版发行 浙江工商大学出版社
（杭州市教工路198号，邮政编码310012）
（Email：zjgsupress@163.com）
（网址：http：//www.zjgsupress.com）
电话：0571-88904980，88831806（传真）
排　　版 杭州开源数码设备有限公司
印　　刷 杭州广育多莉印刷有限公司
开　　本 787mm×1092mm 1/16
印　　张 11
字　　数 278千
版 印 次 2009年8月第1版 2011 年 7 月杭州第 4 次印刷
书　　号 ISBN 978-7-81140-077-9
定　　价 25.00

浙江工商大学出版社营销部邮购电话 0571-88804227

目　录

前　言

“办公软件基础”是我国高等学校非计算机专业学生的一门公共基础课，是针对高等学校非计算机专业学生进行计算机基础教育开设的第一层次的课程。该课程实践性很强，要求学生对基础软件有很好的运用能力。我们编写这本教材就是从培养学生的实践能力出发，让学生通过我们的引导和实验安排，循序渐进地掌握相关软件的运用。

计算机技术的飞速发展和计算机应用的进一步普及，促进了计算机教育的发展和提高。为了适应这种新形势，计算机教材的内容需要不断更新，本书就是基于现在应用最广泛的软件作为操作软件：计算机操作系统平台为Windows XP，办公自动化软件为Office 2003。我们的主要出发点是，作为大学教材的辅助实验教材，所选用的操作软件应是既成熟又比较新的，这样学生学习之后马上就可以运用到实际中。

本书共分为6章：第1章为“Windows XP系统操作实验”，介绍Windows XP 这个目前个人计算机的主流操作系统；第2章为“Word高级操作实验”，主要帮助学生掌握文字处理软件的编辑、排版等内容；第3章为“Excel高级操作实验”，主要帮助学生掌握Excel的数据处理、公式运用等内容；第4章为“PowerPoint 2003操作实验”，主要帮助学生掌握幻灯片的编辑、排版及增强演示效果等实验内容；第5章为“Access数据库操作实验”，主要帮助学生掌握Access数据库的基本操作，能够设计一般的数据库和进行简单的数据管理；第6章为“网络应用操作实验”，主要帮助学生使用现在最流行的网络工具，掌握网络的设置、网络的链接、邮件发送与接收等内容。我们的每个实验都有详细的步骤，引导学生进行学习，并且配上了大量的图片，非常适合学生自主学习。

本书主要由许芸提出编写思路，张爱军也对编写思路提出了很好的建议，由张爱军、马银晓、王珊珊、崔莅凯、朱夏君共同执笔编写，最后由许芸统稿主编。各章编写分工如下：第1章由许芸编写，第2章由张爱军编写，第3章由王珊珊编写，第4章由马银晓编写，第5章由崔莅凯编写，第6章由朱夏君编写。本书的编写，得到了院长凌云教授、副院长王勋教授的大力支持，并且王勋教授还对本书进行了主审，在此深表感谢。

本书的编写指导思想是尽量汲取最新和成熟的计算机技术，尽量反映当前计算机基础教育的教学实践要求，力求通俗易懂、适合教学、方便自学。为使本书尽量体现知识的科学性、先进性，编者进行了认真讨论，并反复修改，最终定稿。但由于水平有限，错误仍在所难免，衷心希望广大任课教师、学生和读者指正，使本书在使用中不断修正和完善。

编著者

2009年6月

于浙江工商大学

第 1 章 Windows XP系统操作实验

本章知识点

Windows XP 是目前个人计算机的主流操作系统，拥有全球最大的用户群。Windows XP系统操作主要可分为文件管理、程序管理和计算机管理三部分。

通过本章的学习与实验，学生应该掌握如下知识点。

1. 文件管理：“我的电脑”以及资源管理器的使用，包括文件和文件夹的新建、更名、复制、移动和删除等；文件搜索；回收站操作；文件和文件夹属性；文件与程序建立关联。

2. 定制个性化的工作环境：自行设置与改变桌面、任务栏、“开始”菜单等工具的默认状态，设计自己喜爱的工作环境。

3. 管理与控制Windows XP系统：对Windows XP系统进行软件和硬件的管理，掌握系统的用户管理，了解快速进行用户切换及电源管理的方法，初步了解磁盘清理及磁盘碎片整理等磁盘管理工具的用法。

本章共安排了6 个实验，来帮助学生熟练掌握学过的知识，强化实际动手能力。

实验1 开始使用Windows XP

实验目的

本实验的目的是让读者认识Windows XP的桌面及基本操作平台，了解其特点；熟练掌握鼠标、键盘及窗口的操作方法；知道如何获取帮助信息。

任务描述

1.正确打开计算机，了解Windows XP界面。

2.对语言栏进行设置：设置输入法，将语言栏固定在任务栏的右侧，隐藏语言栏。

3.任务栏的新特性。

4.切换开始菜单为“经典Windows XP”样式。

5.正确退出Windows XP，关闭计算机。

操作步骤

实验1-1 打开计算机，了解Windows XP界面

计算机硬件设备连接正常的情况下，打开Windows XP操作系统，并用自己的帐户登录Windows XP系统。

步骤1 开机，进入登录界面，如图1-1所示。

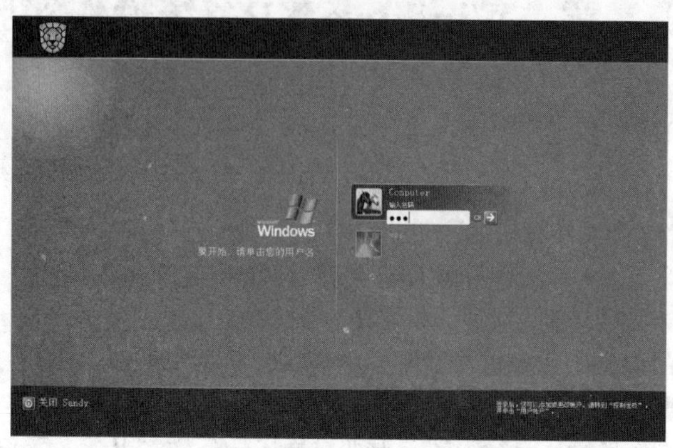

图1-1 Windows XP登录界面

步骤2 单击用户名，输入密码后，进入如图1-2所示的Windows XP桌面。

图1-2 Windows XP桌面

（1）图标：双击，可以启动程序、打开窗口、打开文件等。

（2）“开始”菜单：单击该菜单，可以启动程序、获取帮助及退出Windows XP系统。

（3）快速启动栏：单击其中的程序图标可以快速启动程序。

（4）任务栏：显示已打开的程序名称，单击任务栏上的程序，可在不同程序间切换。

（5）语言栏：选择并设置输入法。

（6）通知栏：显示系统时钟、紧急通知的图标（不常用的图标将自动隐藏）。

实验1-2 对语言栏进行设置

步骤1 设置语言栏。单击语言栏中的“输入法”按钮，打开输入法选择菜单，如图1-3所示。

步骤2 单击选择“微软拼音输入法 2003”。

步骤3 单击语言栏右边的“最小化”按钮，语言栏最小化到任务栏；单击“恢复”按钮，语言栏又恢复为自由状态，如图1-4所示。

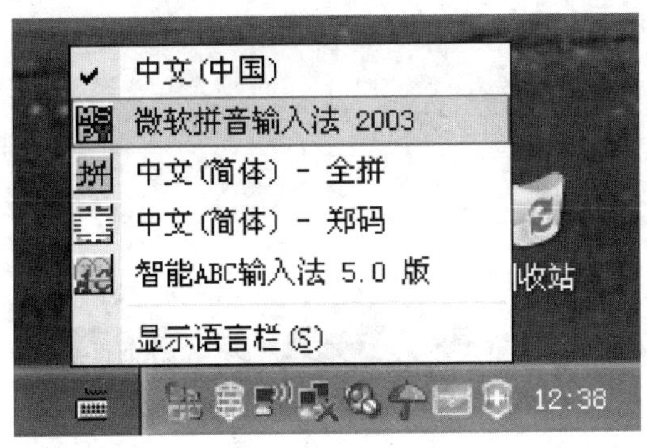

图1-3 选择输入法

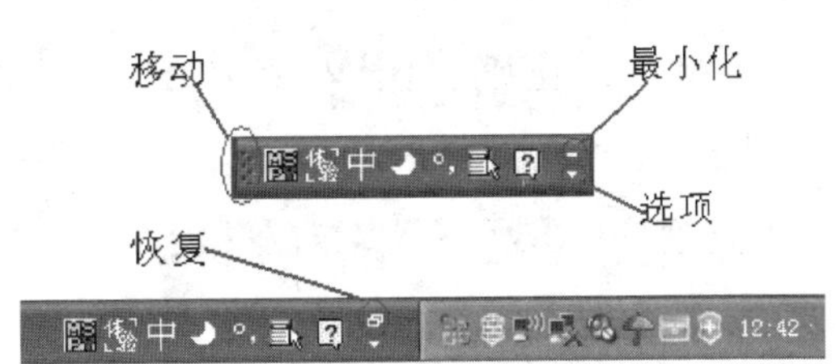

图1-4 语言栏的最小化及恢复

步骤4 右击任务栏的空白处，在弹出的快捷菜单中，选中“工具栏”→“语言栏”，如图1-5所示。取消“语言栏”前面的勾，可实现在任务栏上隐藏“语言栏”。

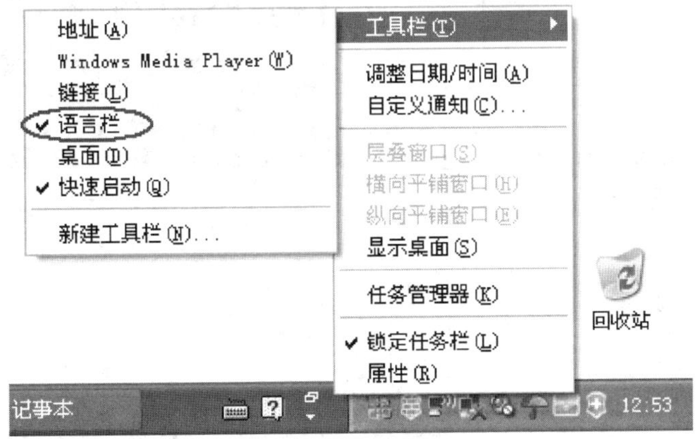

图1-5 隐藏“语言栏”

实验1-3 任务栏的新特性

当任务栏按钮太多而堆积时，Windows XP 通过合并按钮使任务栏保持整洁。右击“任务栏”→“属性”窗口，如图1-6所示。

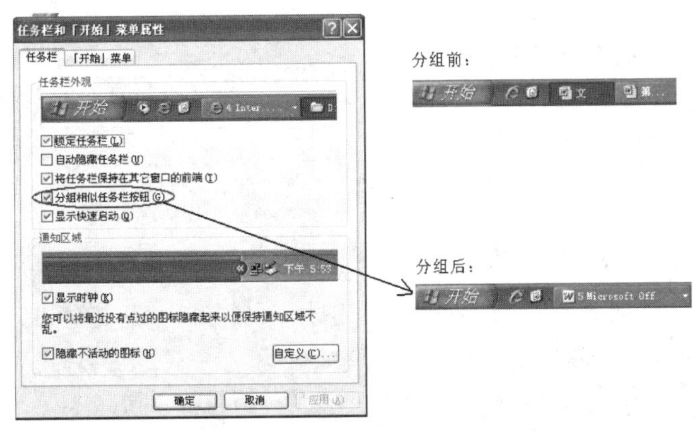

图1-6“任务栏”的新特性——“程序”分组

实验1-4 切换开始菜单为“经典Windows XP”样式

右击“开始”菜单按钮→“属性”，如图1-7所示，选中“经典「开始」菜单”，切换为“经典Windows XP”。

实验1-5 正确退出Windows XP，关闭计算机

点击“开始”菜单→“关闭”，如图1-8所示。

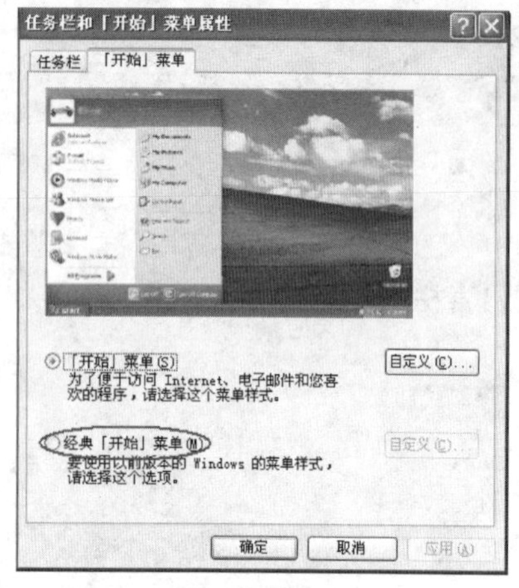

图1-7 切换为“经典Windows XP”

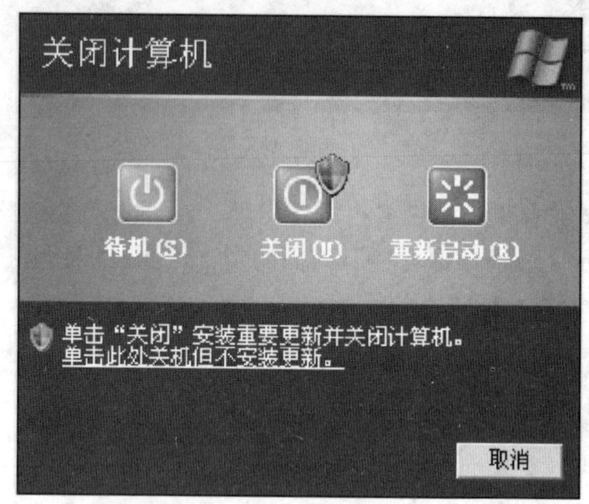

图1-8 关闭计算机

实验2 Windows XP的基本操作

实验目的

学会使用Windows XP提供的“帮助和支持”，掌握鼠标的使用方法，掌握窗口和菜单的操作方法，了解桌面和任务栏的有关操作。

任务描述

1.练习窗口的操作，同时练习鼠标操作。

2.练习切换桌面，修改桌面属性。

3.练习快捷方式的创建。

操作步骤

实验2-1 窗口操作和鼠标练习

步骤1 将鼠标指针指向桌面上的“回收站”图标，双击，打开其窗口，单击“最大化”按钮，再单击“还原”按钮，观察窗口大小的变化。

注意： *双击、单击均指击鼠标左键，右击指单击鼠标右键，下同。*

步骤2 将鼠标指针指向窗口上（下）边框，当鼠标指针变为“↕”时，适当拖动鼠标，改变窗

口大小；将鼠标指针指向窗口左（右）边框，当鼠标指针变为“↔”时，适当拖动鼠标，改变窗口大小；将鼠标指向窗口的任一角，当鼠标指针变为斜向箭头时，拖动鼠标，适当调整窗口在对角线方向的大小。

步骤3 将鼠标指针指向窗口标题栏，拖动“标题栏”，移动整个窗口的位置，使该窗口位于屏幕中心。

实验2-2 切换桌面，桌面属性修改

1.练习切换“现代桌面”为“传统桌面”的步骤。

步骤1 右击“开始”按钮或任务栏的空白处，从出现的快捷菜单中选择“属性”命令。

步骤2 在出现的对话框中单击“「开始」菜单”选项，选择“经典「开始」菜单”选项按钮，如图1-9所示，可由“现代桌面”切换到“传统桌面”。

2.桌面属性修改步骤。

步骤1 将鼠标移到桌面的空白处，单击鼠标右键，选择“属性”命令，出现如图1-10所示的对话框。

步骤2 在对话框中选择“桌面”选项，如图1-11所示，可以修改桌面显示的背景图案。

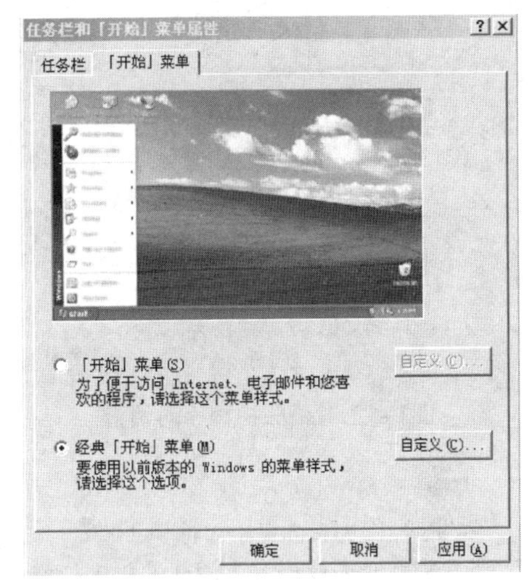

图1-9 “任务栏和「开始」菜单属性”对话框

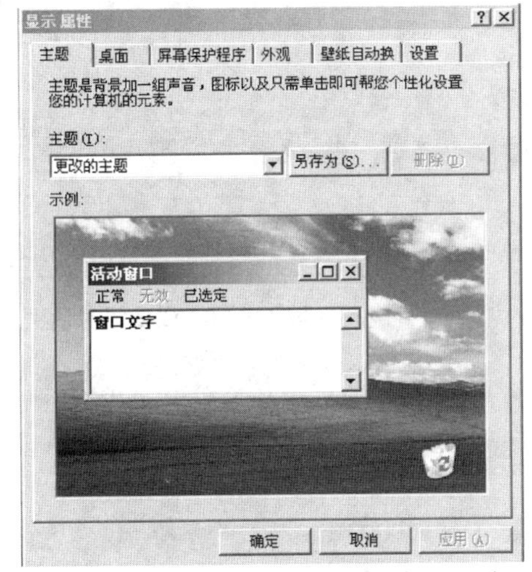

图1-10 桌面属性对话框

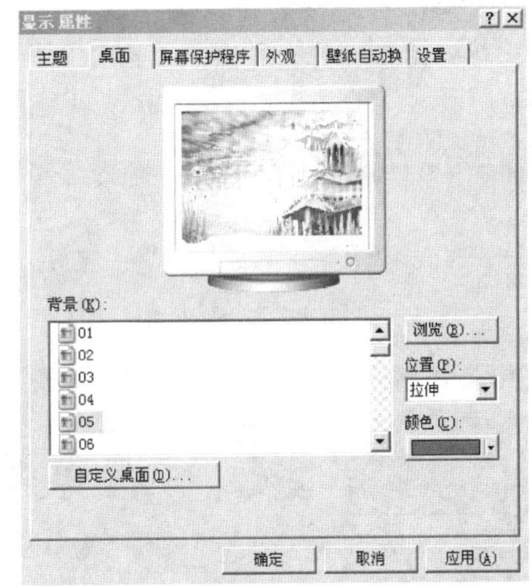

图1-11 桌面背景图案修改对话框

步骤3 在对话框中选择“屏幕保护程序”选项，如图1-12所示，可以在你离开时，自动出现你设定的背景，“屏幕保护程序”开始的时间在“等待”中设置。鼠标单击图1-12中的“电源”选项，出现如图1-13所示的对话框，在对话框中可设置与计算机电源有关的信息。

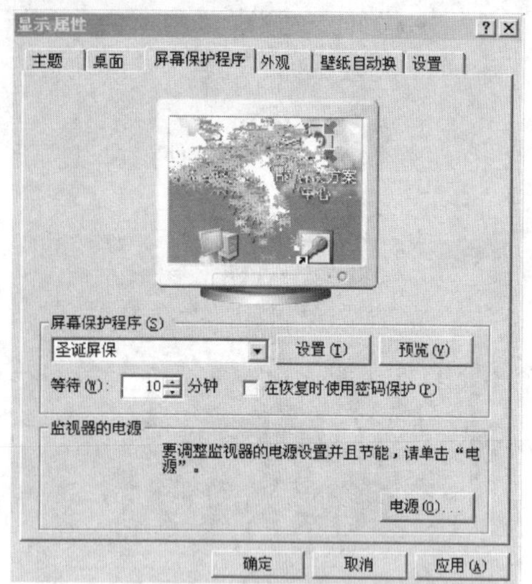

图1-12 屏幕保护程序对话框

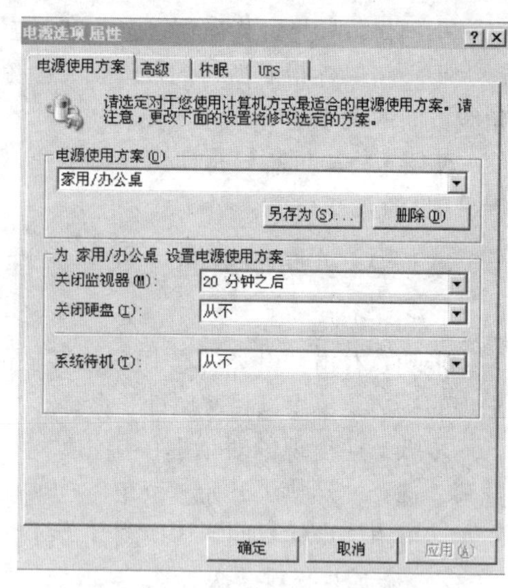

图1-13 电源时间设置对话框

步骤4 在对话框中选择“外观”选项，如图1-14所示，可以进一步修改桌面上的显示内容。

右边的“效果”按钮和“高级”按钮可以对图标和窗口外观做进一步的修改，具体选项如图1-15和图1-16所示。

注意：在进行桌面设置修改时，选择了新的选项后，希望设置生效，先点“应用”按钮，再点“确定”按钮。

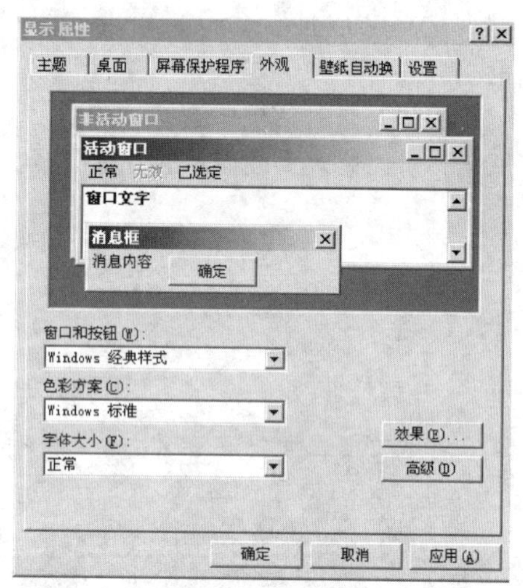

图1-14 桌面外观设置对话框

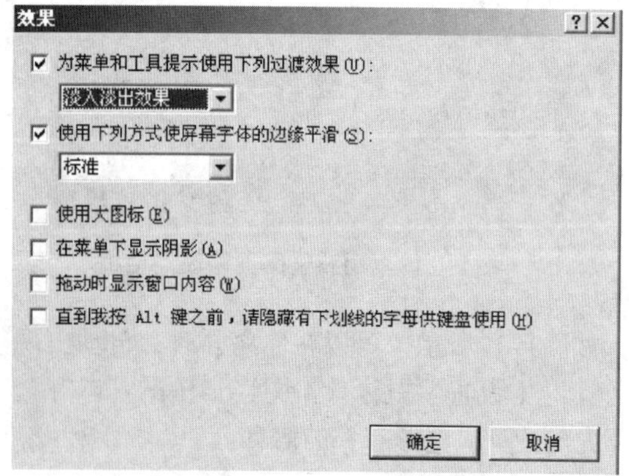

图1-15 外观“效果”选项对话框

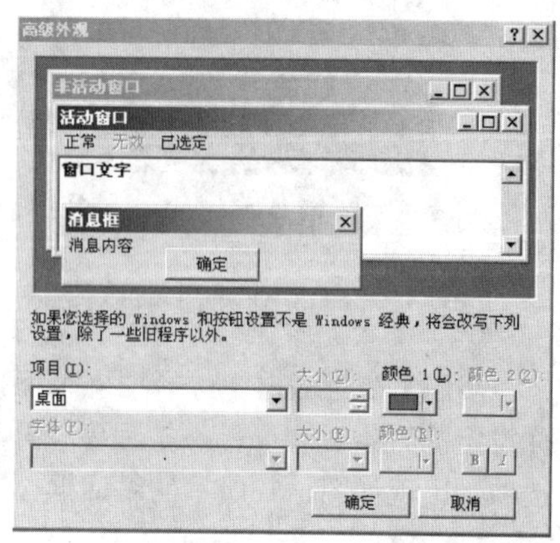

图1-16 外观“高级”选项对话框

3.快捷方式的创建方法。

步骤1 桌面上创建快捷方式的步骤：找到需要创建快捷方式的应用程序，鼠标右击该程序，在出现的快捷菜单上选“发送到”，然后选“桌面快捷方式”，即可完成。然后在桌面上可以进一步修改快捷方式的名称。

步骤2 在某个文件夹中建立应用程序的快捷方式，具体步骤如下。

（1）打开这个文件夹，在空白处右击，从快捷菜单中选择“新建”，然后选“快捷方式”，如图1-17所示。

（2）在“创建快捷方式”对话框的“请键入项目的位置”中输入“应用程序名”（或单击该对话框中的“浏览”按钮，找到应用程序，选定并打开），单击“下一步”按钮，出现如图1-18所示对话框。

（3）在“选择程序标题”对话框的“输入该快捷方式的名称”栏中输入你希望显示的名称，单击“完成”按钮。

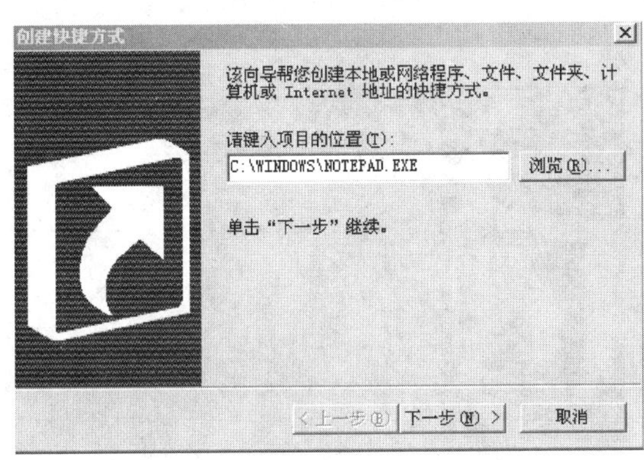

图1-17 “创建快捷方式”对话框

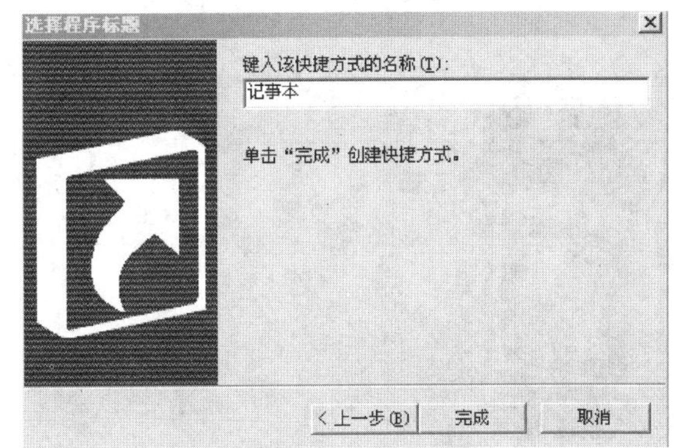

图1-18 “选择程序标题”对话框

（4）在任务栏空白处右击，在弹出的菜单中选择“属性”命令，选择“「开始」菜单”选项，出现如图1-19所示的对话框，选择“经典「开始」菜单”。

（5）单击“自定义”按钮，出现图1-20所示对话框，单击“添加”按钮，出现“创建快捷方式”对话框，如图1-21所示，输入同第（2）步的程序名。

（6）单击“下一步”按钮，出现如图1-22所示的“选择程序文件夹”对话框，在对话框中选择快捷方式的创建位置。

（7）单击“下一步”按钮，出现如图1-23所示的“选择程序标题”对话框，在对话框中输入你希望显示的快捷方式的名称，单击“完成”按钮。

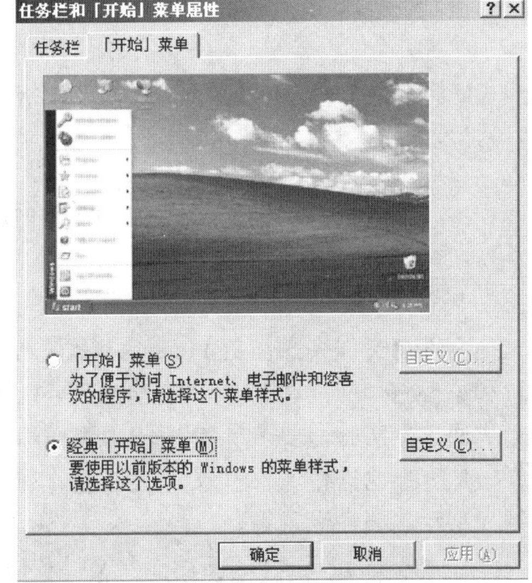

图1-19 “任务栏和「开始」菜单属性”对话框

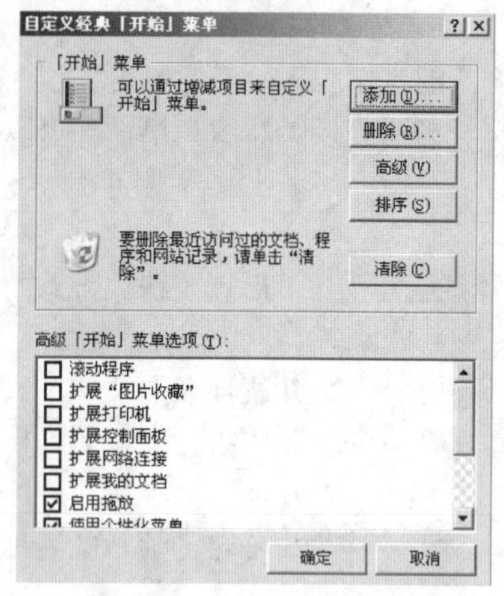

图1-20 “自定义经典「开始」菜单”对话框

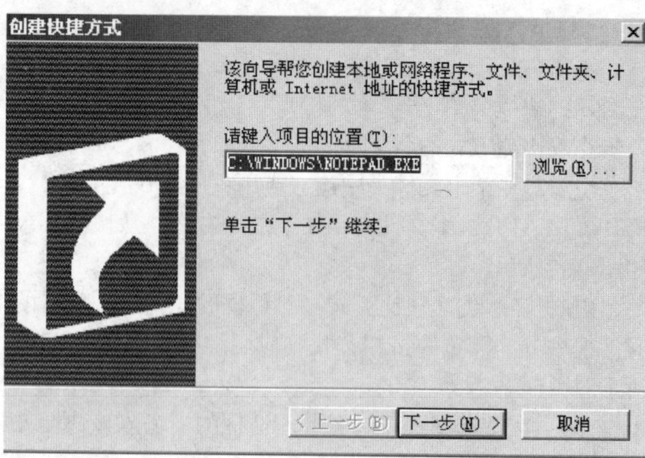

图1-21 “创建快捷方式"对话框

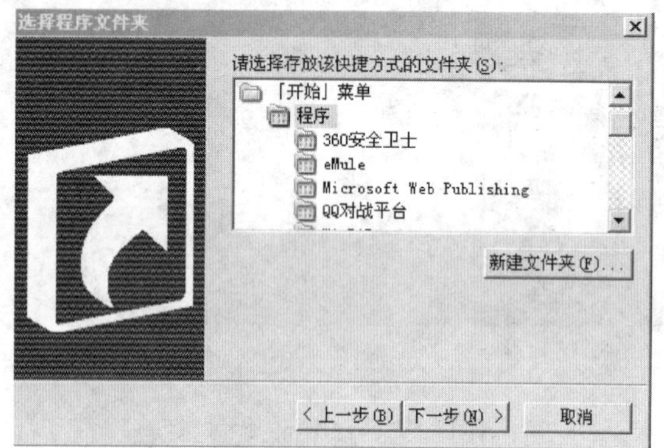

图1-22 “选择程序文件夹”对话框

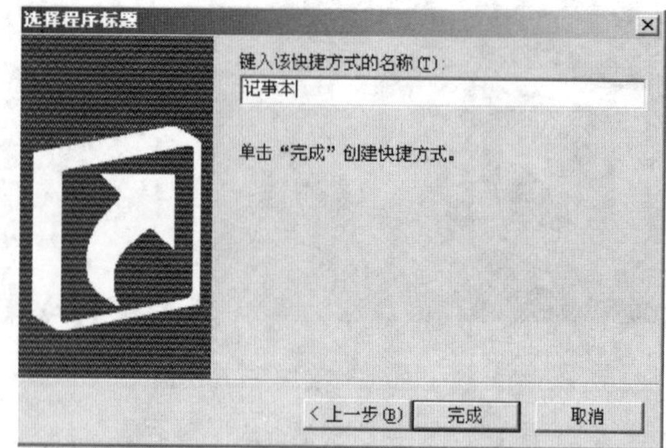

图1-23 “选择程序标题”对话框

实验3 文件与文件夹操作

实验目的

文件与文件夹操作是Windows XP 资源管理中最核心、最重要的部分，需要学生花大力气来熟悉和掌握它。文件和文件夹的操作工具主要有“我的电脑”和资源管理器两种。

通过本实验，要求掌握以下内容。

1.熟练地进行文件和文件夹的基本操作，包括创建、浏览、选择、更名、删除、搜索、复制、移动、属性设置等。

2.了解Windows XP的新功能：文件与应用程序的关联。

3.建立一个实用的多媒体素材库，供后续实验使用。

Windows XP 可以很容易地将文件存储在最有意义的位置，如“我的文档”、“图片收藏”和“我的音乐”文件夹中。这些文件夹很容易在“开始”菜单的右边找到，而且这些文件夹提供了经常执行的任务的便利链接。

实验3–1 文件与文件夹的基本操作

任务描述

1.建立自己的文件夹结构。多媒体种类很多，为了分门别类地搜集存放，试建立如图1–24 所示的“多媒体素材”文件夹。

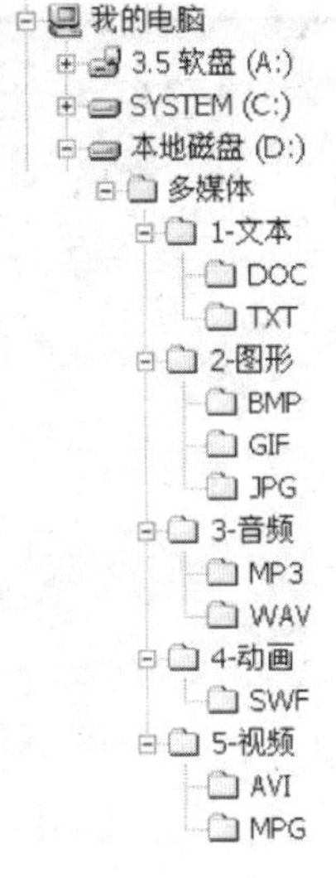

图1–24 多媒体素材

注意： 文件夹不要建在C盘根目录，因为C盘根目录一般带保护卡。

2.在资源管理器中创建一个以“.txt”为扩展名的纯文本文件。通常，我们都是在应用软件中创建新文件，比如在Word中创建以“.doc”为扩展名的文档，在“画图”中创建以“.bmp”为扩展名的图形文件，等等。但在资源管理器中也可以直接创建新文件。

3.文件和文件夹的更名、删除。

4.文件和文件夹的移动、复制。

5.文件和文件夹的浏览、选择。

操作步骤

1.创建多媒体素材文件夹 。

步骤1 双击“我的电脑”，如图1–25所示。利用智能式菜单栏进行操作。

步骤2 选择D盘，在窗口左边“文件和文件夹任务”下，选择“创建一个文件夹”，如图1–26所示。

图1–25 我的电脑

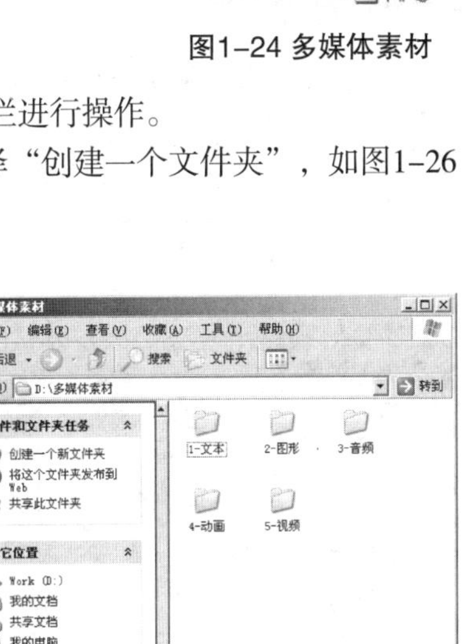

图1–26 新建文件夹

步骤3 在“新建文件夹”的方框中键入“多媒体素材”，并按回车键，如图1–27所示。

注意： 如果“新建文件夹”方框已不在输入状态，名称不能键入，可以右键单击方框，在弹出的快捷菜单中选“重命名”，再键入文件夹名。

步骤4 在资源管理器的左框中选中刚建立的文件夹——“多媒体素材”，用上述步骤2和步骤3，逐个地建立子文件夹“1-文本”、“2-图形”、“3-音频”、“4-动画”和“5-视频”，如图1-28所示。

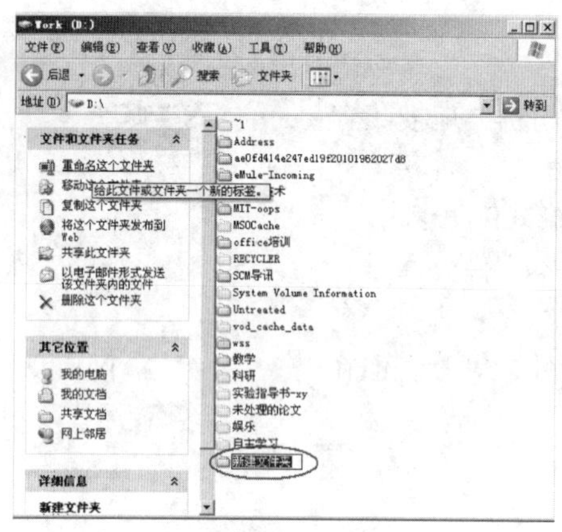

图1-27 键入文件夹名称

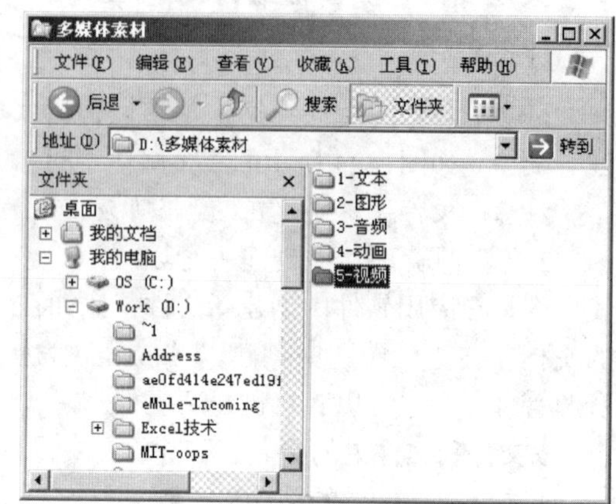

图1-28 建子文件夹

步骤5 在子文件夹“1-文本”中进一步建立下一层的子文件夹“TXT”和“DOC”，见图1-29。同样，在其他子文件夹中也建立各自的下一层子文件夹。

2.创建一个文本文件。

步骤1 在资源管理器左框选中“D:\多媒体素材\1-文本\TXT”子文件夹，然后右键单击资源管理器右框空白处，弹出快捷菜单如图1-30所示。

图1-29 “1-文本”的子文件夹

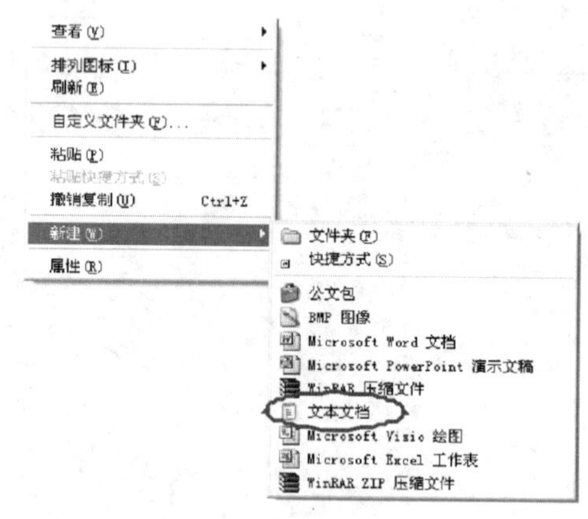

图1-30 快捷菜单

步骤2 单击“新建”→“文本文档”，得到图1-31所示的窗口。可在“新建文本文档”框中键入文本文件的名称，如“搜索引擎”。如无法键入，可右键单击，再点击“重命名”。

步骤3 双击新建的文件“搜索引擎”，则可打开与文本文件相关联的应用程序“记事本”，见图1-32。你可在其中键入文章，或进行编辑工作。

图1-31 新建“文本文档”

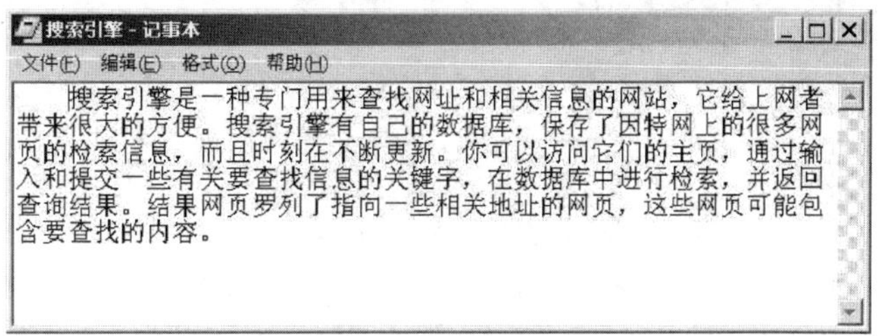

图1-32 编辑文本文件

步骤4 保存此文件，最后结果见图1-33。

同样，如在图1-33所示的快捷菜单中选择“位图图像”，则可以创建以“.bmp”为扩展名的图形文件，进而可打开“画图”来作图。

3.文件和文件夹的更名、删除。

步骤1 打开文件夹“D:\多媒体素材\1-文本\TXT”。右键单击资源管理器右框中的文件“搜索引擎”，在弹出的快捷菜单中选择“重命名”，即可更改文件名，如图1-34所示。另外，慢速单击文件名两次（不是双击），也可更改文件名。

步骤2 在图1-34中，如选择“删除”，即可删除此文件。或者选中文件后按Delete键也可以删除文件。这样删除的文件将进入回收站，如果需要再次使用，还可以还原。如果不想让文件进入回收站，则可以按住Shift键，再进行删除操作。

步骤3 文件夹的更名和删除操作一般在资源管理器的左框中进行，操作方法和对文件的操作是一样的。

4.文件和文件夹的复制、移动。

步骤1 选定文件或文件夹。本例中我们选定“C:\WINDOWS\Media\chord.wav”文件。

步骤2 在窗口左边“文件和文件夹任务”下，选择“复制这个文件”，如图1-35所示。

步骤3 弹出如图1-36所示对话框，选中要复制的目标文件夹，单击“复制”按钮。

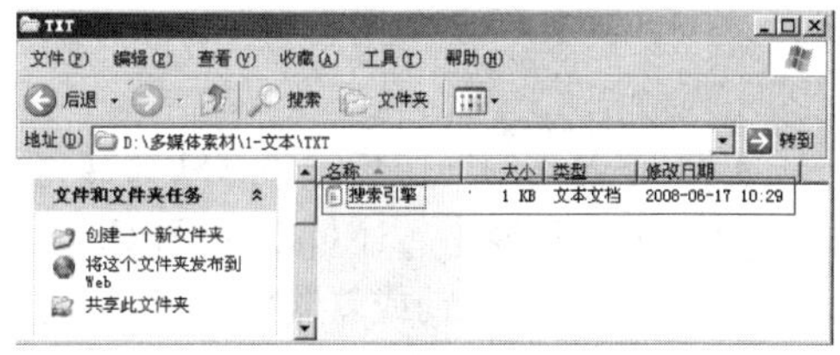

图1-33 文件保存结果

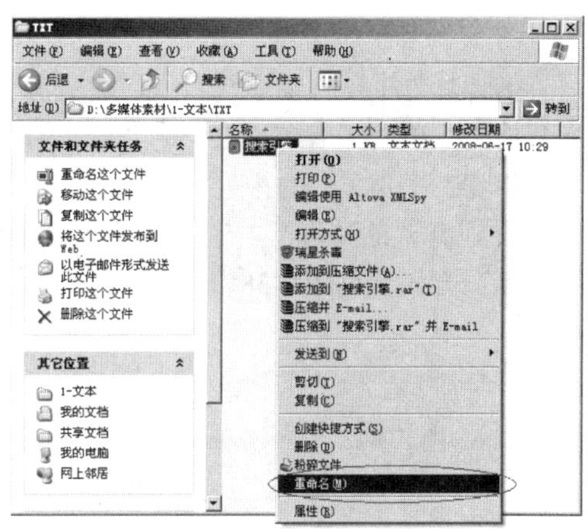

图1-34 文件的重命名

图1-35 移动/复制文件

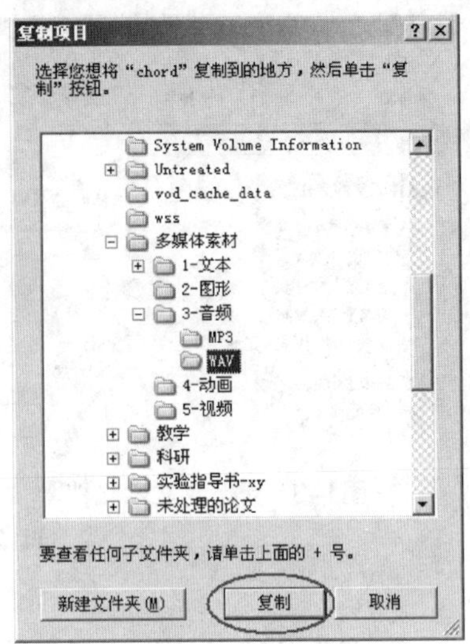

图1-36 复制文件

以上是复制的操作步骤，移动与其完全相似，只是在步骤2中选择“移动这个文件”。

在资源管理器中，还可以使用以下三种方法进行复制和移动。

（1）右击要移动或复制的文件，在打开的快捷菜单中选取相应操作。

（2）使用快捷键：在选定对象以后，复制时，左手按住Ctrl键，右手按住鼠标左键不放；移动时，左手应按住Shift键，将要移动的对象直接拖到资源管理器左框中的目的文件夹中去。

（3）还可以用键盘操作加以辅助，通常是四步：①选定要移动或复制的对象；②按Ctrl+X键（用于移动）或Ctrl+C键（用于复制）；③确定目的地（文件夹）；④按Ctrl+V键。

5.文件和文件夹的浏览。

步骤1 文件夹的展开与回收。在资源管理器左框的目录树中单击带有“+”的节点，观察树的展开情况，单击带有“-”的节点，观察树的折叠情况，见图1-37。

步骤2 改变文件的排列方式。选中“D:\多媒体素材”文件夹，单击上方的“查看”菜单项，可以看到有“缩略图”、“平铺”、“图标”、“列表”和“详细信息”五种查看方式。选定“图标”方式，见图1-38。

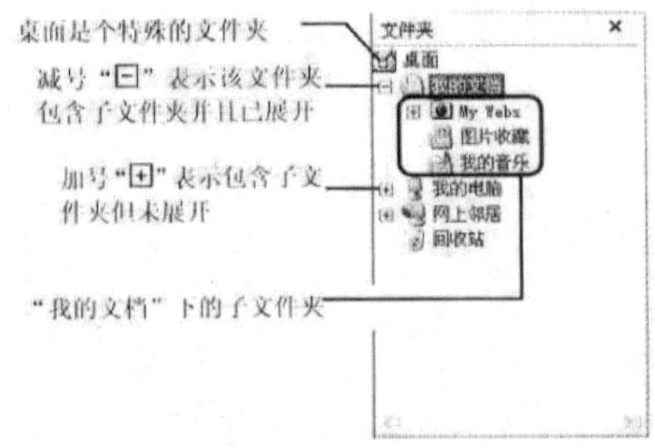

图1-37 文件夹的展开与回收

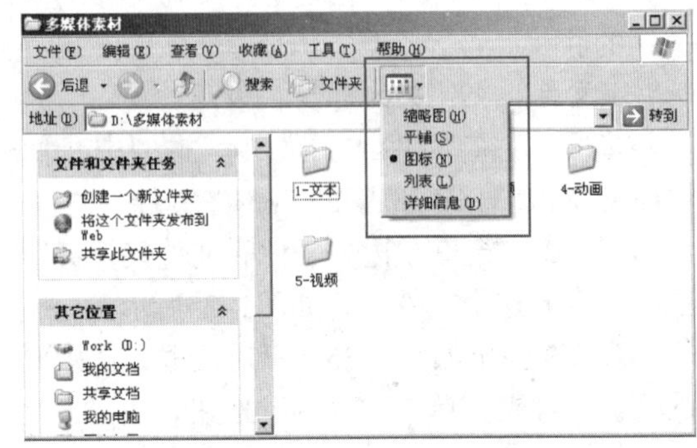

图1-38 改变文件的排列方式

6.文件和文件夹的选择。

选中“D:\多媒体素材”文件夹，执行以下操作。

步骤1 单选。在资源管理器右框中，单击一个文件夹或文件，该对象被选中。

步骤2 连续选。要选定连续的多个对象，可单击第一个对象，再按住Shift键，单击最后一个对象或拖动鼠标直接选取，见图1-39左图。

步骤3 间隔选。要选定不连续的多个对象，可按住Ctrl键，再单击各个对象，见图1-39右图。

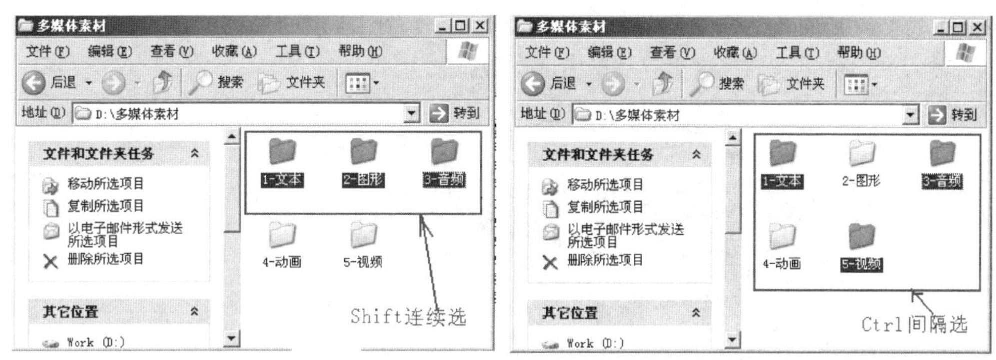

图1-39 连续选与间隔选

步骤4 反选。选定若干个对象后，单击“编辑”→“反向选择”，则可放弃选定的对象，而选定文件夹中的其余对象。

步骤5 全选。单击“编辑”→“全部选定”，或者按Ctrl+A键，即可将当前文件夹中的对象全部选定。

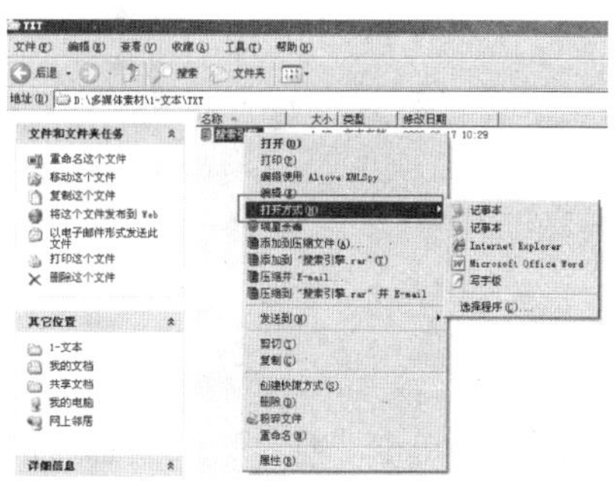

图1-40 “打开方式”对话框

实验3-2 文件与应用程序关联

Windows XP 可以指定具有某个文件扩展名的文件总是在同一个程序中打开，还可以使文件扩展名与某些文件类型关联。

任务描述

把文件与程序关联，将“搜索引擎.txt”文件设置为一直用IE打开。

操作步骤

步骤1 找到目标文件，即“D:\多媒体素材\1-文本\TXT”下的“搜索引擎.txt”文件。

步骤2 右键单击该文件，然后单击“打开方式”，如图1-40所示，进入“选择程序”对话框。

步骤3 在“打开方式”对话框中进行设置，如图1-41所示。单击“确定”后，设置完成。

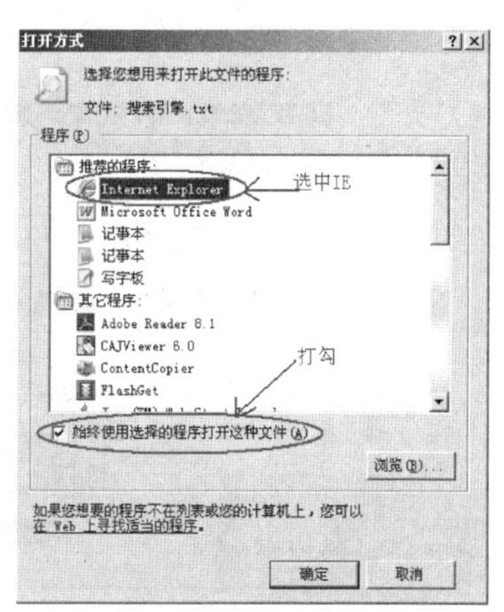

图1-41 设置文件关联

实验3-3 查找指定文件

任务描述

搜索本计算机内的多媒体素材文件，并分门别类地存入上面建立的多媒体素材库文件夹内。下面在C盘中以搜索扩展名为“.avi”的视频文件为例进行描述。

操作步骤

步骤1 单击“开始”菜单中的“搜索”按钮，窗口变为“搜索主窗口”界面，如图1-42左图所示。

步骤2 选择“所有文件和文件夹”，进行如图1-42右图所示的设置；在“全部或部分文件名”框中输入“*.avi”,在“在这里寻找”中选择C盘。

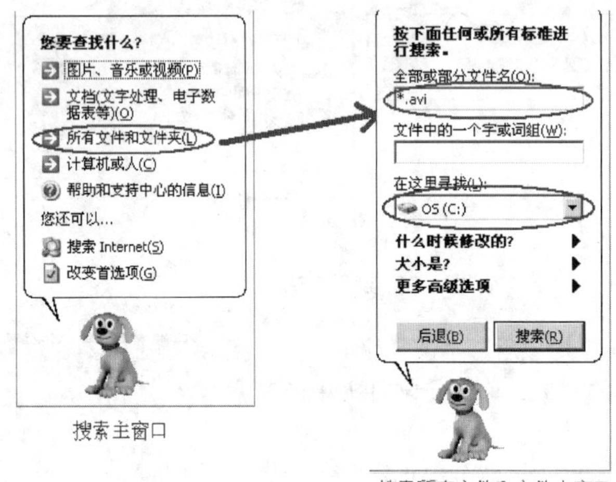

图1-42 搜索文件

步骤3 单击“搜索”，系统即开始搜索扩展名为“.avi”的文件，搜索结果均列在右边窗口中。

步骤4 单击“编辑”→“全部选定”，或使用快捷键Ctrl+A。

步骤5 单击“编辑”→“复制到文件夹”，在跳出的浏览框中，选取“D:\多媒体素材\5-视频\AVI”文件夹，再单击“复制”按钮，如图1-43所示。

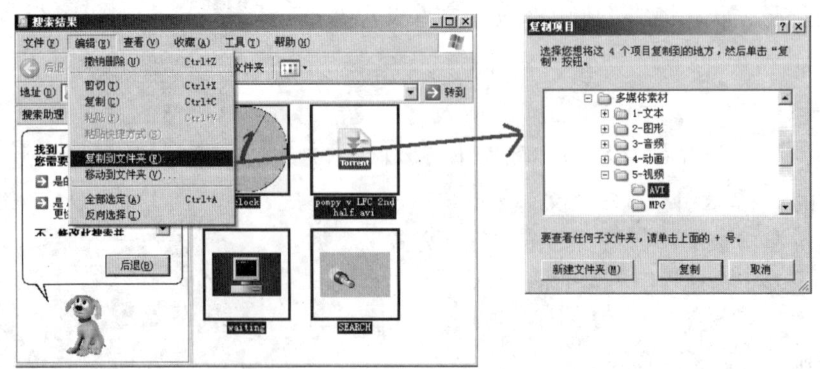

图1-43复制到目标文件夹

步骤6 用同样的方法，搜索计算机中的其他多媒体素材，例如图形文件“*.bmp”、“*.jpg”、音频文件“*.wav”等，并把它们复制到多媒体素材库的相应文件夹中。

实验3-4 回收站操作

回收站是磁盘上的一块特定区域，是Windows 用来存储被删除文件的场所。我们既可以使用“回收站”恢复误删除的文件，也可以清空“回收站”以释放更多的磁盘空间。从硬盘删除任何项目后，Windows 将该项目放在“回收站”中，而且“回收站”的图标从空更改为满。从软盘或网络驱动器中删除的项目将被永久删除，不会发送到回收站。

回收站中的项目将保留直到你决定从计算机中永久地将它们删除。这些项目仍然占用硬盘空间并可以被恢复或还原到原位置。当回收站空间满后，Windows 自动清除“回收站”中的空间以存放最近删除的文件和文件夹。

如果运行的硬盘空间太小，请务必记住清空“回收站”，也可以限定“回收站”的大小以限制它占用硬盘空间的大小。

Windows 为每个分区或硬盘分配了一个回收站。如果硬盘已经分区，或者如果计算机中有多个硬盘，则可以为每个“回收站”指定不同的大小。

任务描述

本任务主要对硬盘上的文件进行有关“回收站”的操作。

1.文件的还原。还原实验3-1中删除的“D:\多媒体素材\1-文本\TXT\搜索引擎.txt”。

2.清空回收站。

3.回收站属性的设置。具体任务包括：（1）所有驱动器均采用同一设置；（2）回收站大小设置为磁盘总容量的10%；（3）取消显示删除确认对话框。

操作步骤

1.文件的还原。

步骤1 在桌面上打开回收站，右框中即出现被删除的文件列表。

步骤2 找到“搜索引擎.txt”文件并选中，在窗口左面的智能式菜单栏中选择“还原此项目”，如图1-44所示，则该文件会回到原来文件夹“D:\多媒体素材\1-文本\TXT”中。

图1-44 回收站

2.清空回收站。

如图1-44所示，在窗口左面的智能式菜单栏中选择“清空回收站”（在“还原此项目”的上方），则将回收站中的文件全部删除。

注意：经再次删除的文件无法再还原。

3.回收站属性的设置。

步骤1 右击桌面上的“回收站”图标，如图1-45所示，在弹出的下拉菜单中选择“属性”，打开“回收站属性”对话框。

步骤2 在打开的“回收站属性”对话框中进行如图1-46所示的设置，即选中“所有驱动器均使用同一设置”。

步骤3 拖动滑标，直到其下方的数字显示为10%。

步骤4 将“显示删除确认对话框”前的勾取消。

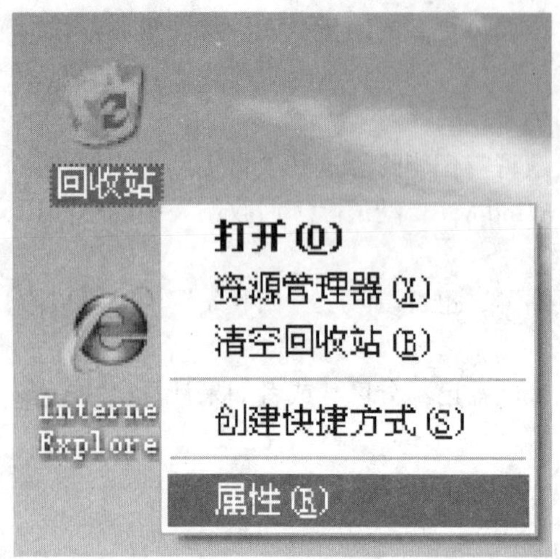

图1-45 打开回收站属性

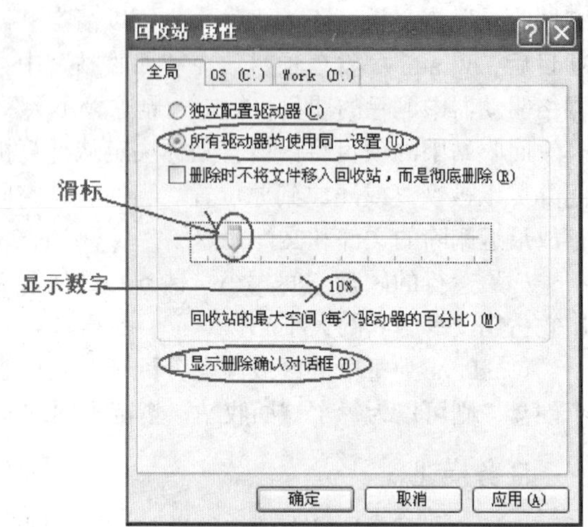

图1-46 回收站属性设置

实验3-5 文件属性和文件夹选项的设置

文件和文件夹都有属性页，它显示诸如大小、位置以及文件或者文件夹的创建日期之类的信息。查看文件或文件夹的属性时，还可以获得如下各项信息：文件或文件夹属性、文件的类型、打开文件的程序名称、包含在文件夹中的文件和子文件夹的数目及文件被修改或访问的最后时间。

任务描述

1.设置“D:\多媒体素材\1-文本\TXT\搜索引擎.txt”文件为只读和隐藏，并尝试修改文件内容，查看属性修改为只读后文件的变化。

2.设置不显示隐藏的文件和文件夹，并显示已知文件类型的扩展名。

操作步骤

1.设置文件的只读和隐藏属性。

步骤1 在资源管理器中找到“D:\ 多媒体素材\1-文本\TXT\搜索引擎.txt”文件，右击该文件，打开属性对话框。

步骤2 在打开的文件属性对话框中，勾选“只读”和“隐藏”，如图1-47所示。

步骤3 打开“D:\多媒体素材\1-文本\TXT\搜索引擎.txt”文件，并修改。当再次存盘时，屏幕会跳出警示窗口，见图1-48。必须换一个名字或换一个地方才能保存。所以，“只读”属性有效地保护了原文件。

2.设置不显示隐藏的文件和文件夹，并显示已知文件类型的扩展名。

步骤1 在资源管理器菜单中，单击“工具”→“文件夹选项”，打开“文件夹选项”对话

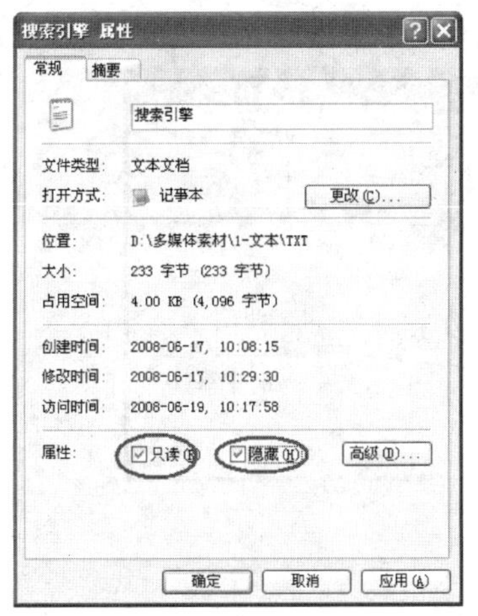

图1–47 设置文件属性

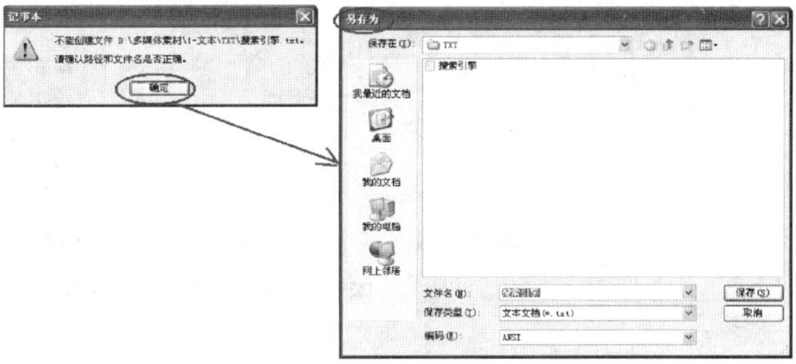

图1– 48 修改只读文件的警告窗口

框，如图1–49所示。

步骤2 “文件夹选项”对话框切换到“查看”选项卡，如图1–50所示。

步骤3 在“隐藏文件和文件夹”中选择“不显示隐藏的文件和文件夹”，然后去掉“隐藏已知文件类型的扩展名”前面的勾，如图1–50所示，单击“确定”按钮退出。

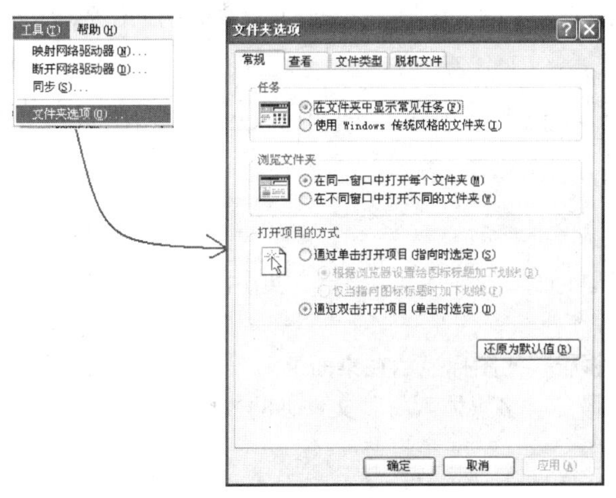

图1–49 “文件夹选项”对话框

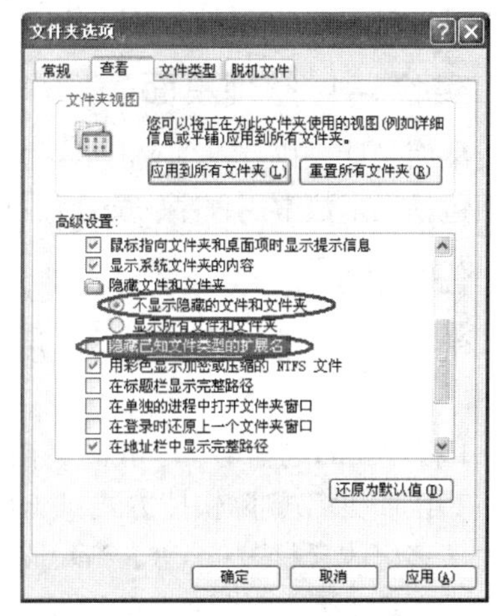

图1–50 “文件夹选项”的“查看”对话框

步骤4 在资源管理器中观察：

（1）刚刚设置了“隐藏”属性的文件“搜索引擎”，是否仍出现。

（2）各类文件是否都带上了扩展名，见图1–51。

修改“文件夹选项”前

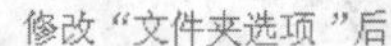

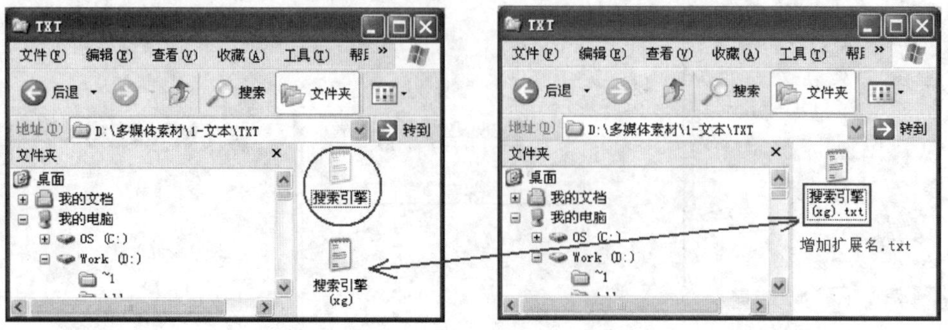

图1-51 修改“文件夹选项”前后比较

实验4 定制个性化工作环境

实验目的

自行设置与改变桌面、任务栏、“开始”菜单等工具的默认状态，设计自己喜爱的工作环境。

实验4-1 整理桌面

桌面是计算机登录到Windows XP系统后最先看到的屏幕状态，是计算机最基本的工作环境。桌面包括大多数常用程序、文档和打印机的快捷方式图标。

任务描述

学会在桌面上添加/删除快捷方式图标，整理桌面，达到干净、整洁、实用的要求。具体任务如下。

1.将“我的电脑”、“我的文档”、“网上邻居”的图标显示在桌面上。

2.增加/更名/删除快捷方式：（1）在桌面上增加“多媒体素材”文件夹的快捷方式；（2）更名为“多媒体素材”；（3）删除该快捷方式。

3.设置自动排列桌面上的图标。

4.运行“桌面清理”。

操作步骤

1.将“我的电脑”、“我的文档”、“网上邻居”的图标显示在桌面上。

步骤1 在桌面空白位置单击鼠标右键（注意：不要在某个图标上右击），弹出快捷菜单，如图1-52所示。

步骤2 从快捷菜单中选择“属性”，弹出“显示属性”对话框。

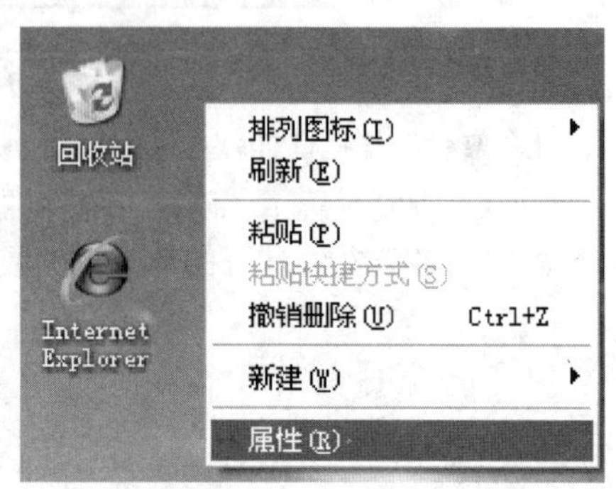

图1-52 桌面空白处右击

步骤3 进入“桌面”选项卡，如图1–53中a图所示，单击“自定义桌面”按钮，打开“桌面项目”对话框。

步骤4 在“常规”选项卡的“桌面图标”选项组中，将“我的电脑”、“我的文档”、“网上邻居”三个选项前打勾，如图1–53中b图所示。

步骤5 单击“确定”按钮，此时桌面上将显示“我的电脑”、“我的文档”和“网上邻居”的图标。

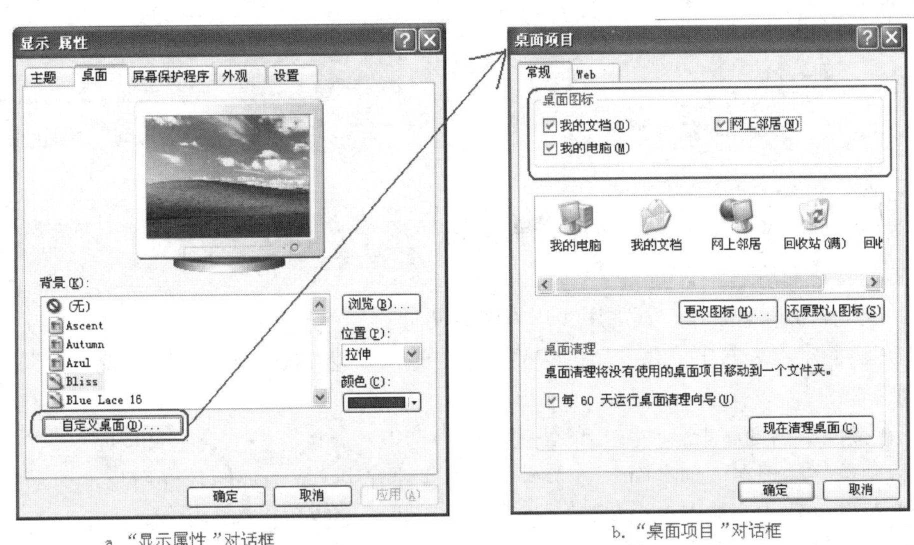

a. “显示属性”对话框　　b. “桌面项目”对话框

图1–53 “显示属性”中选择自定义桌面，打开“桌面项目”

2.增加/更名/删除快捷方式。

（1）在桌面上增加“多媒体素材”文件夹的快捷方式。

（2）将该文件夹更名为“多媒体素材”。

（3）删除该快捷方式。

步骤1 首先找到“多媒体素材”文件夹，可以通过搜索查找，也可以直接定位到“D:\多媒体素材”，本例直接定位到目标文件夹。

步骤2 右击“多媒体素材”文件夹，在弹出的下拉菜单中选择“发送到”→“桌面快捷方式”，如图1–54所示。

步骤3 经过以上步骤后，桌面上增加了“快捷方式 到 多媒体素材”的图标，右击该图标，在弹出的快捷方式中选择“重命名”，更改为“多媒体素材”。

步骤4 要删除该图标，同样右击该图标，在弹出的快捷菜单中选中“删除”即可。

3.设置自动排列桌面上的图标。

桌面空白处右击，在弹出的快捷菜单中选中“排列图标”→“自动排列”，如图1–55所示。

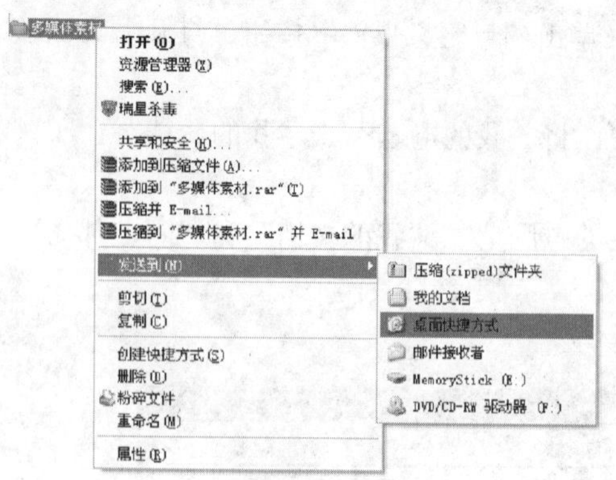

图1–54 发送到桌面快捷方式

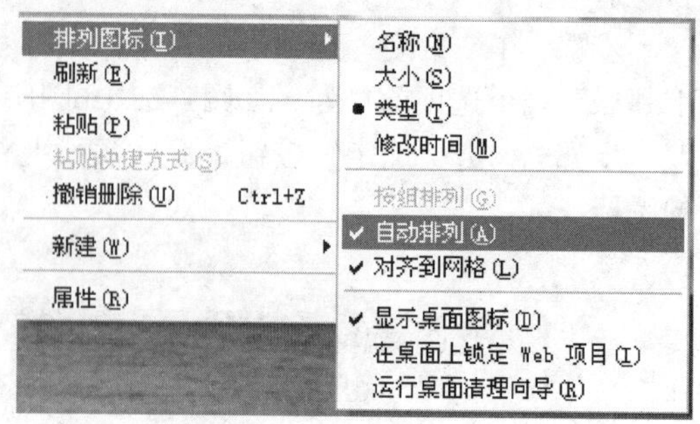

图1–55 “自动排列”桌面图标

4.运行“桌面清理”功能。

“桌面清理”是Windows XP提供的一项新功能，其主要目的在于对桌面上长时间不使用的快捷方式图标进行自动清理。

步骤1 打开桌面清理向导，其常用实现方法有两种：

（1）在桌面空白处右击，在弹出的快捷菜单中选中“排列图标”→“运行桌面清理向导”，如图1–55所示。

（2）在桌面空白处右击，在弹出的快捷菜单中选中“属性”→“自定义桌面”，在“桌面项目”对话框中选择“现在清理桌面”，本例中采用这种方法，界面如图1–56所示。

步骤2 在弹出的“清理桌面向导”中单击“下一步”按钮，进入相应的对话框，如图1–57所示，选择要清理的快捷方式，在要清理的程序前面方框内打勾，单击即可取消。

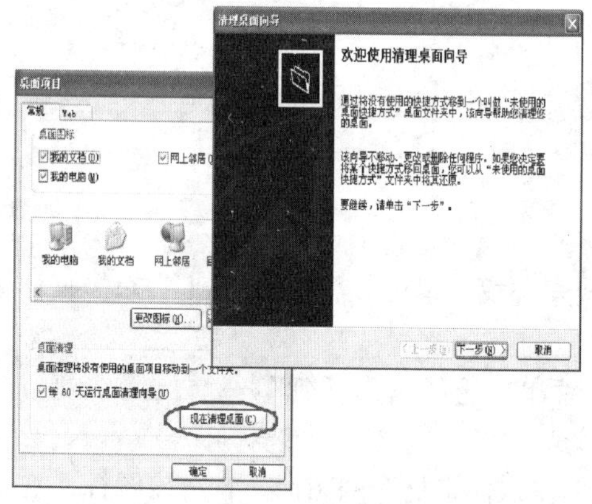

图1–56 运行清理桌面向导

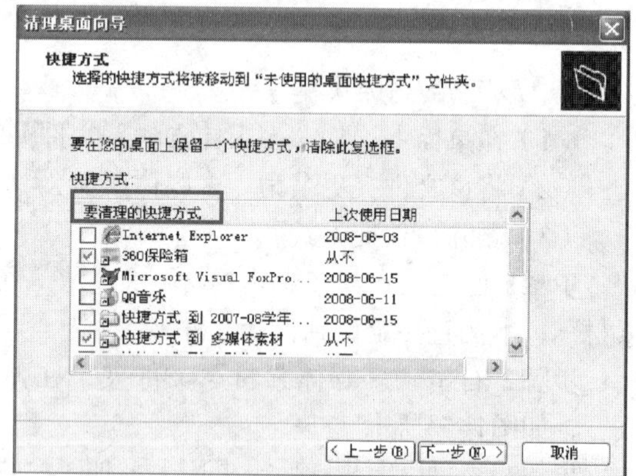

图1–57 选择要清理的快捷方式

步骤3 单击“下一步”按钮进入确认对话框，如图1–58所示。

步骤4 单击“完成”按钮，桌面上将出现一个“未使用的桌面快捷方式”的图标，双击该文件夹，被隐藏的快捷方式均出现在这里，见图1–59。

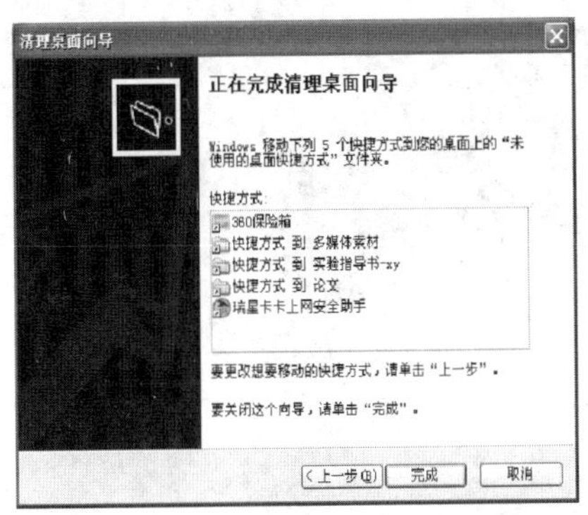

图1-58 正在完成清理桌面向导

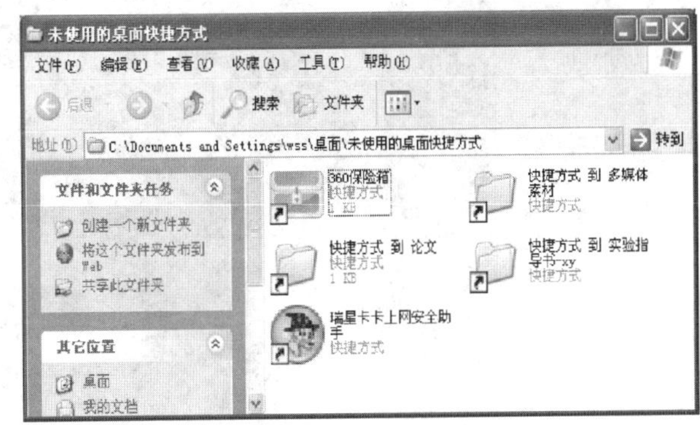

图1-59 打开“未使用的桌面快捷方式”文件夹

实验4-2 控制任务栏

任务栏是Windows XP最重要的工具之一，包括“开始”按钮、“快速启动栏”、显示及切换窗口、语言栏和“通知栏”，见图1-60。

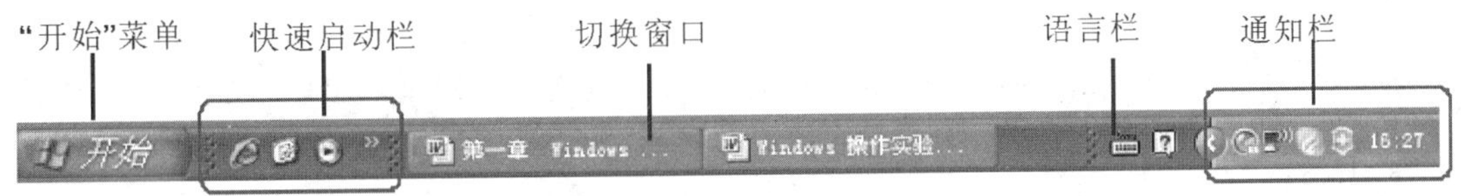

图1-60 任务栏的组成部分

任务描述

了解任务栏的各个组成部分，掌握如何移动任务栏、隐藏任务栏及向快速启动栏中添加图标。具体任务如下。

1.将任务栏移动到桌面的左侧。

2.增加任务栏的宽度。

3.锁定任务栏。

4.将任务栏移动到屏幕的底部，隐藏任务栏。

5.在快速启动栏上添加“多媒体素材”图标，再将其删除。

操作步骤

1.将任务栏移动到桌面的左侧。

步骤1 将鼠标指向任务栏的空白处（注意：不能指向某个图标）。

步骤2 按下鼠标左键不动，拖动鼠标到屏幕的左侧，如图1-61所示。

步骤3 任务栏拖动到目标位置后，松开鼠标左键即可。

2.增加任务栏的宽度。

步骤1 在上次操作的情况下，将鼠标指向任务栏的右侧边缘线上。

图1-61 任务栏移动到桌面左侧

步骤2 当鼠标成双向箭头时，按下鼠标左键不放，向右拖动到合适的位置，见图1-62。

步骤3 放开鼠标左键，任务栏以新的宽度显示。

3.锁定任务栏。

如果任务栏既不能移动也不能改变高度，说明任务栏处于锁定状态，锁定任务栏的基本步骤如下。

步骤1 在任务栏空白区域单击右键，在弹出的快捷菜单中观察“锁定任务栏”选项，如图1-63所示。

步骤2 在“锁定任务栏”选项前打勾，则锁定任务栏；同样，取消打勾，则解除任务栏的锁定。

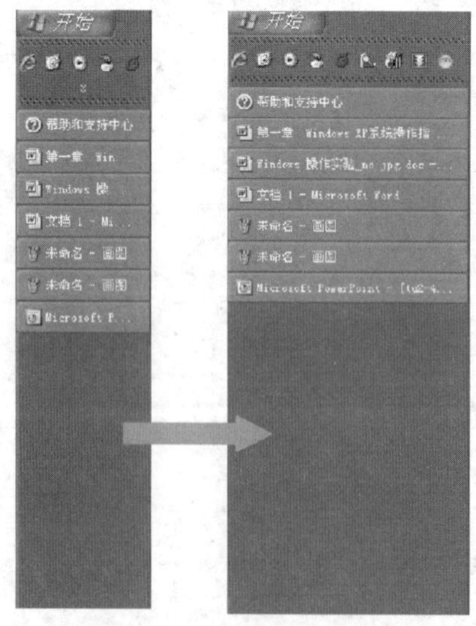

图1-62 增加任务栏宽度

图1-63 锁定任务栏

4.将任务栏移动到屏幕的底部，隐藏任务栏。

步骤1 参照前面将任务栏移动到桌面左侧的步骤将任务栏移动到桌面底部。

步骤2 在任务栏空白区域单击右键，在弹出的快捷菜单中选择“属性”，打开“任务栏和「开始」菜单属性”对话框，在“任务栏”选项卡中进行如图1-64所示的设置，即勾选“自动隐藏任务栏”。

步骤3 单击“确定”或“应用”按钮。

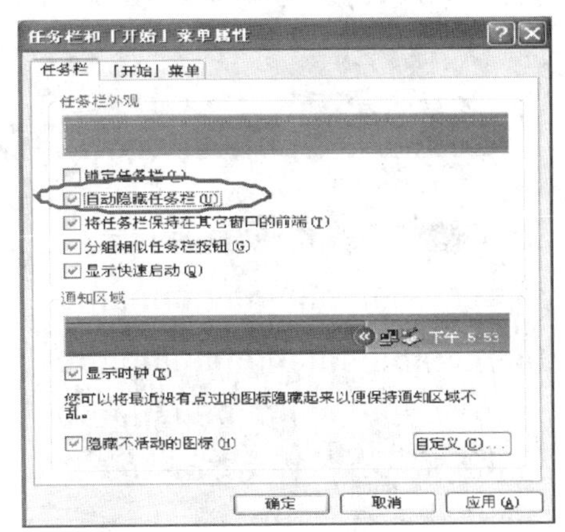

图1-64 设置“自动隐藏任务栏”

5.在快速启动栏上添加“多媒体素材”图标，再将其删除。

步骤1 参照前面添加/删除快捷方式的步骤，将“多媒体素材”的图标添加到桌面。

步骤2 直接拖动该图标到快速启动栏中，出现黑色“I”光标，提示新图标的插入位置，如图1-65所示。

步骤3 当位置合适后，放开鼠标左键即可。

步骤4 右击快速启动栏上的图标，在弹出的快捷菜单中选择“删除”。

图1-65 “快速启动栏”中插入图标

实验4-3 整理“开始”菜单

“开始”菜单是Windows XP的“控制室”，所有的任务都可以从这里启动。可以根据个人的需要进行设置，使其具有个性化，操作上更加得心应手。

任务描述

设置符合个人需要的“开始”菜单，具体包括以下内容。

1.增加“开始”菜单中显示程序的数目为8个（默认情况下显示5个）。

2.将“画图”、“记事本”和“写字板”添加到“开始”菜单顶部。

3.将“开始”菜单顶部“写字板”图标删除。

4.设置“开始”菜单为“小图标”显示。

操作步骤

1.增加“开始”菜单中显示程序数目为8个。

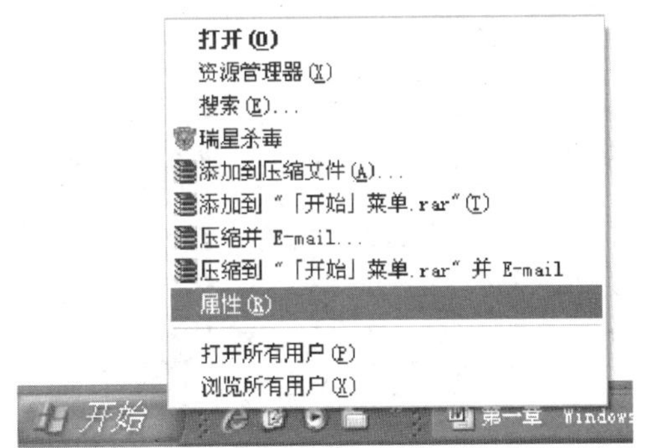

图1-66 右击“开始”菜单

步骤1 右击“开始”菜单→“属性”，如图1-66所示，打开“任务栏和「开始」菜单属性”对话框。

步骤2 在“「开始」菜单”选项卡中选择“自定义”按钮，弹出“自定义「开始」菜单”对话框，如图1-67左图所示。

步骤3 在“「开始」菜单上的程序数目”后的文本框中输入“8”或下拉菜单中选择“8”，

如图1-67右图所示。

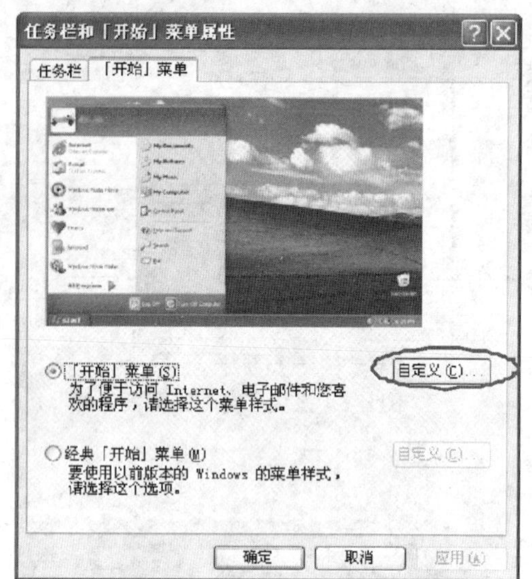

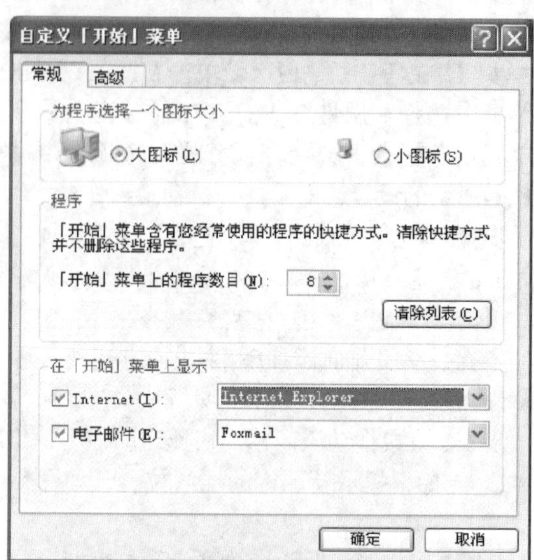

图1-67 打开“自定义「开始」菜单”对话框

步骤4 单击“确定”按钮后查看“开始”菜单的变化，如图1-68所示。

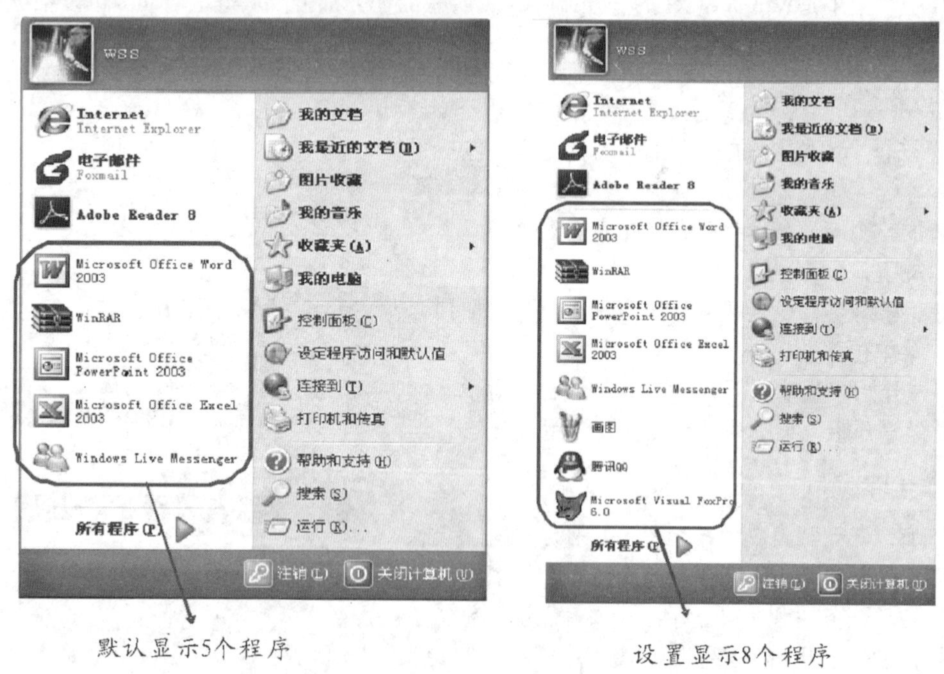

图1-68 “开始”菜单设置修改前后的变化

2.将“画图”程序和“多媒体素材”文件夹添加到“开始”菜单顶部。

步骤1 单击“开始”菜单→“所有程序”→“附件”→“画图”。

步骤2 右击“画图”图标，在弹出的快捷菜单中选择“附到「开始」菜单”，如图1–69所示。

步骤3 打开“开始”菜单查看效果，如图1–70中左图所示。

步骤4 在桌面上添加“多媒体素材”快捷方式。

步骤5 将桌面上的“多媒体素材”图标直接拖动到“开始”菜单，稍停后，弹出“开始”菜单上的快捷菜单，将“多媒体素材”直接拖动到“开始”菜单顶部合适的位置，释放鼠标左键，如图1–70中左图所示。

图1–69 附到「开始」菜单

步骤6 打开“开始”菜单查看，如图1–70中右图所示。

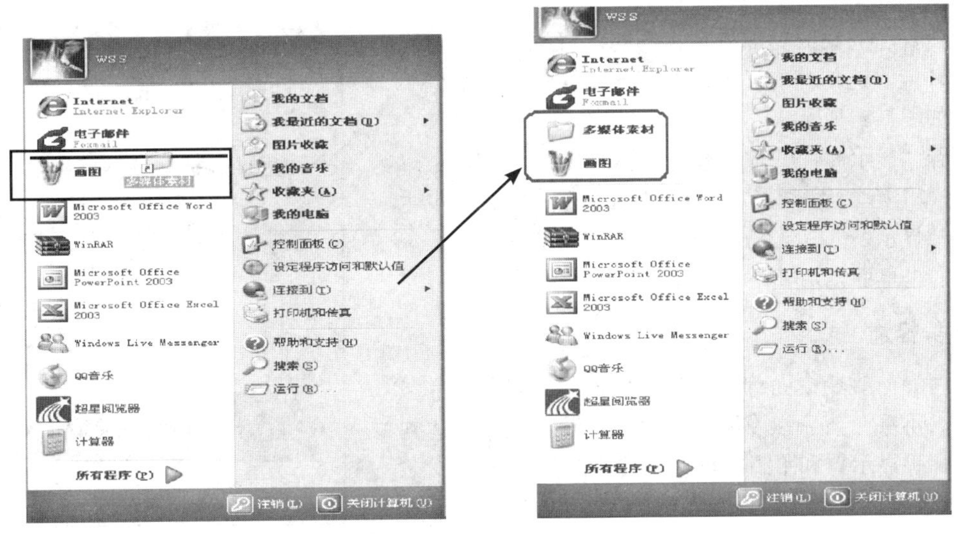

图1–70 “开始”菜单顶部添加“多媒体素材”及添加后的效果

3. 删除“开始”菜单顶部 “画图”图标。

步骤1 鼠标指向“开始”菜单顶部的“画图”程序图标，右击后弹出如图1–71所示快捷菜单。

步骤2 单击“从列表中删除”。

4.设置“开始”菜单为“小图标”显示。

步骤1 右击任务栏的空白区域，点击“属性”“任务栏和「开始」菜单属性”对话框，切换到“「开始」菜单选项卡”，单击“自定义”按钮，见图1–72。

步骤2 在“自定义「开始」菜单”对话框的“为程序选择一个图标大小”选项组中选择“小图标”，如图1–72所示。

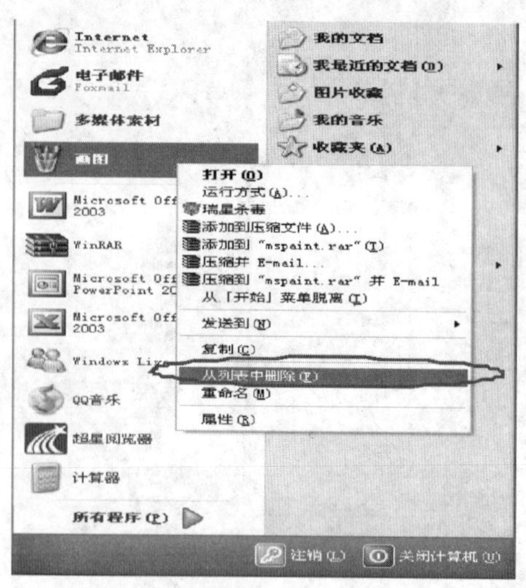

图1-71 “开始”菜单顶部删除“画图”

图1-72设置“「开始」菜单”显示小图标

实验3-4 改变屏幕设置

为使自己的桌面更加漂亮，不妨试着改变一下自己的工作环境。这部分的设置都在“显示属性”对话框中进行，如图1-73所示。

打开“显示属性”对话框的方法：

1.“开始”菜单→“控制程序”→“外观和主题”→“显示”。

2. 右击桌面空白处→“属性”。

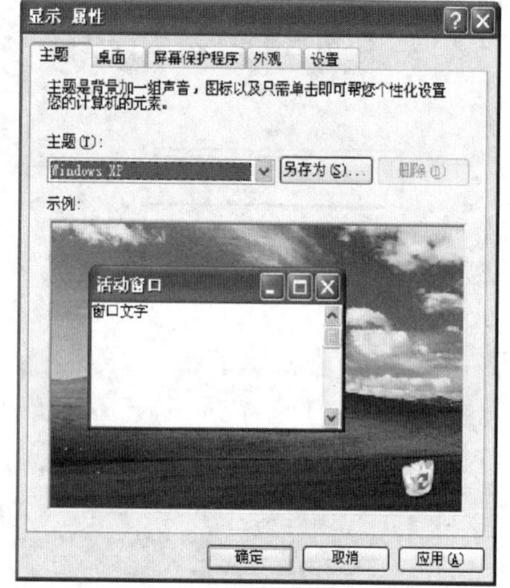

图1-73 “显示属性”窗口

任务描述

学习如何改变桌面背景、颜色配置等，掌握屏幕保护程序、屏幕分辨率以及刷新频率的设置方法，以达到更好地保护显示器和眼睛的目的。具体任务如下。

1.修改桌面背景为“Friend”，位置“居中”，颜色为“白色”。

2.设置屏幕保护程序：设置等待15分钟后屏幕保护程序为“变幻线”，恢复时使用密码保护。

3.改变窗口主题。

4.更改屏幕分辨率和设置屏幕刷新频率。

操作步骤

1.修改桌面背景为Friend，位置“居中”，颜色为白色。

步骤1 打开“桌面”选项卡，常用方法有两种：

（1）打开“显示属性”对话框，切换到“桌面”选项卡。

（2）“控制程序”→“外观和主题”→“更改桌面背景”，如图1-74所示。

说明：本实验的其他任务均有至少两种打开相应选项卡的方法，请参照本例。

步骤2 进行如图1–75所示的设置，即选择“桌面”→“背景”→“Friend”图片，右边的“位置”选“居中”，“颜色”选“白色”。

步骤3 单击“确定”或“应用”。

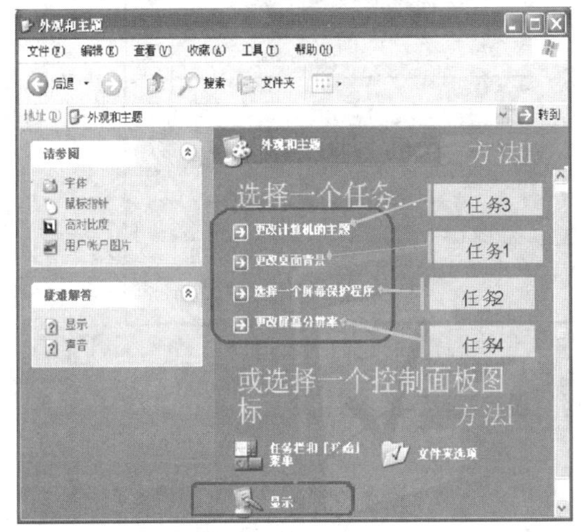

图1–74 “外观和主题”对话框

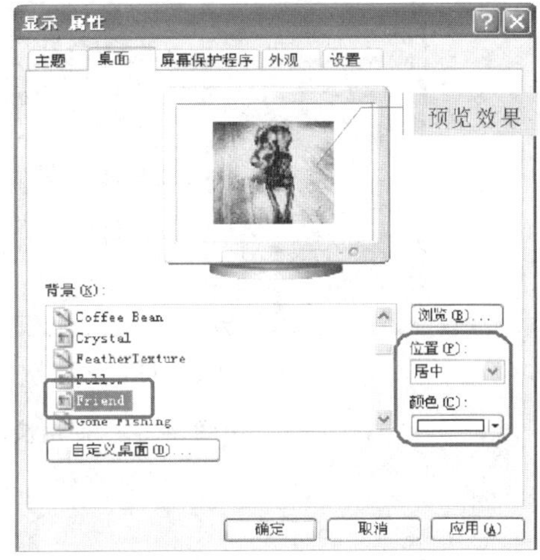

图1–75 设置“桌面背景”

2.设置屏幕保护程序：设置等待15分钟后屏幕保护程序为“变幻线”，恢复时使用密码保护。

步骤1 打开“显示属性”对话框，切换到“屏幕保护程序”选项卡。

步骤2 在“屏幕保护程序”选项卡中进行如图1–76所示的界面设置。

说明：在“开始”→“控制面板”→“用户帐户”→“更改用户登录或注销的方式”中查看是否“使用快速用户切换”。如果不使用如图1–76所示设置，则参照图1–77。

步骤3 单击“确定”或“应用”。

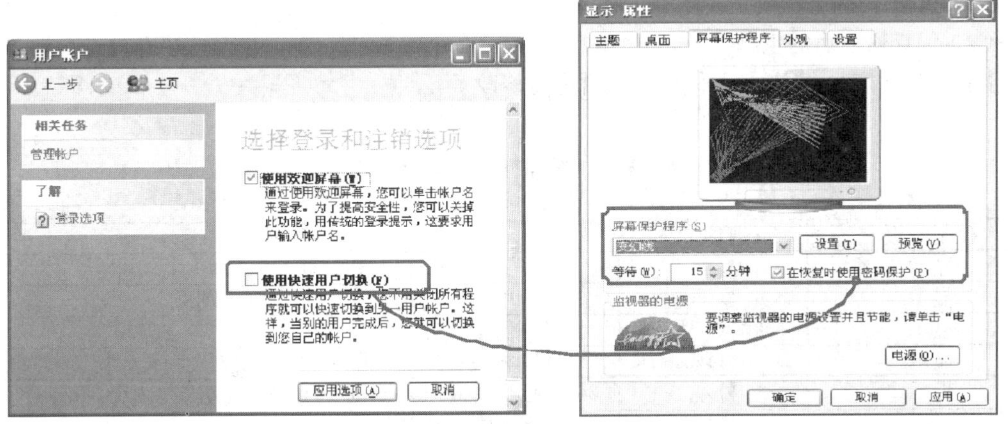

a.不使用“快速用户切换”　　b.恢复时使用密码保护

图1–76 不使用快速用户切换时“显示属性”的界面

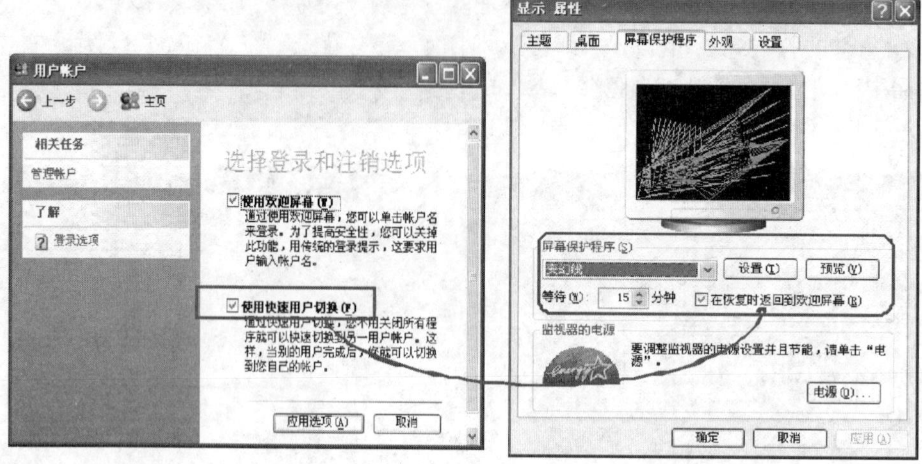
a.使用“快速用户切换”　　b.回复时返回到欢迎界面

图1-77 “使用快速用户切换”时“显示属性”的界面

3.改变窗口主题。

主题是对计算机桌面提供统一外观的一组可视化元素。主题决定了桌面上的不同图形元素的外观，例如窗口、图标、字体、颜色、背景及屏幕保护图片。它还可以定义与事件相关的声音，例如打开或关闭程序时的提示音。

（1）应用已经存在的主题，如设置主题为“Windows经典”。

步骤1 将“显示属性”对话框切换到“主题”选项卡。

步骤2 在“主题”选项的下拉列表中选择“Windows 经典”，如图1-78所示。

步骤3 单击“确定”或“应用”。

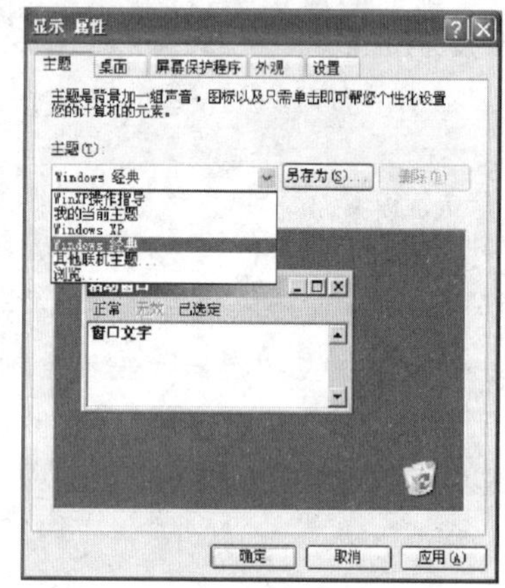
图1-78 修改桌面主题

（2）保存修改后的主题。

步骤1 参照表1-1，对需要修改的项目进行修改。

表1-1 被保存的主题项目

控制面板	选项卡	项目
显示	桌面	“背景”、“位置”和“颜色”
显示	桌面	图标（单击“自定义桌面”来更改图标）
显示	屏幕保护程序	“屏幕保护程序”
显示	外观	“窗口和按钮”、“配色方案”和“字体大小”
显示	外观	在“高级外观”对话框（单击“高级”）中的所有特征
鼠标	指针	“方案”或各个指针
声音及多媒体设备	声音	“声音方案”和“程序事件”

步骤2 如图1-79所示，选择“另存为”，弹出相应的对话框，输入主题名称“WinXP操作指导”。

4.更改屏幕分辨率和设置屏幕刷新频率。

屏幕分辨率决定出现在屏幕上的信息数量（以像素为单位）的设置。低分辨率（如 640 ×480）能使屏幕上的项目大一些，尽管屏幕区域将变小；高分辨率（如 1024×768）扩大了整个屏幕区域，但单个的项目会变小。

步骤1 将“显示属性”对话框切换到“设置”选项卡。

步骤2 进行如图1-80所示的设置，用鼠标拖动“屏幕分辨率”下的滑块，越向右分辨率越高。

图1-79 主题“另存为”对话框

用鼠标拖动
这个滑块

图1-80 设置屏幕分辨率

步骤3 单击“确定”或“应用”。屏幕闪烁几秒钟后，更改为新的设置。

步骤4 在“设置”选项卡中选择“高级”，进入到下一级对话框，单击“监视器”选项卡，在“屏幕刷新频率”选项的下拉列表中选择“60赫兹”，如图1-81所示。

步骤5 单击“确定”按钮。

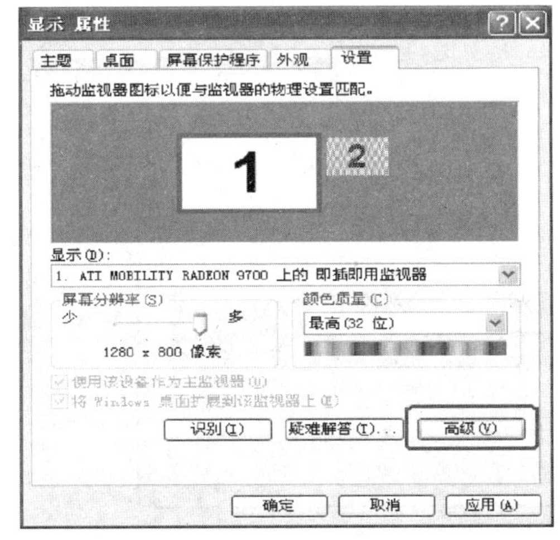

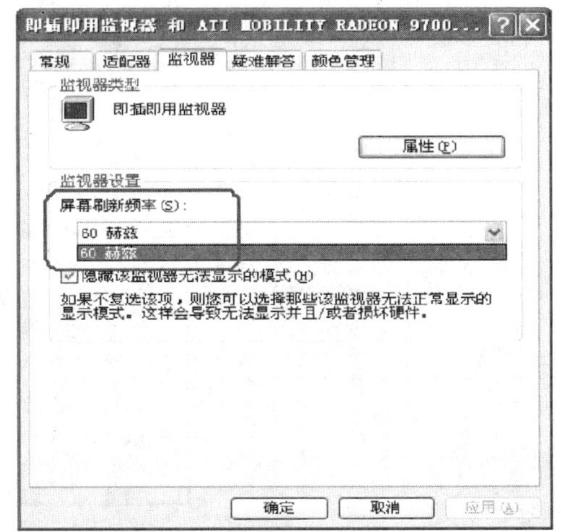

图1-81 设置屏幕刷新率

实验5 管理与控制Windows XP系统

实验目的

学会添加Windows XP组件、安装软件和硬件（如打印机），了解快速进行用户切换及电源管理的方法，初步了解磁盘清理及磁盘碎片整理等磁盘管理工具的用法。本部分功能的实现主要通过“控制面板”。

实验5-1 软件管理

任务描述

掌握软件的安装、卸载和运用。具体任务如下。

1.添加/删除Windows XP组件。

2.安装应用软件。

3.卸载应用软件。

4.程序的运行与任务管理器的操作。

操作步骤

1.添加/删除Windows XP组件。

Windows XP组件包含在Windows XP系统中，也可以从系统安装盘上独立安装或删除。但添加/删除Windows XP组件的过程必须以管理员或 Administrators 组成员的身份登录才能完成。如果计算机与网络连接，网络策略设置也可能阻止你完成此步骤。下面以添加IIS（Internet服务）为例，说明添加组件的过程。

步骤1 单击“开始”菜单→“控制面板”。

步骤2 在“控制面板”对话框中单击“添加/删除程序”，弹出如图1-82所示对话框。

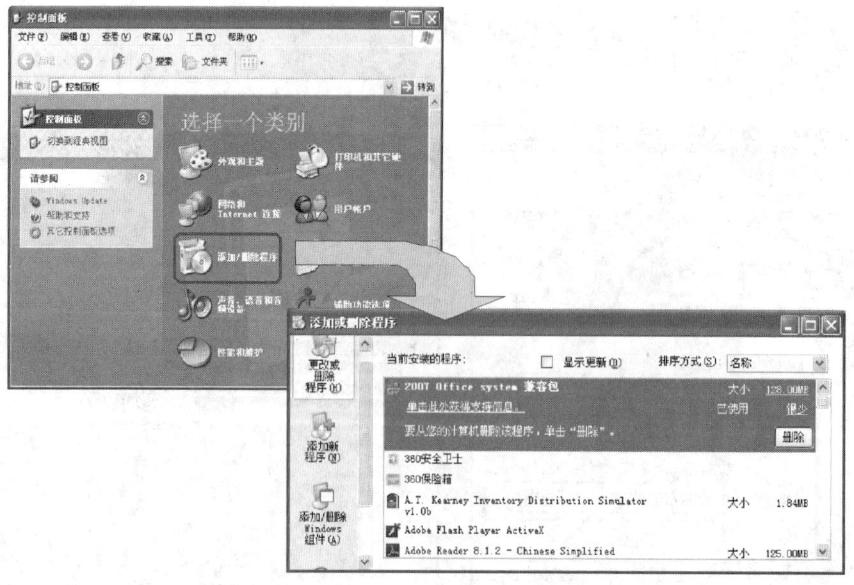

图1-82 打开“添加/删除程序”对话框

步骤3 从左侧的任务列表中单击“添加/删除Windows组件”按钮，进入“Windows 组件向导”对话框，如图1-83所示。

步骤4 在“组件”选项卡中选中“Internet信息服务（IIS）”，前面方框内打勾，如要对该组件的详细安装信息进行设置，则再单击“详细信息”进行设置。本例不再做进一步设置。

步骤5 单击“下一步”后，弹出“插入磁盘”对话框，插入磁盘后，按照向导的提示，单击“确定”按钮即可。

说明：删除的过程与安装相似，只要将需要删除的组件前的勾取消即可。

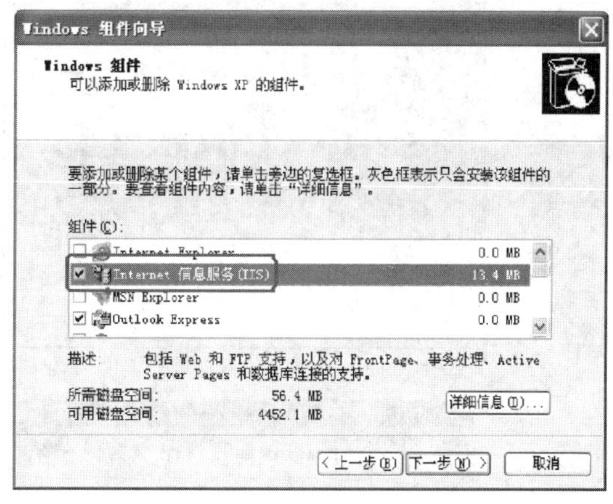

图1-83 “Windows 组件向导”对话框

2.安装应用软件。

从网上下载一个应用软件，或从软件光盘中选择一个软件，安装到计算机中。我们按软件的大小将其分成两类，安装方法也有所区别。

（1）大型软件的安装。大型软件一般放在一张单独的光盘中。对于这种软件，只要把光盘插入光驱，光盘的自启动安装程序就会开始运行，你只要根据屏幕提示一步一步地进行操作，即可完成安装过程。如果安装程序没有自己启动，你可以在“我的电脑”或资源管理器中打开光盘，在其根目录下找到文件“Setup.exe”，双击之后，安装程序就会开始。

（2）小型软件的安装。小型软件一般从网络上下载而来。如果是光盘形式的，那么一张光盘上就会包含许多软件。首先要在“我的电脑”或资源管理器当中进行浏览，找到你要安装的软件。在这个文件夹中一般会有一个安装文件“Setup.exe”，或者它本身就是一个自解压文件，双击之后安装程序就会开始，你只要根据屏幕提示一步一步地进行操作即可。下面以安装“腾讯QQ2007 Ⅱ 正式版”为例，说明软件安装过程。

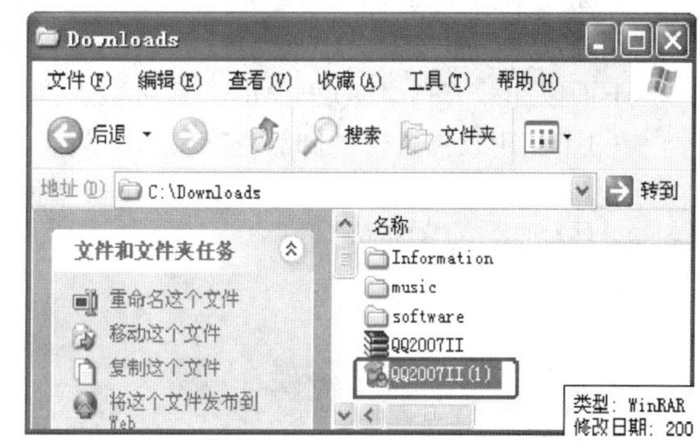

图1-84 “腾讯QQ2007 Ⅱ 正式版”的安装程序

步骤1 在资源管理器中找到“腾讯QQ2007 Ⅱ 正式版”的安装程序，见图1-84。

步骤2 双击此安装程序，安装过程即开始。图1-85演示了整个安装过程。安装过程中，一般采用系统自动提供的参数配置和安装位置，你只要不断地单击“下一步”按钮，直到出现“完成”按钮，并单击即可。

步骤3 安装成功以后，单击“开始”→“程序”，就可以看到程序列表的最后一项就是“腾讯QQ2007 Ⅱ 正式版”，你就可以开始运行它了。

a. 同意安装界面

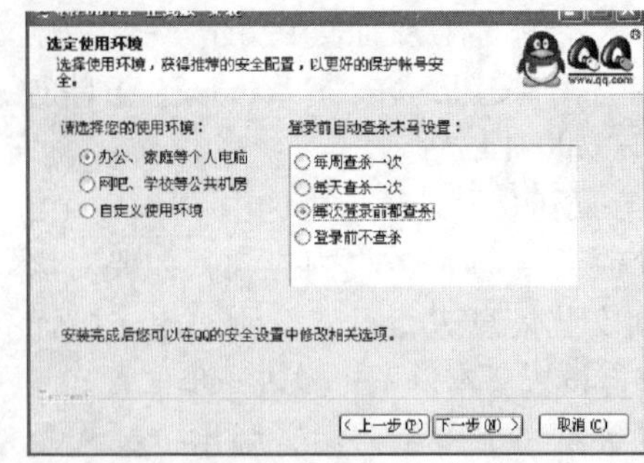

b.选定使用环境

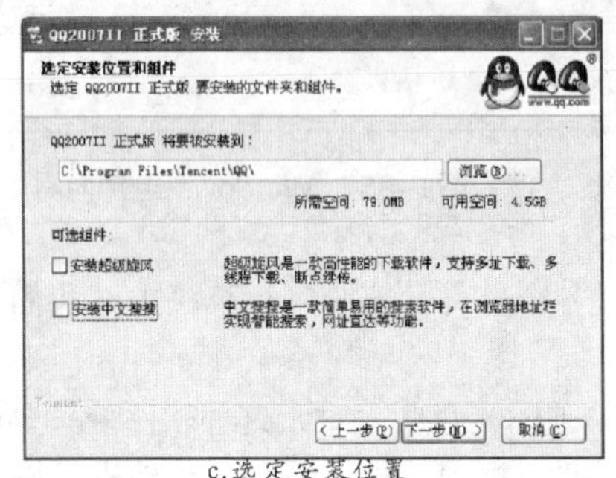

c.选定安装位置

d.完成程序安装

图1-85 安装软件的过程

3.卸载应用软件。

删除应用程序（又称程序卸载）通常有两种方法：一是利用软件自带的卸载程序进行卸载；二是利用控制面板中的“添加/删除程序”选项进行卸载。

下面以卸载“腾讯QQ2007Ⅱ 正式版”为例说明两种卸载方法。

（1）利用软件自带的卸载程序进行卸载。

步骤1 单击“开始”→“程序”，找到“腾讯QQ2007Ⅱ正式版”，将其子项展开，找到“卸载腾讯软件”，见图1-86。

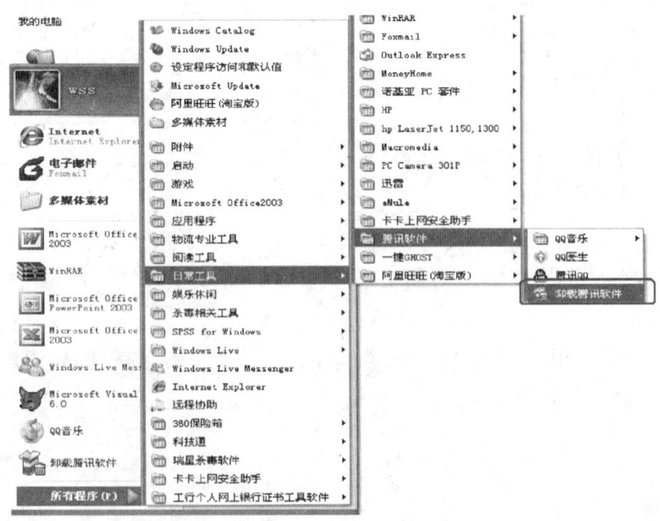

图1-86 利用软件自带的卸载功能卸载软件

步骤2 单击之后，卸载开始，只需按照屏幕提示操作即可。

（2）利用控制面板进行卸载。

步骤1 在控制面板中打开“添加/删除程序”选项，找到要卸载的软件“腾讯QQ2007Ⅱ正式版”，见图1-87。

步骤2 单击“更改/删除”按钮，并按屏幕提示进行操作，即可将此软件卸载。

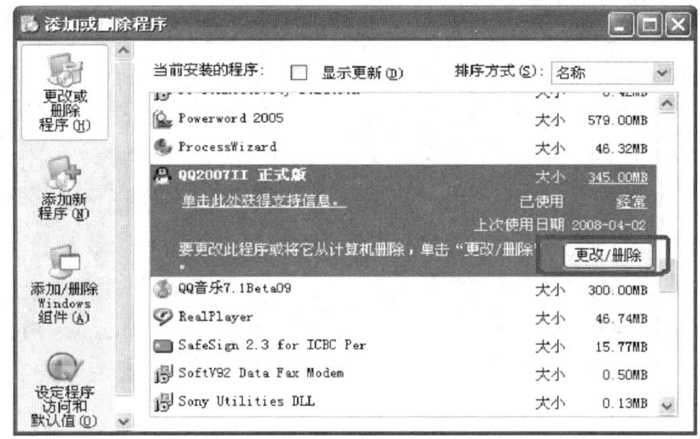

图1-87 利用控制面板删除应用程序

4.程序的运行与任务管理器的操作。

本实验的目的在于让读者掌握运行应用程序的各种方法，包括开始菜单、打开程序、运行对话、快捷方式等，并学会使用任务管理器来结束已停止响应的程序。具体步骤如下。

（1）程序的运行，以运行“记事本”程序为例。

方式1 单击“开始”→“程序”→“附件”→“记事本”菜单项。

方式2 在资源管理器中找到“记事本”的应用程序“C:\Windows\Notepad.exe”，双击。可以利用搜索“记事本”应用程序的名字“notepad.exe”找到其所在的位置。

方式3 单击“开始”→“运行”菜单项，在“打开”框中填入“notepad”，再单击“确定”按钮，见图1-88。

图1-88 利用“运行”窗口打开notepad

方式4 双击“记事本”的快捷方式。建立快捷方式的方法可参见本章实验4-1的任务2。

（2）任务管理器操作。

当计算机停止响应，即“死机”时，可用任务管理器来结束停止响应的程序。

步骤1 按下Ctrl+Alt+Delete组合键，可调出“Windows 安全”窗口。单击“任务管理器”，见图1-89。

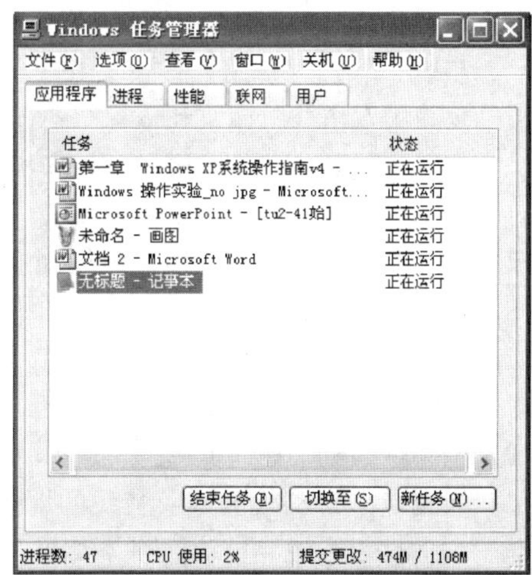

图1-89 Windows 任务管理器

步骤2 “应用程序”选项卡中列出了当前正在运行的程序，如果其中有“未响应”的程序，可选中后单击“结束任务”按钮。

实验5-2 硬件管理

硬件包含任何连接到计算机并由计算机的微处理器控制的设备，包括连接到计算机上的仪器以及后来添加的外围设备。如通用串行总线（USB）、IEEE 1394 、调制解调器 、磁盘驱动器 、CD-ROM 驱动器 、数字视频光盘（DVD）驱动器 、打印机、网络适配器 、键盘、视频适配器卡、监视器、游戏控制器等。

设备（分为即插即用和非即插即用）能以多种方式连接到计算机上。某些设备，例如网卡和声卡，连接到计算机内部的扩展槽中；其他设备，例如打印机和扫描仪，连接到计算机外部的端口上；一些被称为 PC 卡的设备，只能连接到便携式计算机的 PC 卡插槽中。

为了使设备能在 Windows 环境下正常工作，必须在计算机上安装被称为设备驱动程序的软件。每个设备都由一个或多个设备驱动程序支持，它们通常由设备制造商提供。但是，某些设备驱动程序是包含在 Windows 中的。如果设备属于即插即用型，则 Windows 可以自动检测并安装适当的设备驱动程序。下面以安装打印机为例，说明硬件驱动程序的安装过程。

任务描述

在Windows XP环境下安装硬件设备。在中文版Windows XP 中，用户不但可以在本地计算机上安装打印机，如果用户是连入网络中的，也可以通过安装网络打印机，使用网络中的共享打印机来完成打印作业。本实验在本地计算机上进行。

操作步骤

在安装本地打印机之前首先要进行打印机的连接。用户可在关机的情况下，把打印机的信号线与计算机的LPT1 端口相连，并且接通电源，连接好之后，就可以开机启动系统，准备安装其驱动程序。 由于中文版Windows XP 自带了一些硬件的驱动程序，在启动计算机的过程中，系统会自动搜索新硬件并加载其驱动程序，在任务栏上会提示其安装的过程，如“查找新硬件”、“发现新硬件”、“已经安装好并可以使用了”等文本框。如果用户所连接的打印机的驱动程序没有在系统的硬件列表中显示，就需要用户使用打印机厂商所附带的光盘进行手动安装，可参照以下步骤进行。

步骤1 单击“开始”按钮，在“开始”菜单中选择“控制面板”命令，在打开的“控制面板”窗口中双击“打印机和传真”图标，打开“打印机和传真”窗口。

步骤2 在窗口链接区域的“打印机任务”选项下单击“添加打印机”图标，即可启动“添加打印机向导”。这个对话框提示用户应注意的事项，如果用户是通过USB 端口或者其他热插拔端口来连接打印机的，就没有必要使用这个向导，只要将打印机的电缆插入计算机或将打印机面向计算机的红外线端口，然后打开打印机，中文版Windows XP系统就会自动安装打印机，如图1-90所示。

步骤3 单击“下一步”按钮，打开“本地或网络打印机”对话框，用户可以选择安装本地或者是网络打印机，在这里选择“连接到这台计算机的本地打印机”选项，如图1-91所示。

当选择“自动检测并安装我的即插即用打印机”复选框后，会出现“新打印机检测”对话框。添加打印机向导自动检测并安装新的即插即用的打印机，当搜索结束后，会提示用户检测的

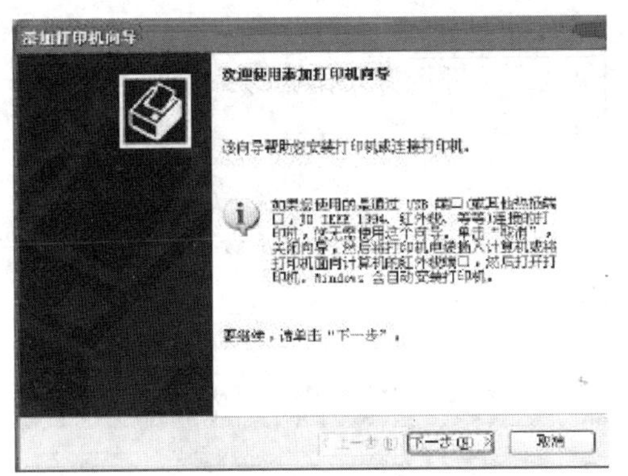

图1-90 “添加打印机向导”对话框

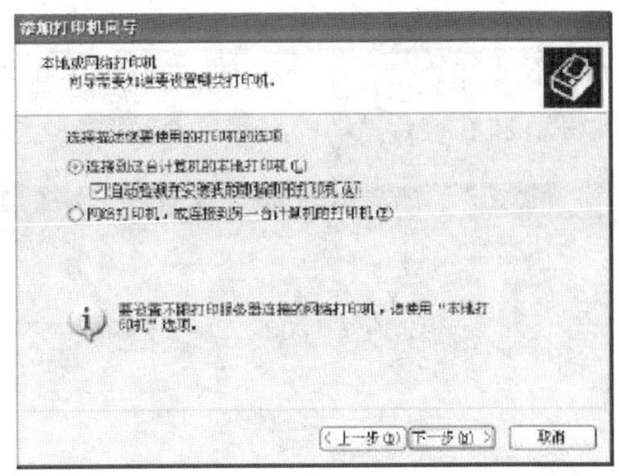

图1-91 本地或网络打印机向导

结果。如果用户要手动安装，单击“下一步”按钮继续，如图1-92所示。

步骤4 这时向导打开“选择打印机端口”对话框，要求用户选择所安装的打印机使用的端口。在“使用以下端口”下拉列表框中提供了多种端口，系统推荐的打印机端口是LPT1，大多数的计算机也是使用LPT1 端口与本地计算机通讯的，如果用户使用的端口不在列表中，可以选择“创建新端口”来创建新的通讯端口，如图1-93所示。

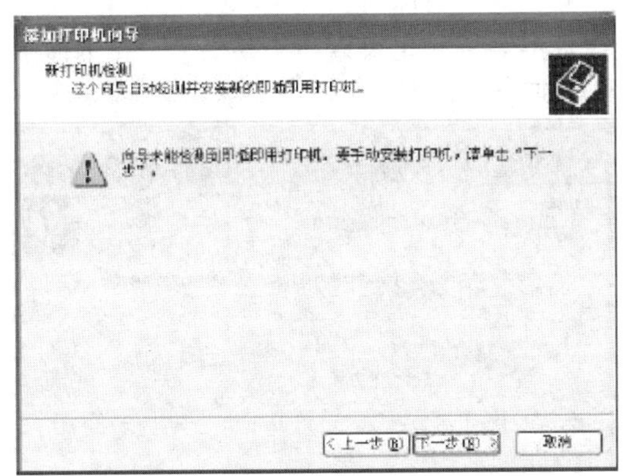

图1-92 “新打印机检测”对话框

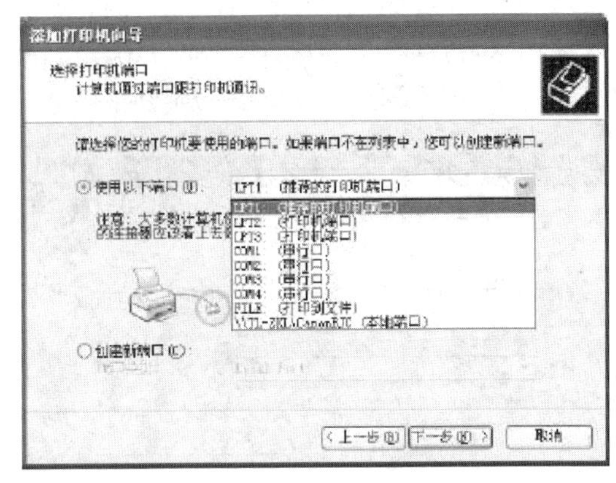

图1-93 “选择打印机端口”对话框

步骤5 当用户选定端口后，单击“下一步”，打开“安装打印机软件”对话框，在左侧的“厂商”列表中显示了世界各国打印机的知名生产厂商。当选择某制造商时，在右侧的“打印机”列表中会显示该生产厂商相应的产品型号，如图1-94所示。

如果用户所安装的打印机制造商和型号未在列表中显示，可以使用打印机附带的安装光盘进行安装。单击“从磁盘安装”，打开如图1-95所示的对话框，插入厂商的安装盘，然后在“厂商文件复制来源”文本框中输入驱动程序文件的正确路径，或者单击“浏览”，在打开的窗口中选择所需的文件，然后单击“确定”，可返回到“安装打印机”软件对话框。

步骤6 当用户确定驱动程序文件的位置后，单击“下一步”打开“命名您的打印机”对话框，可以在“打印机名”文本框中为自己安装的打印机新建一个名称。并提醒用户有些程序不支持超过31个英文字符或15个中文字符的服务器和打印机名称组合，最好取一个短一点的打印机名称，如图1–96所示。用户可以在此将这台打印机设置为默认的打印机。当设置为默认打印机之后，如果用户是处于网络中，而且网络中有多台共享打印机，在进行打印作业时，如果未指定打印机，将在这台默认的打印机上输出。

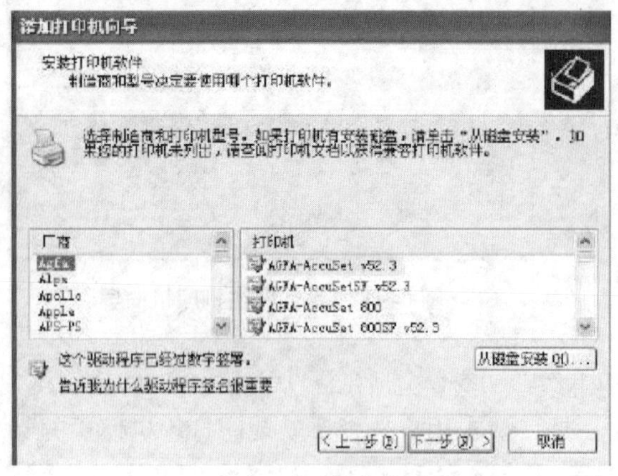

图1–94 “安装打印机软件”对话框

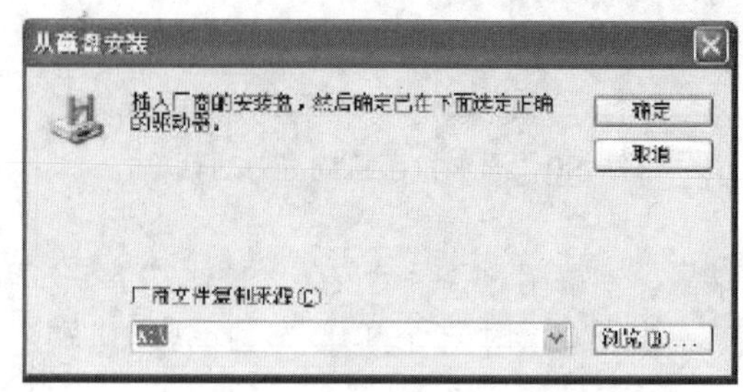

图1–95 “从磁盘安装”对话框

步骤7 为安装的打印机命名之后，单击“下一步”打开“打印机共享”对话框，该项设置主要适用于连入网络的用户。如果用户将安装的打印机设置为共享打印机，网络中的其他用户就可以使用这台打印机进行打印作业，用户可以使用系统建议的名称，也可以在“共享名”文本框中重新键入一个其他网络用户易于识别的共享名，如图1–97所示。

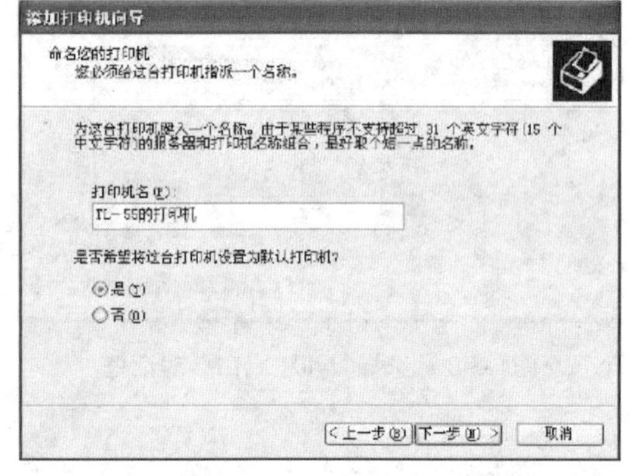

图1–96 “命名您的打印机”对话框

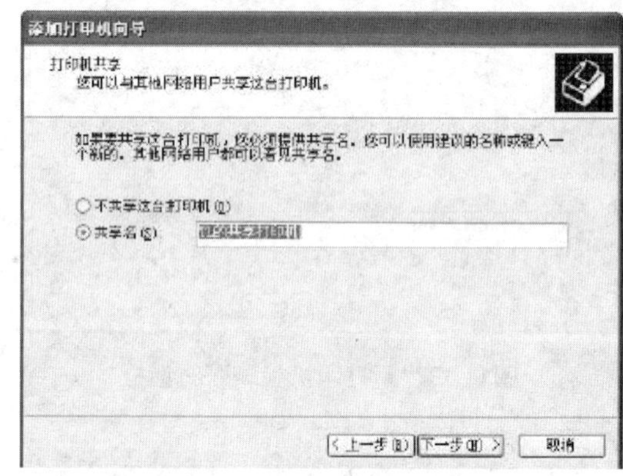

图1–97 “打印机共享”对话框

步骤8 如果只是用户个人使用这台打印机，可以选择“不共享这台打印机”。单击“下一步”按钮继续该向导，这时会打开“位置和注解”对话框，用户可以为这台打印机加入描述性的内容，比如它的位置、功能以及其他注释，这个信息对用户以后的使用很有帮助，如图1–98所示。

步骤9 接下来会打开“打印测试页”对话框。如果用户要确认打印机是否连接正确，并且是否顺利安装了其驱动程序，在“要打印测试页吗？”选项下单击“是”，这时打印机就开始进行测试页的打印。

步骤10 这时已基本完成添加打印机的工作，单击“下一步”按钮，出现“正在完成添加打印机向导”对话框，在此显示了所添加的打印机的名称、共享名、端口以及位置等信息。如果用户需要改动，可以单击“上一步”返回到上面的步骤进行修改，当用户确定所做的设置无误后，可单击“完成”按钮关闭“添加打印机向导”对话框，如图1-99所示。

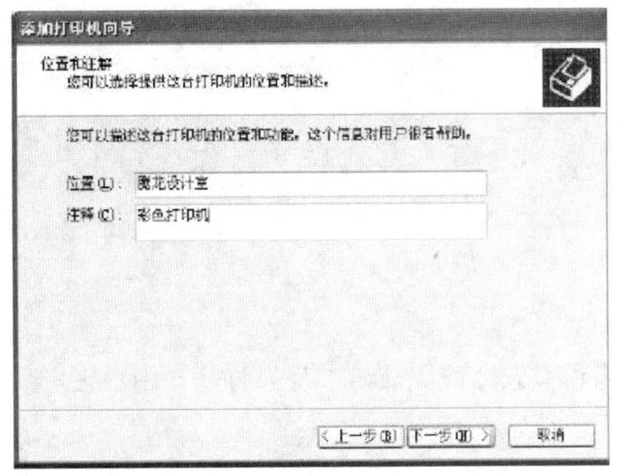

图1-98 “位置和注解”对话框

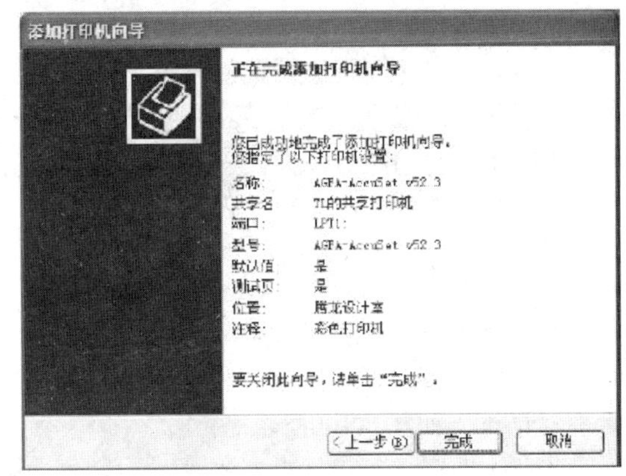

图1-99 “正在完成添加打印机向导”对话框

步骤11 在完成添加打印机向导后，屏幕上会出现“正在复制文件”对话框，它显示了复制驱动程序文件的进度。当文件复制完成后，全部的添加工作就完成了，在“打印机和传真”窗口中会出现刚添加的打印机的图标。如果用户设置为默认打印机，在图标旁边会有一个带“√”标志的黑色小圆，如果设置为共享打印机，则会有一个手形的标志。

实验5-3 用户管理

“用户帐户”定义了用户可以在 Windows 中执行的操作。在独立计算机或作为工作组成员的计算机上，“用户帐户”建立了分配给每个用户的特权。在作为网络域一部分的计算机上，用户必须至少是一个组的成员。授予组的权限和权力也会指派给其成员。

“用户帐户”位于控制面板中。要打开“用户帐户”，则单击“开始”→“控制面板”→“用户帐户”，如图1-100所示。

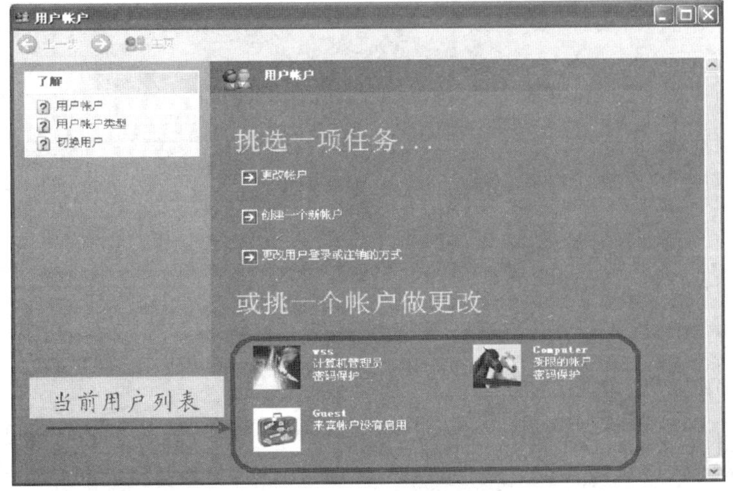

图1-100 “用户帐户”管理对话框

任务描述

本次实验内容以启用“欢迎屏幕”为前提。多人共用一台计算机时，为每个人设置一个登录帐号。具体任务如下。

1.增加用户帐户，帐户名为“计算机”。

2.为帐户“计算机”设置密码为“12345”。

3.删除用户帐户“Computer”。

4.使用自己的照片作为帐户“计算机”的图标。

5.更改用户登录或注销方式。

操作步骤

1.增加用户帐户，帐户名为“计算机”。

步骤1 必须以管理员或 Administrators 组成员的身份登录才能完成该过程。打开“用户帐户”管理对话框，如图1-100所示。

步骤2 选择“创建一个新帐户”，弹出如图1-101 a图所示的对话框，在“为新帐户键入一个名称”选项中输入“计算机”。

步骤3 单击“下一步”后，弹出如图1-101 b图所示的对话框，选择帐户类型为“计算机管理员”，单击“创建帐户”按钮，则新创建的帐户在启动时的“欢迎屏幕”、“快速切换用户”以及“控制面板”的“用户帐户”窗口中均可见。

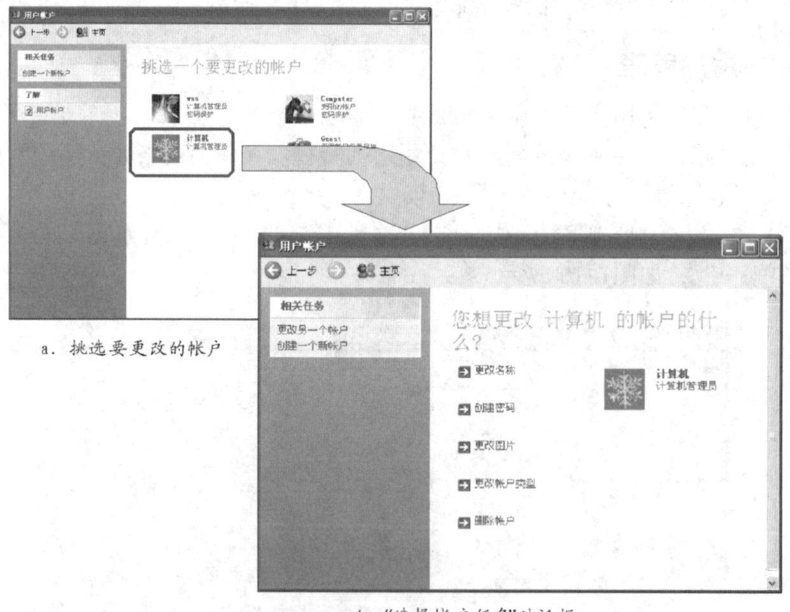

a. 挑选要更改的帐户

b. “选择帐户任务”对话框

图1-101 创建新帐户的过程

2.为帐户“计算机”设置密码为“12345”。

步骤1 在图1-100中选择“更改帐户”，进入“选择帐户”对话框，如图1-102中a图所示。

步骤2 在帐户列表中单击要设置密码的帐户名“计算机”，进入“选择任务”对话框，如图1-102中b图所示。

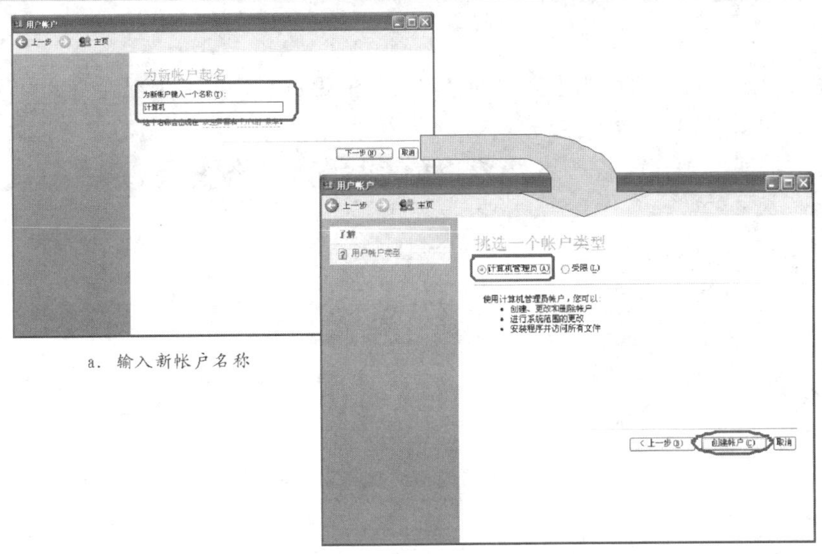

图1–102 选择相应帐户任务的过程

步骤3 单击“创建密码”选项，进入密码设置对话框，如图1–103所示。

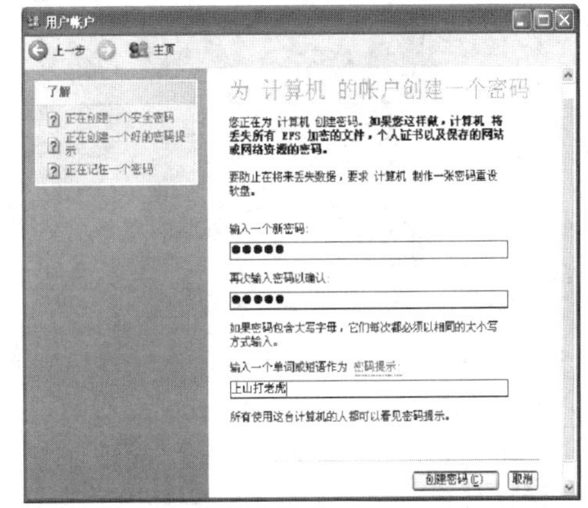

图1–103 输入密码和密码提示

步骤4 分别在“输入一个新密码”以及“再次输入密码以确认”框中输入“12345”。

步骤5 输入密码提示“Windows XP操作”。该设置用于记起密码，也可以不设。

步骤6 单击“创建密码”。

说明：如果需要修改或撤销密码，则在“选择帐户任务”对话框中单击“更改密码”或“删除密码”。

3.删除用户帐户“Computer”。

步骤1 在图1–104的“或挑一个帐户做更改”选项中单击帐户“Computer”，在弹出的“选择任务”对话框中单击“删除帐户”。

图1–104 删除帐户“Computer”的过程

步骤2 此时弹出是否保留被删除帐户的个人文件的提示对话框，为保险起见，这里我们选择“保留文件”，如图1-105所示。

图1-105 保留被删除帐户文件对话框

步骤3 在弹出的提示删除对话框中单击“删除帐户”按钮，如图1-106所示。则被删除的帐户在启动时的“欢迎屏幕”、“快速切换用户”以及“控制面板”的“用户帐户”窗口中均不可见。

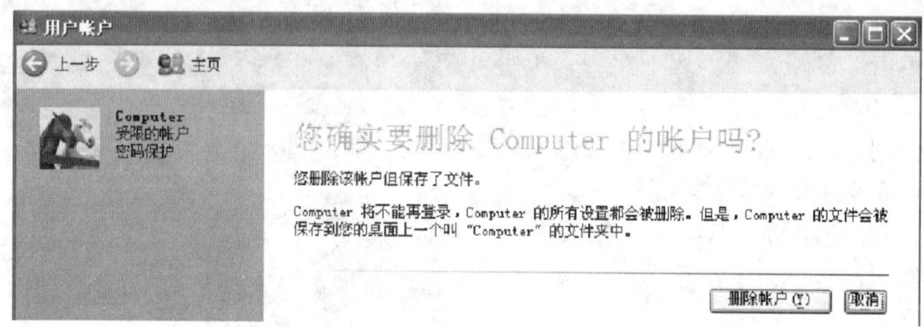

图1-106 删除帐户

4.使用自己的照片作为帐户“计算机”的图标。

步骤1 在图1-100中选择“更改帐户”，进入“选择帐户”对话框，选择“计算机”后弹出“选择任务”对话框，其过程如图1-102所示，在任务列表中单击“更改图片”。

步骤2 在弹出的“为计算机帐户挑选一个新图像”的对话框中选择“horses”图片作为新的图像，如图1-107所示。如果要使用自己的图片，可以单击“浏览图片”，找到电脑中自己所需的图片。

步骤3 确认选中的图片后，单击“更改图片”按钮。

图1-107 “为计算机的帐户挑选一个新图像”对话框

5.更改用户登录或注销方式。

登录Windows XP时，系统将进行验证，以便显示个性化桌面、设置、文件和文件夹。Windows XP的登录方式有两种。

（1）“欢迎屏幕”：这是Windows XP的新功能，速度快且容易，只需要单击相应的帐户名，输入密码就可以登录。

（2）“传统的登录方式”：沿用Windows XP以前版本的登录方式，要求输入用户名和密码，安全性最好。

在本机没有加入Domain的情况下，可以方便地在这两种方式间切换，通常“欢迎屏幕”更适合家用计算机。

步骤1 “开始”→“控制菜单”→“用户帐户”，如图1-100所示。

步骤2 单击“更改用户登录或注销的方式”，弹出如图1-108所示对话框。

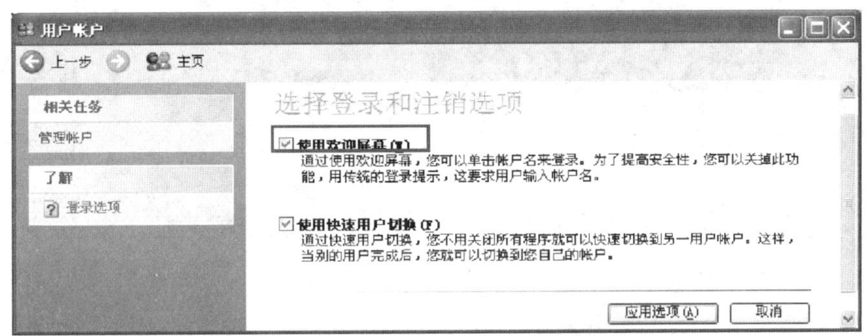

图1-108“选择登录和注销选项”对话框

步骤3 执行以下任一操作。

① 要指定用户使用“欢迎屏幕”登录计算机，请选中“使用欢迎屏幕”复选框。

用户通过在“欢迎屏幕”上单击自己的用户帐户名，登录计算机。如果帐户有密码，则系统将提示用户输入该密码。

② 要指定用户不使用“欢迎屏幕”登录计算机，请清除“使用欢迎屏幕”复选框。启动计算机时，“欢迎屏幕”将不再出现。要登录计算机，请在标准的“登录到 Windows”对话框中，键入用户名（或密码）。

步骤4 单击“确定”按钮。

说明：对“使用快速用户切换”进行启用或注销的设置，也在图1-108中“使用快速用户切换”选项前打勾或取消对勾。

实验5-4 更改系统时钟

默认情况下，任务栏右侧的通知栏中总是显示本机当前系统时钟，如图1-109所示。当计算机的系统时钟有误或需要跳过病毒发作的日期时，应更改系统时钟。

任务描述

将当前系统时间更改为2008年8月8日晚上8点整。

图1-109 任务栏右侧系统时钟

操作步骤

步骤1 打开“日期和时间属性”对话框，选择“日期和时间”选项卡。方法有两种：

（1）“开始”菜单→“控制面板”→“日期时间语言和区域设置”，打开“日期和时间属性”对话框，如图1–110中a图所示；

（2）右击任务栏上的“系统时间”标志，在弹出的快捷菜单中选择“调整日期和时间”，打开“日期和时间属性”对话框，如图1–110中b图所示。

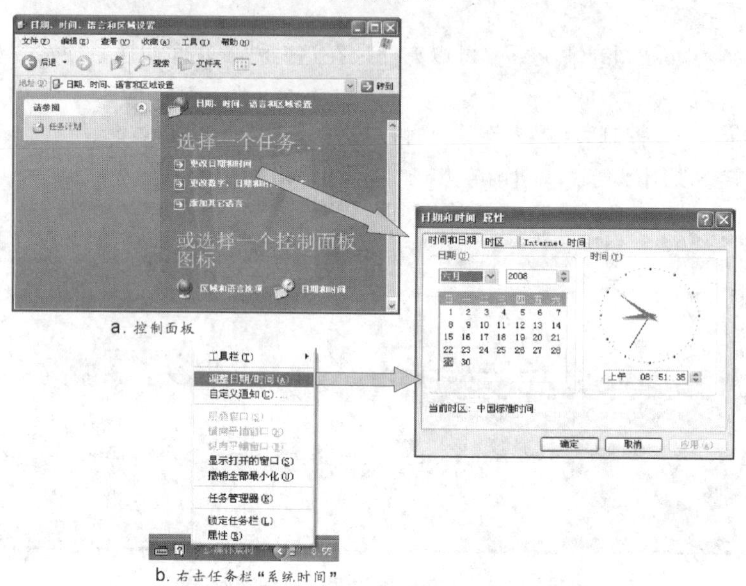

a. 控制面板

b. 右击任务栏“系统时间”

图1–110 打开“日期和时间属性”对话框的两种方法

步骤2 在弹出的“日期和时间属性”对话框中，日期选项设为“八月”、“2008”年，日历中选择“8”号，时间选项区域中设为“下午 08:00:00”，如图1–111所示。

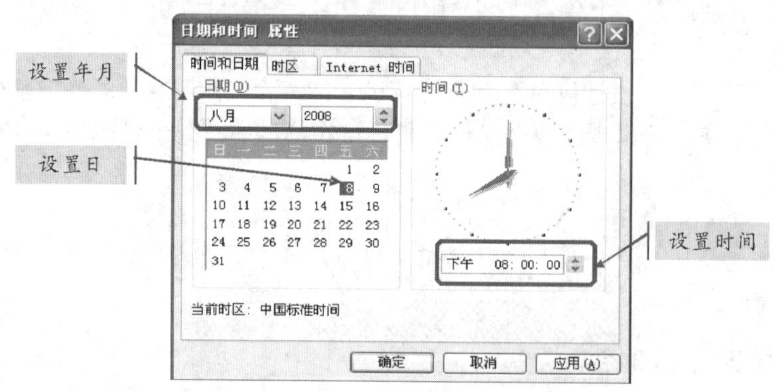

图1–111 设置日期和时间

说明1：如何保持系统时间始终与格林威治标准时间一致？

在“日期和时间属性”对话框中选择“Internet时间”选项卡，在“与Internet时间服务器同步”前打勾，再单击“立即更新”，即可。

说明2：如何在任务栏显示时钟？

打开“任务栏和「开始」菜单属性”对话框，在“任务栏”选项卡中“显示时钟”前打勾。

实验5–5 电源管理

电源是计算机活力的来源。若没有电源，配置再高、速度再快的计算机也无法使用。不同型号的计算机也有各自的电源方案。本部分实验主要完成设置电源方案和如何启用休眠等功能。

任务描述

1.设置电源方案。

2.启用休眠。

3.磁盘管理。

操作步骤

1.设置电源方案。

合理的计算机电源方案不仅可以做到节电，而且可以使计算机的某些部件处于断电状态，从而延长部件的使用寿命。具体设置步骤如下。

步骤1 打开“电源属性”对话框，有以下两种方式。

（1）“开始”菜单→“控制面板”→“性能和维护”，单击“电源选项”，如图1–112中a图所示，弹出“电源选项属性”对话框。

（2）右击桌面空白处，打开“桌面属性”对话框，选择“屏幕保护程序”选项卡，单击“电源”按钮，如图1–112中b图所示，弹出“电源选项属性”对话框。

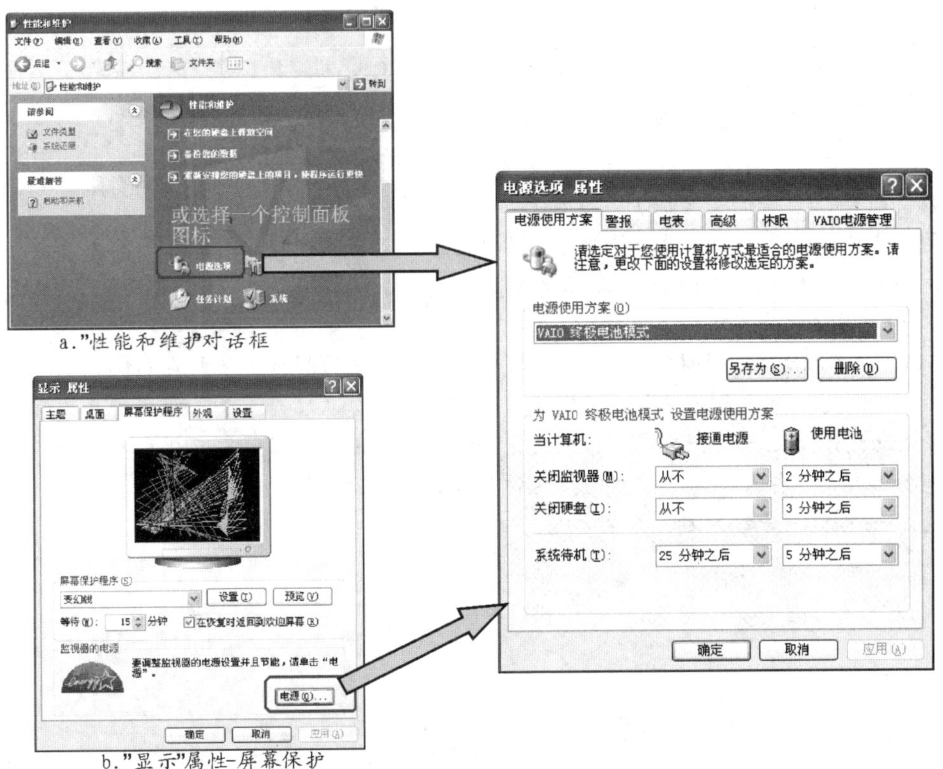

a."性能和维护对话框

b."显示"属性-屏幕保护

图1–112 打开“电源选项属性”对话框的两种方法

步骤2 切换到“电源使用方案”选项卡，在“电源使用方案”选项的下拉菜单中选择相应的电源使用方案。

步骤3 如果该电源使用方案满足要求，则跳到步骤5；如果还要做修改，则在“为便携/袖珍式 设置电源使用方案”选项中设置，如图1-113所示。

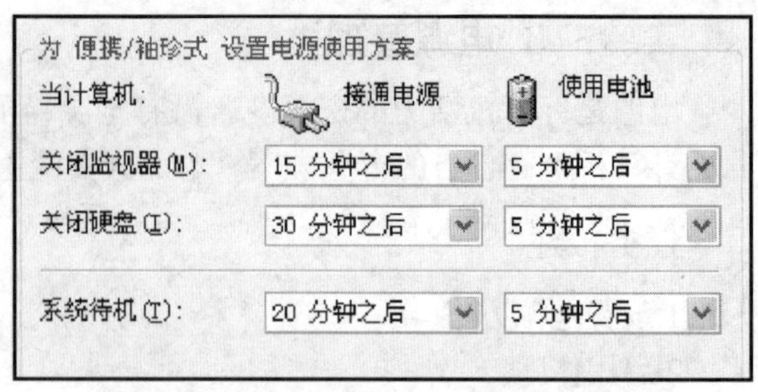

图1-113 自定义“电源使用方案”

步骤4 设置完毕，单击“另存为”，为该方案起名，供下次直接使用。

步骤5 单击“确定”按钮。

2.启用休眠。

启用计算机的休眠功能，可以将内存中的资料及系统信息存入硬盘后关闭计算机，当计算机再次启动时则会恢复上次关机前的执行状况。

步骤1 见图1-112，参照“设置电源方案”的步骤1，打开“电源选项属性”对话框。

步骤2 切换到“休眠”选项卡，选择“启用休眠”，如图1-114所示。

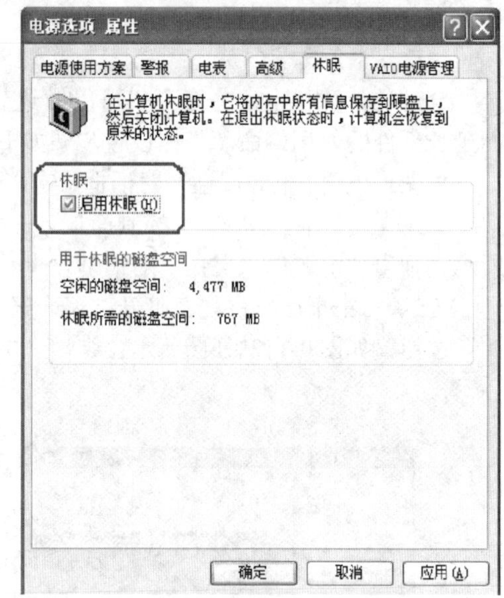

图1-114 “启用休眠”功能

步骤3 单击“确定”按钮。

注意：

1.待机。将系统切换到该模式后，除了内存，电脑其他设备的供电都将中断，只有内存依靠电力维持着其中的数据（因为内存具有易失性，只要断电，数据就没有了）。这样可以直接恢复到待机前状态。这种模式并非完全不耗电，因此如果在待机状态下供电发生异常（例如停电），那么下一次就只能重新开机，待机前未保存的数据都会丢失。但这种模式的恢复速度是最快的，一般5秒钟之内就可以恢复。

2.休眠。将系统切换到该模式后，系统会自动将内存中的数据全部转存到硬盘上一个休眠文件中，然后切断对所有设备的供电。当恢复的时候，系统会从硬盘上将休眠文件的内容直接读入内存，并恢复到休眠之前的状态。这种模式完全不耗电，因此不怕休眠后供电异常，但代价是需要一块和物理内存一样大小的硬盘空间。这种模式的恢复速度较慢，恢复时间取决于内存大小和硬盘速度，一般都要1分钟左右，甚至更久。

实验6　控制面板操作

实验目的

通过实验，掌握计算机系统时间、日期、货币、数字等项目的设置与更改。

本部分实验主要是利用“控制面板”的“区域和语言选项”进行相应的处理，找到区域语言选项的方法：“开始”菜单→“控制面板”→“区域和语言选项”。

任务描述

1.设置系统日期的各种显示格式。

2.设置系统时间的各种显示格式。

3.设置系统货币的各种显示格式。

4.设置系统数字的各种显示格式。

操作步骤

步骤1 “开始”菜单→“控制面板”→“区域和语言选项”，如图1–115所示，单击“自定义”按钮。

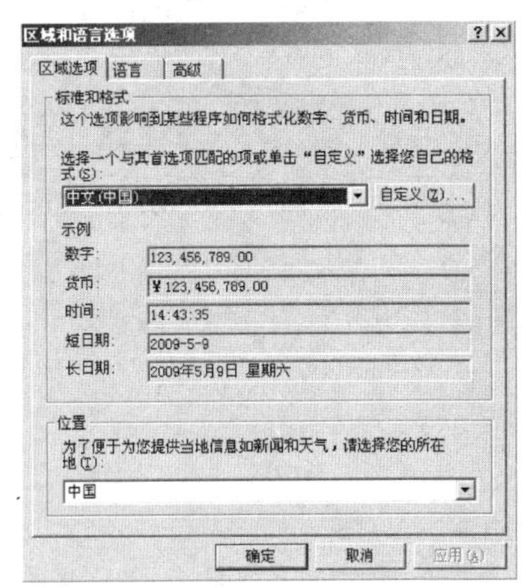

图1–115 “区域和语言选项”对话框

步骤2 在“自定义区域选项”对话框中选择“数字”项，如图1–116所示，在该对话框中输入或选择相应的数字格式。度量单位可以设置为“公制”或“美制”。

步骤3 在“自定义区域选项”对话框中选择“货币”项，如图1–117所示，在该对话框中输入或选择相应的货币格式。

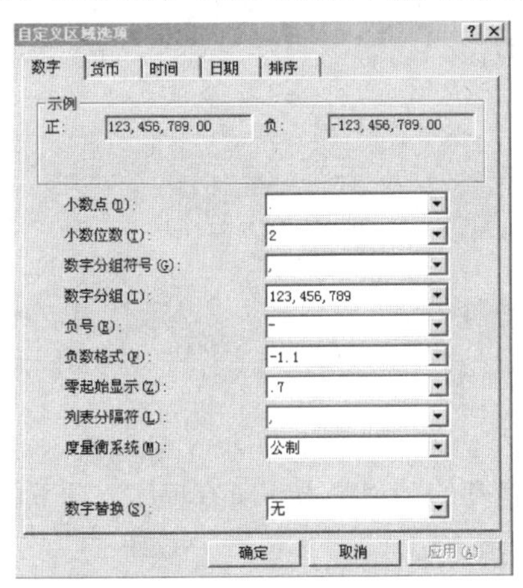

图1–116 数字格式选项对话框

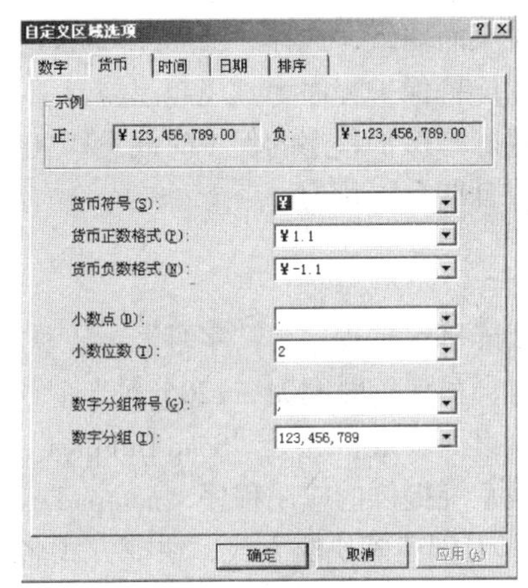

图1–117 货币格式选项对话框

步骤4 在“自定义区域选项”对话框中选择“时间”项，如图1–118所示，在该对话框中输入或选择相应的时间格式。输入时间分隔符，上下午设置可以选择中文或英文格式。

步骤5 在“自定义区域选项”对话框中选择“日期”项，如图1–119所示，在该对话框中输入或选择相应的日期格式。日期可以设置为短格式或长格式。

注意： 框的背景为白的表示可以输入，框的右边有向下的小箭头时，鼠标单击可以打开选项对话框，可以在给出的选项中选择格式设置。

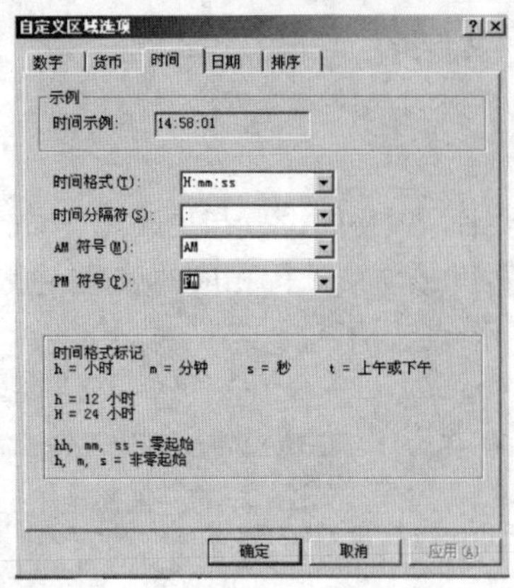

图1-118 时间格式选项对话框

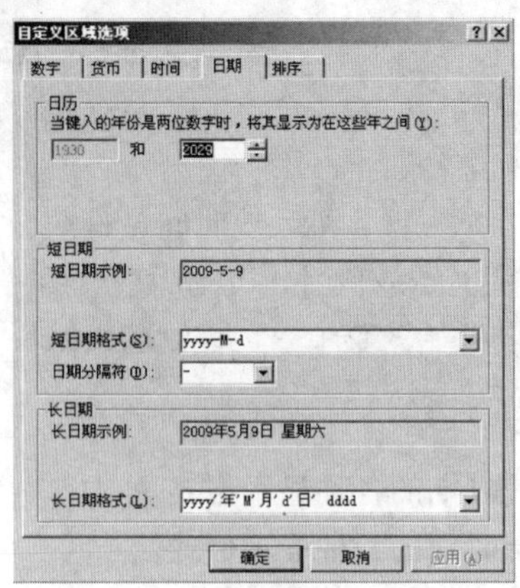

图1-119 日期格式选项对话框

实验练习题

练习一

1.查找系统提供的应用程序“calc.exe”，并在桌面上创建其快捷方式，快捷方式名为“我的计算器”。

2.设置桌面墙纸，选择“Santa Fe Stucco”为背景图片。

3.设置屏幕保护程序为“飞越星空”。

4.设置屏幕保护程序的保护时间为“90分钟”。

5.设置日期分隔符为“/”。

练习二

1.设置屏幕保护程序为“字幕”。

2.设置屏幕保护时间为“120分钟”。

3.设置桌面墙纸，选择“Soap Bubbles”为背景图片。

4.查找系统提供的应用程序“notepad.exe”，并在“开始”菜单中“所有程序”项下的“附件”上创建其快捷方式，快捷方式名为“我的记事本”。

5.设置时间格式为“tt h:mm:ss”。

练习三

1.设置桌面墙纸，选择“River Sumida”为背景图片。

2.设置屏幕保护程序为“三维花盒”。

3.查找系统提供的应用程序“wordpad.exe”，并在桌面上创建其快捷方式，快捷方式名为“我的写字板”。

4.设置短日期格式为“yy-MM-dd”。

练习四

1.设置桌面墙纸，选择“Feather Texture”为背景图片。

2.设置墙纸的显示方式为“拉伸”。

3.查找系统提供的应用程序“mspaint.exe”，并在“开始”菜单的“程序”中创建其快捷方式，快捷方式名为“MY画笔”。

4.设置屏幕保护程序为“三维管道”。

练习五

1.设置桌面墙纸，选择“Greenstone”为背景图片。

2.设置墙纸的显示方式为“平铺”。

3.设置屏幕保护程序为“三维飞行物”。

4.设置时间格式为“HH:mm:ss”。

练习六

1.在D盘下新建文件夹“USER1”，在此新文件夹下新建第二个文件夹“USER2”。

2.在C盘中WINDOWS文件夹下任意查找三个可执行文件，并把他们复制到USER2文件夹下。

3.在“USER2”下新建一个文件夹“CC”，把“USER2”下的一个文件复制到“CC”中。

4.把“CC”整个复制到“USER1”下，把“USER2”下的“CC”文件夹删除。

5.将“USER2”改名为“FOX”。

第 2 章 Word高级操作实验

本章知识点

Word不仅是一款优秀的文字处理软件，更是一款优秀的排版软件。千万不要天真地认为，会在Word中打字就是会用Word，文字输入及简单的格式化编辑仅仅是Word的初级功能。熟悉使用Word的各种高级功能，如样式、索引、交叉引用、域、审阅和修订、自动化处理等，不仅可以排版出专业文稿，还可以实现编辑排版的自动化，如自动生成索引和目录、自动合并邮件，提高办公自动化的工作效率。

通过学习和应用，读者应该掌握以下知识点。

1.文档的基本操作及排版：包括文档的版面设置、字体格式设置、段落格式设置、项目符号和编号的设置、样式栏的更新、插入脚注和尾注、插入题注、插入页码、插入页眉和页脚、自动生成目录。

2.制作表格：设置表格属性、设置表格边框和底纹、拆分和合并单元格、拆分表格、绘制斜线表头、使用窗体域、表格自动套用格式、表格标题行重复、表格计算。

3.图文混排：插入自动更新的日期和时间、插入图片、插入剪贴画、插入艺术字、插入自选图形、插入文本框、插入奇偶数页眉、分栏、设置文本框格式、设置自选图形格式、设置阴影样式和三维效果、图文混排、打印设置。

4.文档的高级排版：掌握样式、节、域、交叉引用、文档的审阅和修订等各种高级功能，实现文档目录的自动生成，为目录和正文设置不同的页码格式，为不同章节的正文设置不同的奇偶数页眉，实现题注的交叉引用，通过新建样式统一设置全文格式。

实验1　文档的基本操作及排版

实验目的

1.通过Word文档的创建、修改、保存，掌握文本的选定、插入与改写、移动与删除、复制与粘贴、撤销与恢复、格式刷等文本编辑功能。

2.掌握页面格式设置、字符和段落格式的设置及标题级别的设置，掌握样式栏的更新，插入脚注和尾注、插入题注、插入分节符，掌握不同节中奇偶数页眉的设置，掌握目录的自动生成等。

任务描述

1.文档选用A4纸，设置上、下、左、右页边距皆为2.54厘米。

2.设置字体、段落格式：正文部分中文设为宋体、五号，西文字体为“Timers New Roman”，段落设首行缩进2字符，单倍行距，其余采用默认设置。

3.章节编号采用三级标题排序。各级标题均设为黑体，一级标题为二号字，居中对齐，段前段后距为24磅，2倍行距；二级标题为三号字，居中对齐，段前段后距为18磅，1.5倍行距；三级标题为四号字，左对齐，段前段后距为6磅。

4.在正文中首次出现的“ENAIC”处插入脚注，内容为：“ENIAC（电子数值积分计算机Electronic Numerical Integrator And Calculator），使用了18800个电子管、1500个继电器，占地170平方米，重达30吨，耗电140千瓦，耗资40多万美元，每秒可进行5000次加法或减法运算”。

5.为正文中的图和表插入题注，图表内文字用小五号字，表名在表前，图名在图下方。

6.对正文做分节处理，在正文前插入一空白页，为单独一节，每章为单独一节；为正文插入页码，页码设为外侧。

7.为每一章插入不同页眉，首页无页眉，奇数页页眉为书名，偶数页页眉为章标题。

8.插入目录。

实验1–1 页面格式设置

操作步骤

步骤1 单击“文件”→“页面设置”，打开“页面设置”对话框。

步骤2 在“页面设置”对话框中选中“纸张”选项卡，在“纸张大小”下拉列表框中选择“A4”，“纸张来源”选择“默认纸盒”，应用于“整篇文档”，如图2–1所示。

步骤3 在“页面设置”对话框中选中 “页边距”选项卡，在“上”、“下”、“左”、“右”数值框中输入“2.54厘米”，单击“确定”按钮，如图2–2所示。

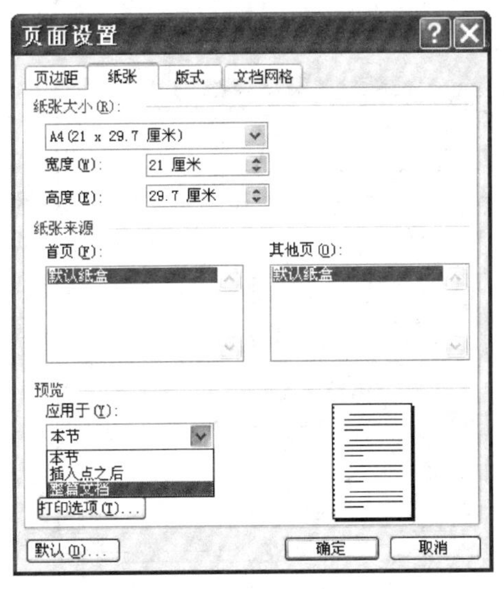

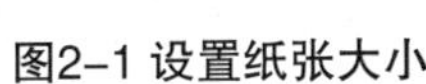

图2–1 设置纸张大小

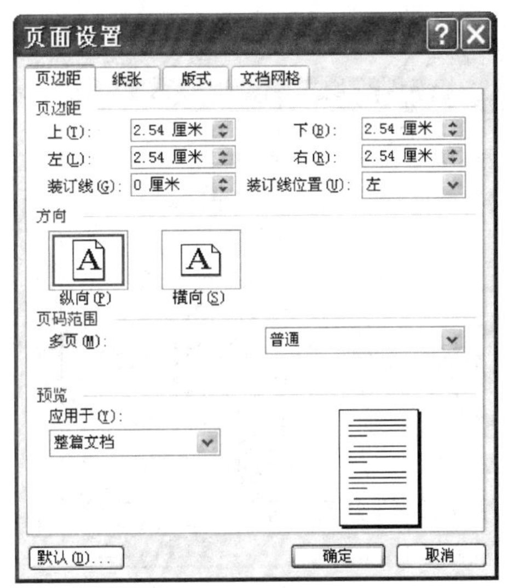

图2–2 设置页边距

步骤4 单击“文件”→“保存”菜单项或“另存为”，或是常用工具栏中的“保存”按钮，打开“另存为”对话框，在“保存位置”下拉列表框中选择指定的文件夹，在“文件名”文本框中输入文件名“计算机基础知识–排版–1”，在“保存类型”下拉列表框中选择文件类型“Word文档*.doc”，单击“保存”按钮，如图2–3所示。

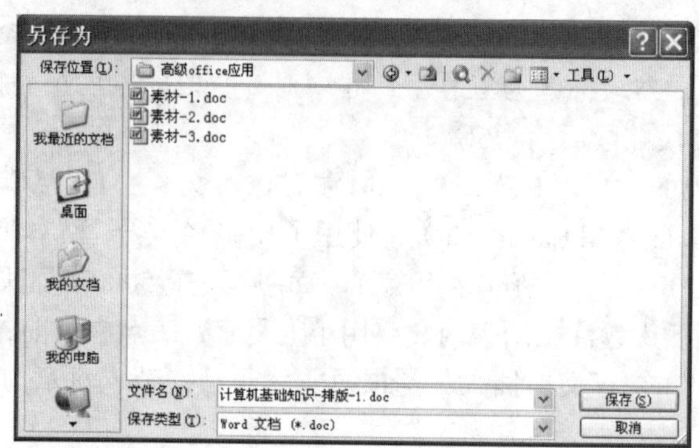

图2-3 “另存为”对话框

实验1-2 设置正文格式

操作步骤

步骤1 单击“编辑”→“全选”菜单项或在选定栏三击鼠标左键，选中全文。

步骤2 单击“格式”→“字体”菜单项，打开“字体”对话框，选中“字体”选项卡标签，在“中文字体”下拉列表框中选择“宋体”， 在“西文字体”下拉列表框中选择“Timers New Roman”，在“字号”下拉列表框选择“五号”，单击“确定”按钮，如图2-4所示。或单击“格式”工具栏中的“字体”下拉列表框，选择“宋体”，单击“字号”下拉列表框，选择“五号”。

步骤3 单击“格式”→“段落”菜单项，打开“段落”对话框，选中“缩进和间距”选项卡标签，在“特殊格式”下拉列表框选择“首行缩进”，在“行距”下拉列表框选择“单倍行距”，单击“确定”按钮，如图2-5所示。

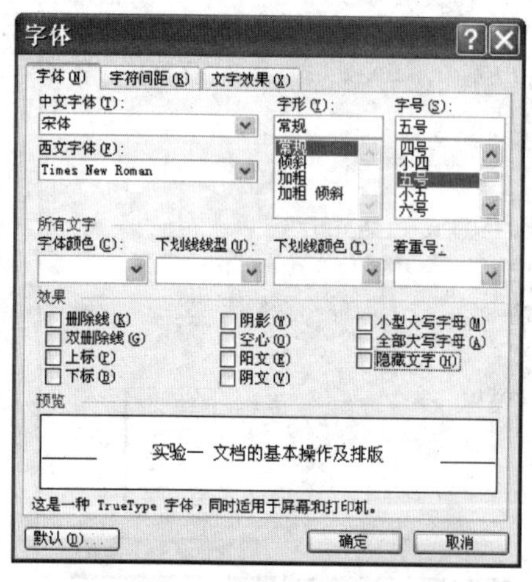

图2-4 设置字体格式

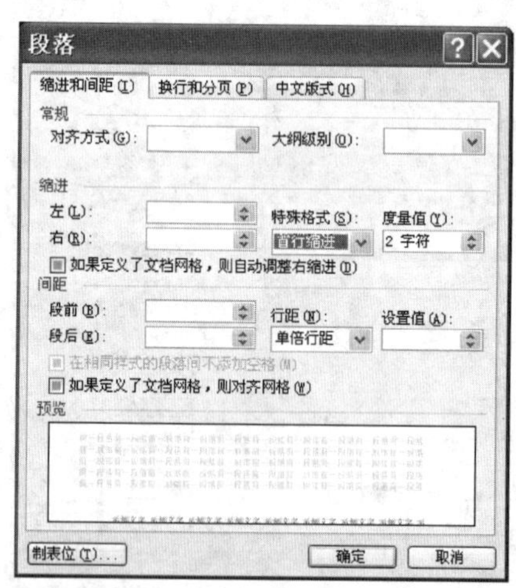

图2-5 设置段落格式

也可以通过标尺设置段落首行缩进和页面左右边距，如图2-6所示。标尺左侧上方的是“首行缩进”控制钮，拖动它即可以调整段落首行的缩进量；左侧下方的是“左缩进”控制钮，拖动它可以调整段落的左缩进量；右侧的是“右缩进”控制钮，拖动它可以调整段落右缩进量。

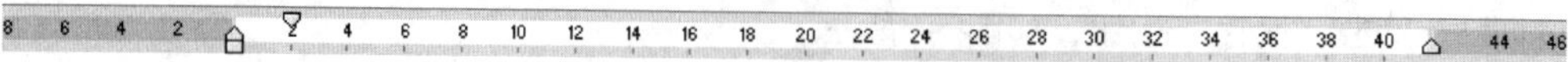

图2-6 标尺

实验 1-3 设置标题格式

操作步骤

1.方法一：在“样式”中设置各级标题。

步骤1 选中第一章标题所在行，单击“格式”工具栏“样式”下拉框中的“标题1”。

步骤2 再次选中该行，通过“格式”工具栏将字号设为“二号”、“黑体”、“居中”。

步骤3 单击“格式”→“段落”菜单项，打开“段落”对话框，选中“缩进和间距”选项卡标签，在“段前”和“段后”数值框中输入“24磅”，在“行距”下拉列表框中选择“2倍行距”，单击“确定”按钮，“样式”栏中自动增加一个新样式“标题1＋，段前：24磅，段后：24磅，行距：2倍行距”，如图2–7所示。

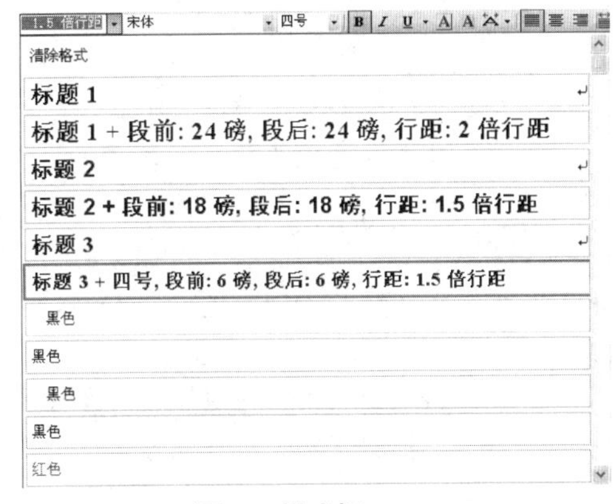

图2–7 样式框

步骤4 重复步骤1–3，依次设置二级标题和三级标题的格式，“样式”栏中新样式如图2–7所示。

步骤5 样式栏更新后，再选中第二章标题所在行，单击样式框中的“标题1＋段前：24磅，段后：24磅，行距：2倍行距”，即可将第二章标题与第一章标题设为同样格式。依此类推，设置其他各章节的标题格式。

2.方法二：在“大纲视图”中设置各级标题。

步骤1 单击“视图”→“大纲”菜单项，或单击左下角的“大纲视图”按钮，切换到大纲视图，如图2–8所示。

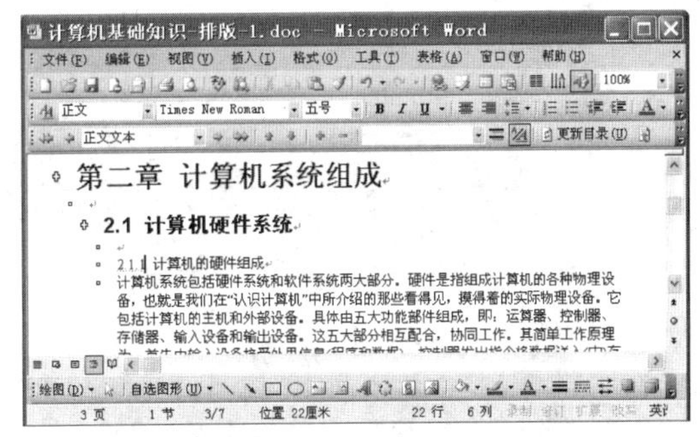

图2–8 大纲视图

步骤2 选中“2.1.1 计算机的硬件组成”所在行，单击“大纲”工具栏按钮上的升级按钮“⇦”，将其标题级别设为“标题3+四号，段前：6磅，段后：6磅，行距：1.5倍行距”。

步骤3 依次设置其他章节标题级别。

实验1–4 插入脚注

操作步骤

步骤1 单击“插入”→“引用”→“脚注和尾注”菜单项，打开“脚注和尾注”对话框，如图2–9所示。

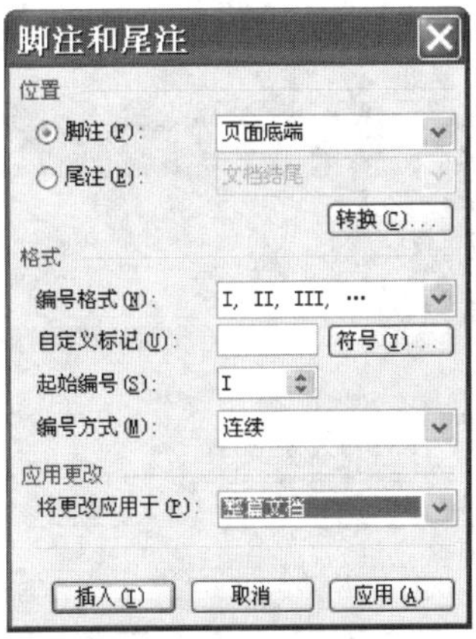

步骤2 在“编号格式”列表框中选择“Ⅰ,Ⅱ，Ⅲ，…”，单击“插入”按钮，Word自动跳转到页面底端，在此输入脚注文字，如图2–10所示。在正文区点击鼠标即可结束脚注的输入。

图2–9 “脚注和尾注”对话框

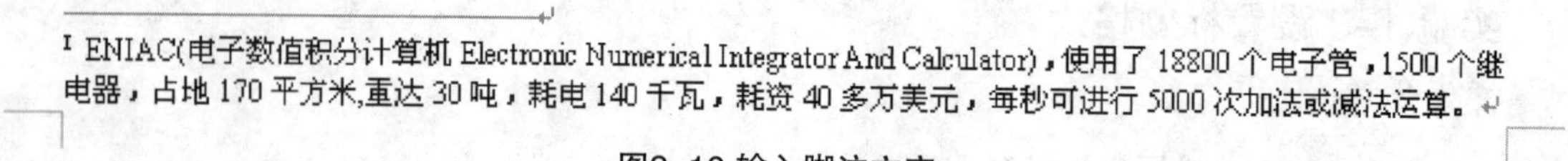

I ENIAC(电子数值积分计算机 Electronic Numerical Integrator And Calculator)，使用了 18800 个电子管，1500 个继电器，占地 170 平方米,重达 30 吨，耗电 140 千瓦，耗资 40 多万美元，每秒可进行 5000 次加法或减法运算。

图2-10 输入脚注文字

实验1-5 插入题注

操作步骤

步骤1 将光标定位于第一章的第一张表前，单击“插入”→“引用”→“题注”命令，打开“题注”对话框，如图2-11所示。

步骤2 单击“新建标签”按钮，打开“新建标签”对话框，输入“表1-”，如图2-12所示，单击“确定”按钮，返回“题注”对话框。

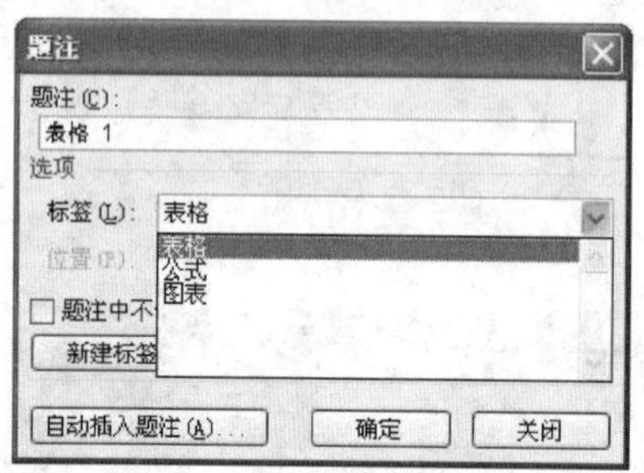

图2-11 “题注”对话框

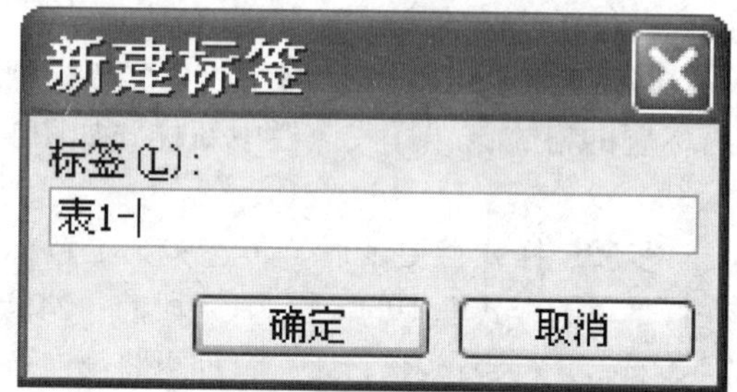

图2-12 新建标签“表1-”

步骤3 “题注”对话框的“标签”下拉框中显示新建的标签“表1-”，在“题注”框内自动显示当前的题注编号“表1-1”，如图2-13所示，单击“确定”按钮，在当前光标处插入题注“表1-1”。

步骤4 将光标移到下一张表前，打开“题注”对话框，选中标签“表1-”，题注框内编号自动增加，如图2-14所示，依次插入其他表题注。

步骤5 依步骤1-4插入相应图题注。

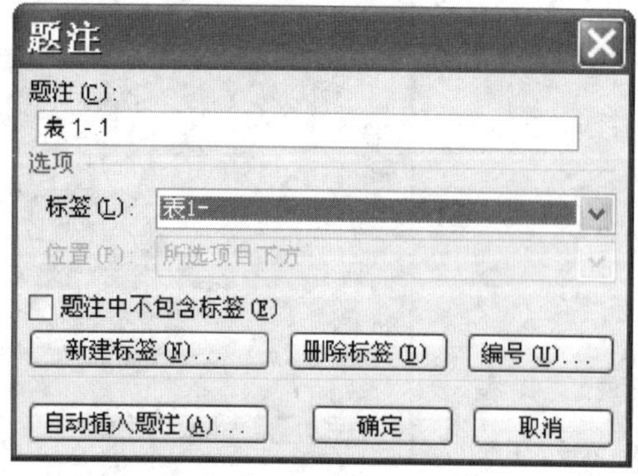

图2-13 插入新标签

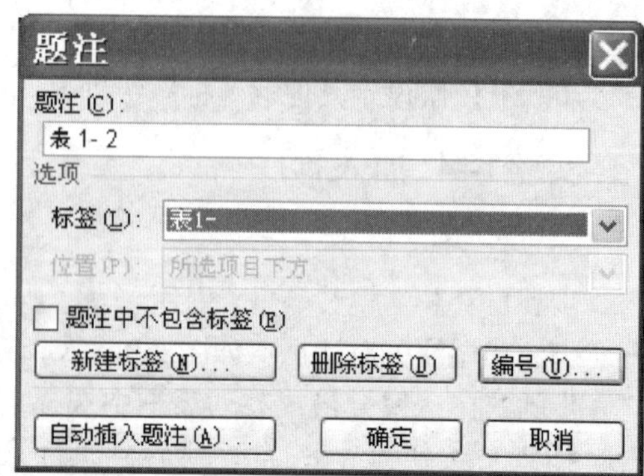

图2-14 题注自动编号

实验1-6 插入分节符和页码

操作步骤

步骤1 将光标移到第一章前，单击“插入”→“分隔符”菜单项，打开“分隔符”对话框，选择“分节符类型”的“下一页”，如图2-15所示，单击“确定”按钮，插入分节符，并在第一章前插入空白页。

步骤2 依次在每一章末尾插入分节符，切换到“普通视图”，正文中即显示分节符标记，如图2-16所示。

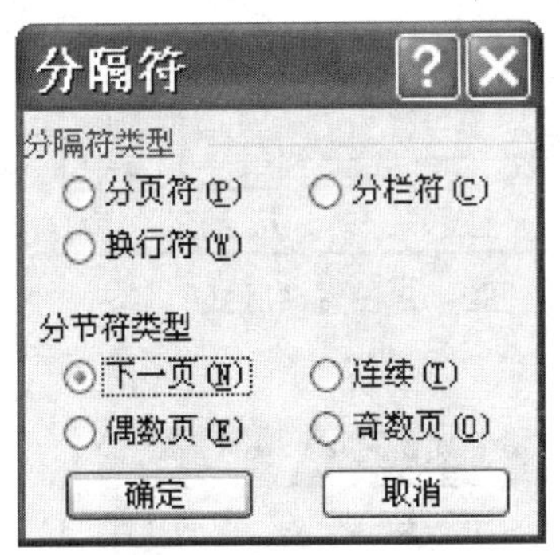

图2-15 “分隔符”对话框

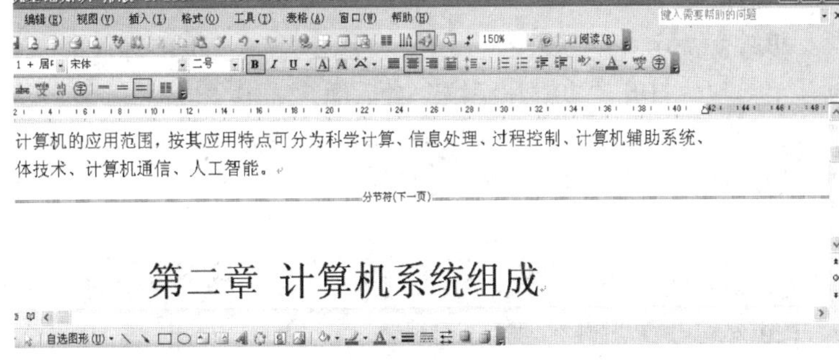

图2-16 “普通视图”中的分节符标记

步骤3 选中第一章标题所在行，单击“文件”→“页面设置”菜单项，在“页面设置”对话框中选择“版式”选项卡，取消“奇偶页不同”和“首页不同”，应用于选择“在插入点之后”，单击“确定”按钮。

步骤4 单击“插入”→“页码”菜单项，打开“页码”对话框，在“位置”下拉框中选择“页面底端（页脚）”，在“对齐方式”下拉框中选择“外侧”，如图2-17所示。

步骤5 在“页码”对话框中单击“格式”按钮，打开“页码格式”对话框，“数字格式”选择“1，2，3，…”，并将“起始页码”设为“1”，如图2-18所示。

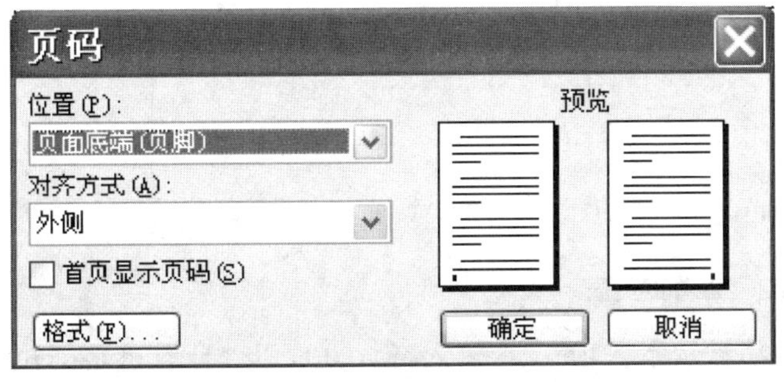

图2-17 “页码”对话框

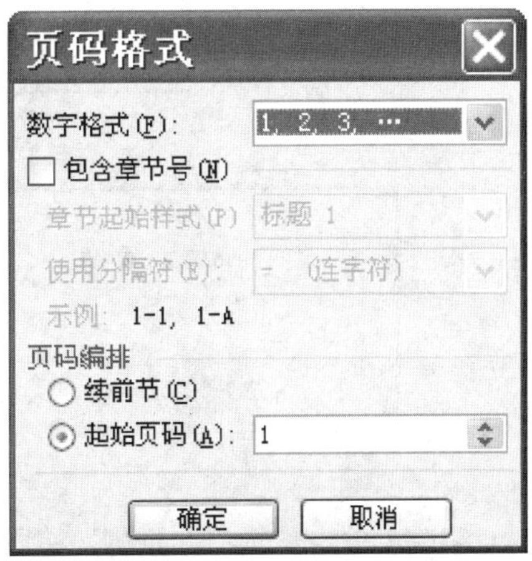

图2-18 “页码格式”对话框

实验1-7 设置奇偶数页眉

操作步骤

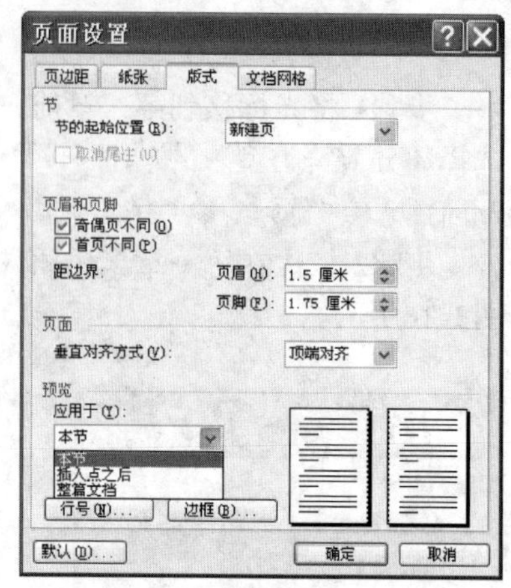

图2-19 设置“版式”

步骤1 单击“文件”→“页面设置”菜单项，在“页面设置”对话框中选择“版式”选项卡，选中“奇偶页不同”和“首页不同”，应用于选择“本节”，如图2-19所示，单击“确定”按钮。

步骤2 选中第一页，单击“视图”→“页眉和页脚”菜单项，打开“页眉和页脚”工具栏，如图2-20所示，进行页眉和页脚编辑。

步骤3 选中光标所在行，单击“格式”→“边框和底纹”菜单项，打开“边框和底纹”对话框，选中“边框”选项卡，设置边框“无”，如图2-21所示，单击“确定”按钮，消除页眉中的横线，如图2-22所示。

图2-20 “页眉和页脚”工具栏

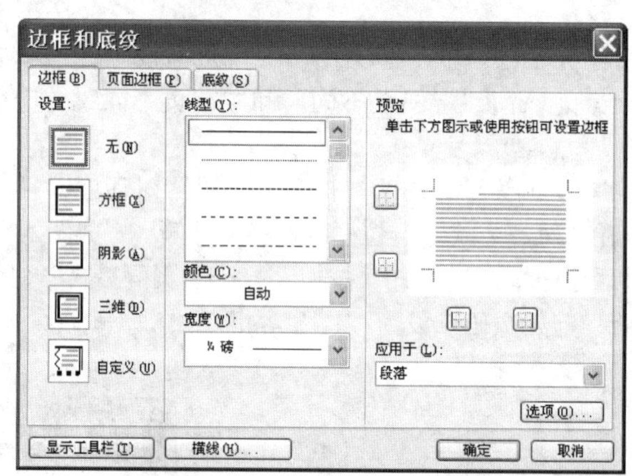

图2-21 “边框和底纹”对话框

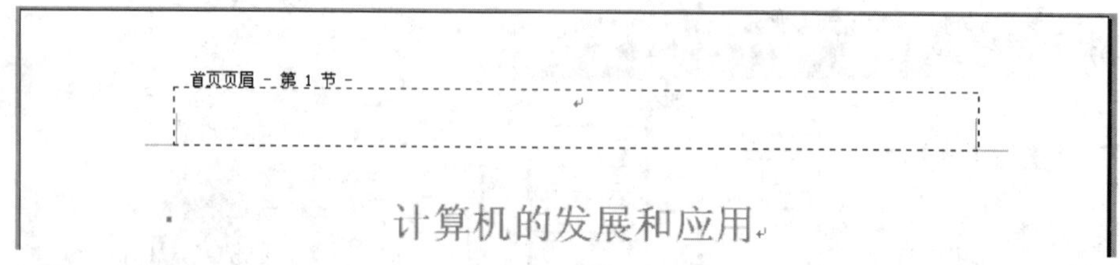

图2-22 首页页眉

步骤4 单击“页眉和页脚”工具栏的“显示下一项”，输入奇数页页眉“计算机基础知识”，如图2-23所示。

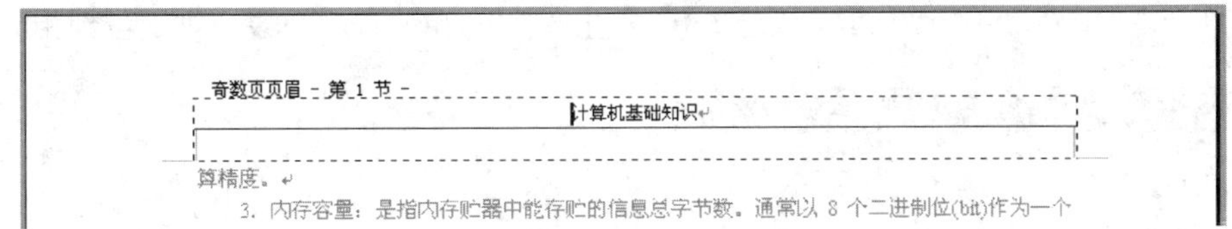

图2–23 奇数页页眉

步骤5 单击“页眉和页脚”工具栏的“显示下一项”，输入偶数页页眉“计算机的诞生和发展”，如图2–24所示。

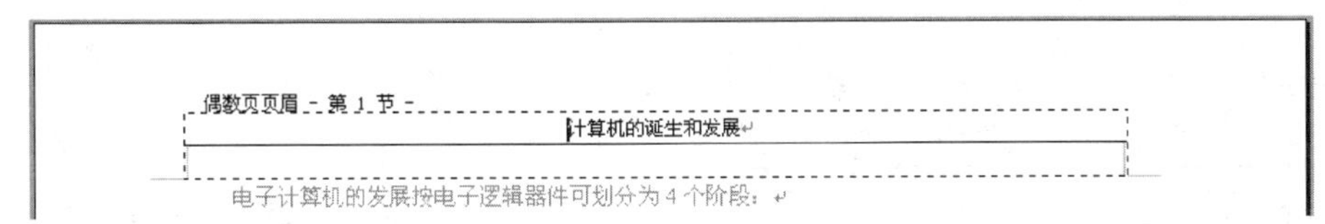

图2–24 偶数页页眉

步骤6 单击“页眉和页脚”工具栏的“显示下一项”，切换到第2节页眉，如图2–25所示，页眉与第1节相同，且右侧显示“与上一节相同”，单击“页眉和页脚”工具栏的“链接到前一个”按钮，取消与上一节的链接，“与上一节相同”字样消失，此时再设置第2节的偶数页页眉，如图2–26所示。

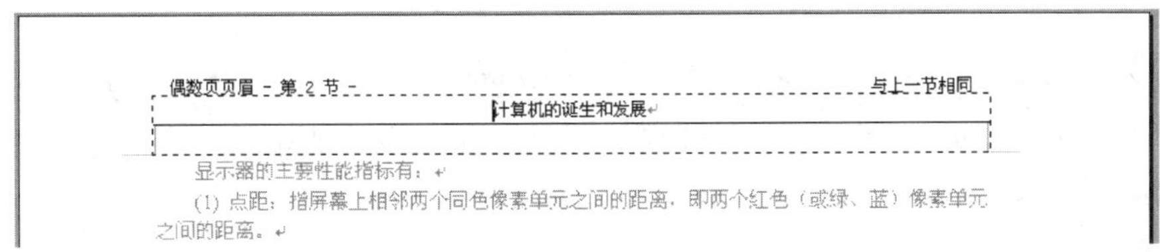

图2–25 第2节页眉与第1节相同

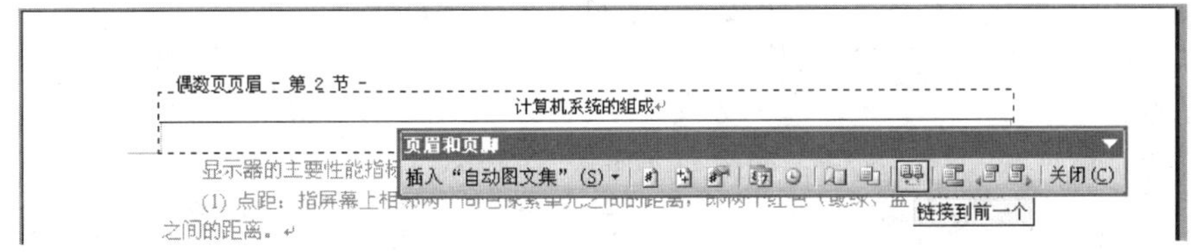

图2–26 设置第2节页眉

实验1–8 插入目录

操作步骤

步骤1 将光标定位于正文前的空白页，在第一行输入文字——目录，通过“格式”工具栏，设为“二号”字体，居中对齐。

步骤2 单击“插入”→“引用”→“索引和目录”命令，打开“索引和目录”对话框，选择“目录”选项卡，如图2–27所示。

步骤3 “制表符前导符”设置标题与页码之间的连接符，设为“……”，在“格式”下拉框中选择“来自模板”，在“显示级别”数值框中设为“3”，单击“确定”按钮，则按照标题级别自动生成目录，如图2-28所示。目录与正文产生链接关系，单击任一目录，则定位到相应正文。

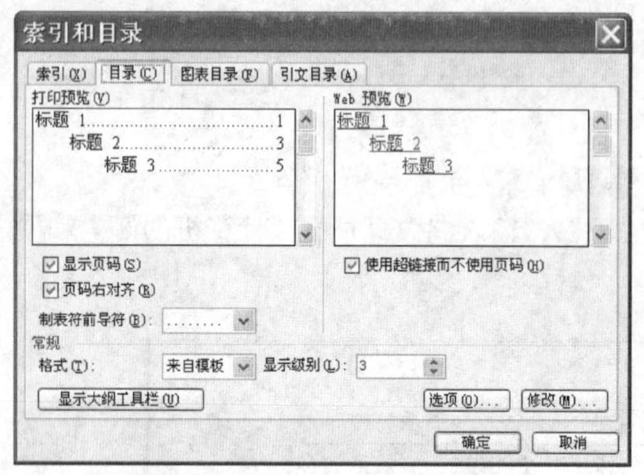

图2-27 “索引和目录”对话框

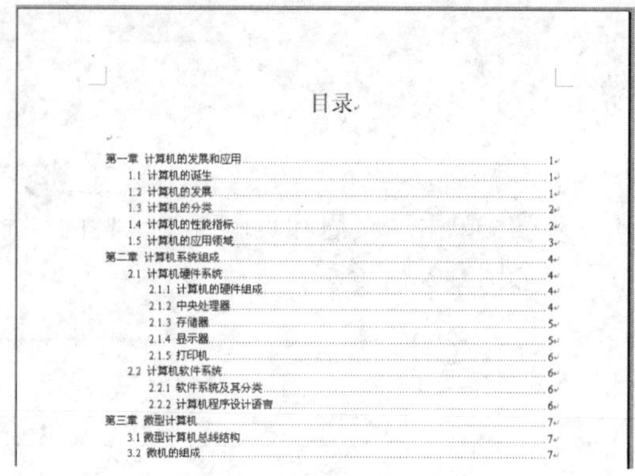

目录

第一章 计算机的发展和应用......1
1.1 计算机的诞生......1
1.2 计算机的发展......1
1.3 计算机的分类......2
1.4 计算机的性能指标......2
1.5 计算机的应用领域......3
第二章 计算机系统组成......4
2.1 计算机硬件系统......4
2.1.1 计算机的硬件组成......4
2.1.2 中央处理器......4
2.1.3 存储器......5
2.1.4 显示器......5
2.1.5 打印机......6
2.2 计算机软件系统......6
2.2.1 软件系统及其分类......6
2.2.2 计算机程序设计语言......6
第三章 微型计算机......7
3.1 微型计算机总线结构......7
3.2 微机的组成......7

图2-28 自动生成的目录

实验2 图文混排

实验目的

通过为企业内部期刊排版，掌握分栏、可自动更新的日期和时间、边框和底纹的设置，掌握艺术字、图片、文本框的格式设置，掌握阴影样式和三维效果的设置，掌握自定义模板的使用，从而掌握Word的图文编辑、混排功能。

任务描述

1.文档选用A3纸张，设置上、下页边距为2.54厘米，左右边距为2厘米，装订线为0.5厘米，装订线位置靠左，其余采用默认设置。

2. 版面除页眉外分为三个区域，如图2-29所示。在2区和3区、4区中间插入一条“3磅、灰色-25%”的直线，以分隔上下版面。

3.为第一版插入页眉，内容包括：可自动更新的日期、版面标题、版号，并另存为模板。

4.将2区新闻1标题设为“小二”、“居中”，并加入边框和底纹，新闻正文分为两栏，插入两张图片，调整图片旋转角度后，将图片拖至两栏中间适当位置。

5.版面下半部分也分为两栏，分栏样式选择“偏右”，左栏为3区，新闻标题为竖排的艺术字。

6.右栏4区标题为艺术字“有色金属一周最新报价”，其下插入6个矩形，设为三维样式11，深度为12磅。

7.右栏5区标题为艺术字，设为三维样式10、深度12

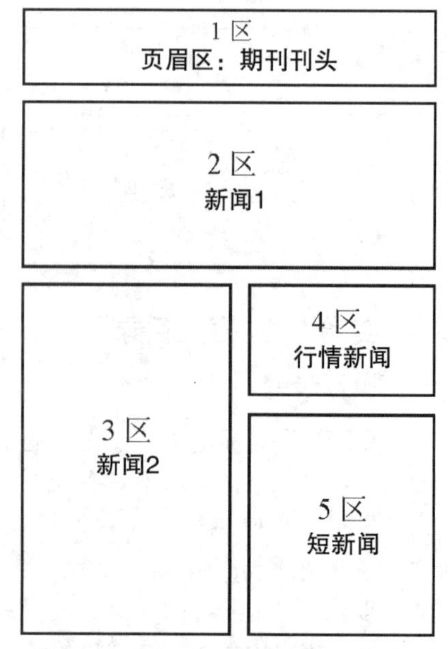

图2-29 周刊版面布局

磅，并设置合适的倾斜角度和方向；插入文本框，填充颜色设为双色，边框设为无，并设为阴影样式1。

8.将排版好的期刊打印在A4纸上。

实验2-1　版面设置

操作步骤

步骤1 单击“文件”→“页面设置”菜单项，打开“页面设置”对话框，在“纸张”选项卡中将纸张大小设为“A3”，在“页边距”选项卡中将上、下边距设为“2.54厘米”，左、右边距设为2厘米，装订线设为“0.5厘米”，装订线位置设为“左”，应用于“整篇文档”，如图2-30所示。

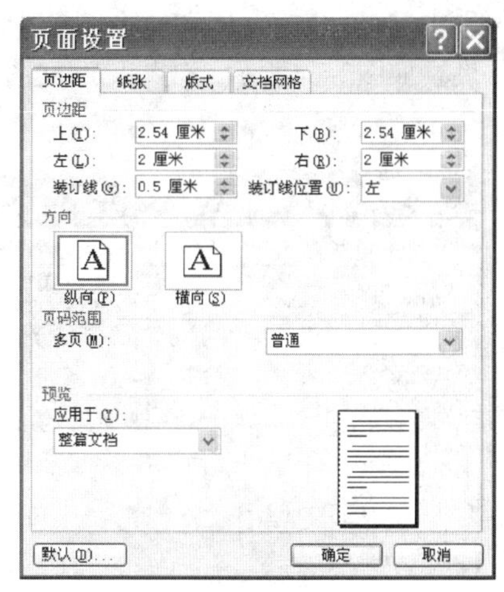

图2-30 期刊页面设置

步骤2 单击“绘图”工具栏（如图2-31所示）的直线按钮，在2区下画一条直线，选中该直线，单击“绘图”工具栏的线型按钮，选择“3磅”，单击“线条颜色”按钮，在调色板中选择“灰色-25%”。

图2-31 “绘图”工具栏

步骤3 将直线移至画布外，然后再选中画布，按Delete键将画布删除，根据正文调整直线至适当位置，效果见后文图2-42。

步骤4 光标定位到新闻1正文末尾，单击“插入”→“分隔符”菜单项，打开“分隔符”对话框，选择“分节符类型”的“连续”，将同一页版面分为连续的两节，每节可以单独排版。

实验2-2　设置页眉，并另存为模板

操作步骤

步骤1 在第一页后选择分节符的下一页，插入一个新页。单击“文件”→“页面设置”菜单项，在“页面设置”对话框中选择“版式”选项卡，选中“奇偶页不同”和“首页不同”，应用于选择“本节”，单击“确定”按钮。

步骤2 在首页页眉中，将光标定位到页眉左侧，单击“插入”→“日期和时间”菜单项，打开“日期和时间”对话框，在“语言(国家/地区)”中选择“中文(中国)”，在“可用格式”列表框中选择“2009年5月25日星期一”，选中“自动更新”，如图2-32所示，单击“确定”按钮。

步骤3 在首页页眉中间输入“同程物流周刊·行业新闻”，右侧输入“第1版 共8版”，字体设为“华文行楷”、“小二”。

步骤4 选中整个页眉区，单击“格式”→“边框和底纹”菜单项，打开“边框和底纹”对话框，选中“边框”选项卡，设置边框“无”，如前文图2-21所示，单击“确定”按钮，消除页眉中的横线。

步骤5 单击“插入”→“图片”→“剪贴画”，打开“剪贴画”窗口，输入“水平线”，“搜索范围”为“所有收藏集”，“结果类型”选择“剪贴画”，单击“搜索”按钮，在搜索结果中选择倒数第三个，如图2-33所示。插入该分隔线，调整大小以适应整个页眉宽度，首页页眉设置如图2-34所示，效果见后文图2-42。

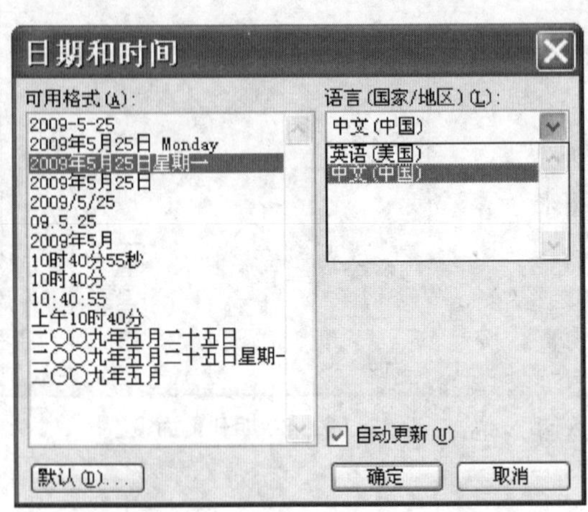

图2-32 设置可自动更新的“日期和时间”

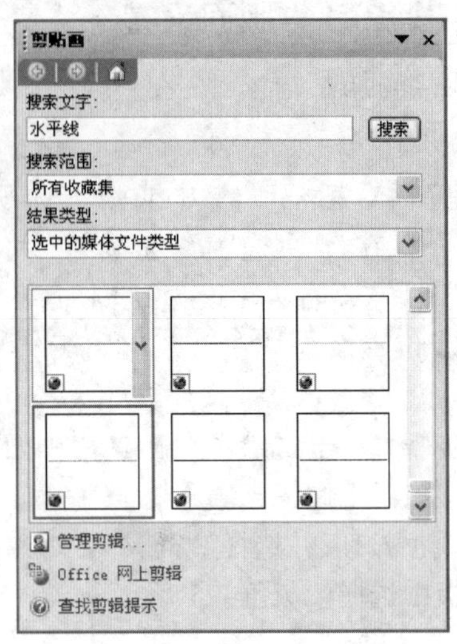

图2-33 “剪贴画”窗口

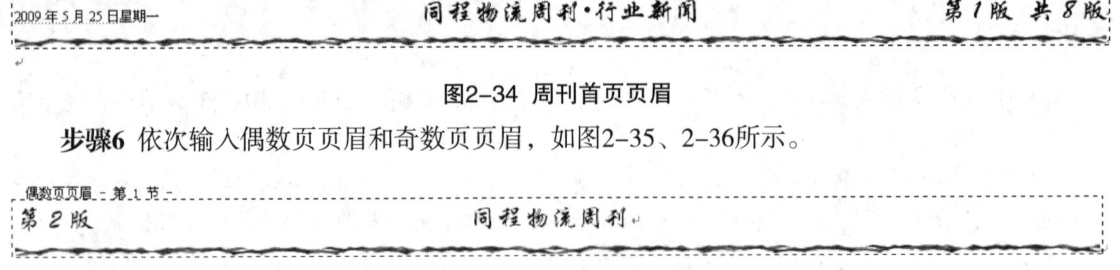

图2-34 周刊首页页眉

步骤6 依次输入偶数页页眉和奇数页页眉，如图2-35、2-36所示。

偶数页页眉 - 第 1 节 -
第 2 版 同程物流周刊

图2-35 周刊偶数页页眉

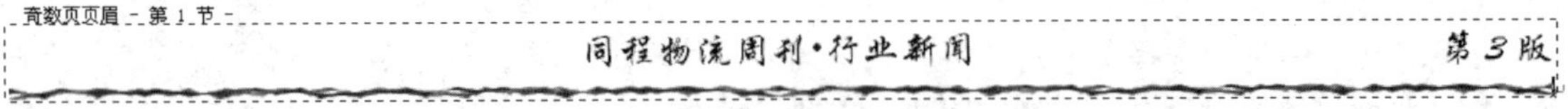

奇数页页眉 - 第 1 节 -
同程物流周刊·行业新闻 第 3 版

图2-36 周刊奇数页页眉

步骤7 单击“文件”→“另存为”菜单项，在“另存为”对话框中选择保存类型“文档模板（*.dot）”，如图2-37所示，单击“确定”按钮，将刚才所做的版面格式设置保存为模板，以备下次排版时使用。

注意：为方便起见，可将模板另存到与当前文档同一文件夹中。

图2-37 “另存为”模板

实验2–3 新闻1版面制作

操作步骤

步骤1 选中第一篇新闻标题，通过格式工具栏将其设为“小二”、“居中”。

步骤2 选中该标题行，单击“格式”→“边框和底纹”，打开“边框和底纹”对话框，在“边框”选项卡中将边框颜色设为“粉红”、宽度为“1磅”、边框样式为“下框线”，如图2–38所示。在“底纹”选项卡中将底纹填充颜色设为“灰色–10%”。

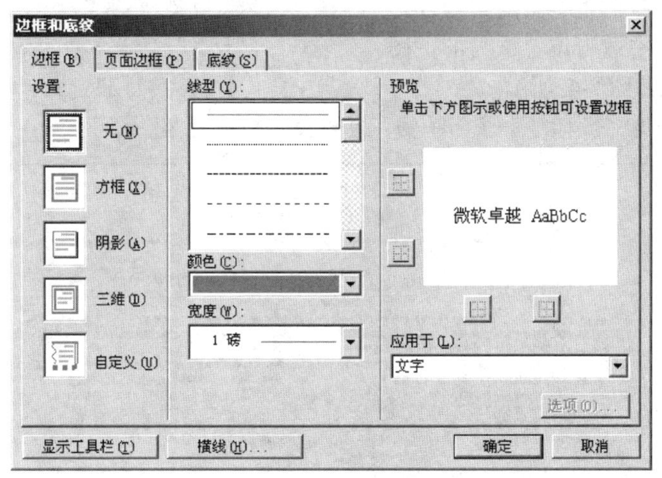

图2–38 设置标题边框

步骤3 选中新闻正文，单击“格式”→“分栏”菜单项，打开分栏对话框，分栏样式选择“两栏”，栏间距设为3个字符，如图2–39所示。

步骤4 在任意位置插入两张图片，选中任一图片，鼠标右击，在快捷菜单中选择“设置图片格式”命令，或单击“格式”→“图片”菜单项，打开“设置图片格式”对话框，在“版式”选项卡中将其环绕方式设为“紧密型”，如图2–40所示。

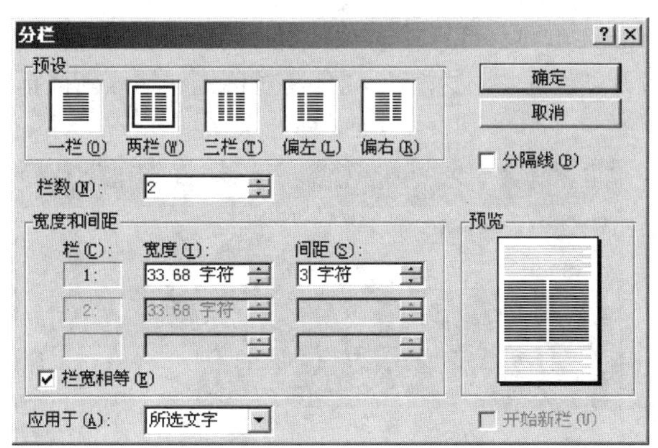

图2–39 “分栏“对话框

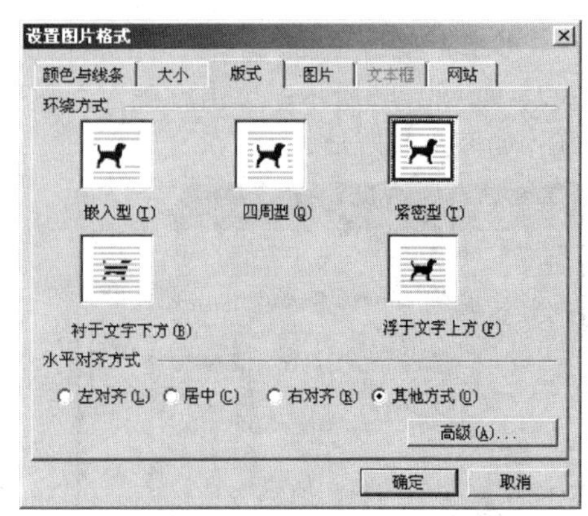

图2–40 设置图片环绕方式

步骤5 选中该图片，单击“绘图”工具栏“绘图”按钮，在“文字环绕”中选择“编辑环绕顶点”，如图2-41所示。在图片最上端出现一个绿色手柄后，向左拖动该手柄至适当角度，再将图片拖至两栏中适当位置。

步骤6 依步骤4、5设置另一图片格式，鼠标向右拖动绿色手柄至适当角度，再将图片拖至两栏中适当位置，与前一图片部分交叉，效果如图2-42所示。

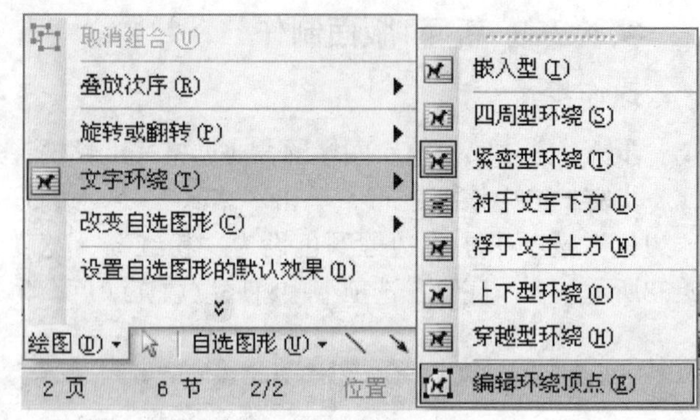

图2-41 设置文字环绕方式

注意：按住Alt键，鼠标单击绿色手柄，可以微调旋转角度。

2009年5月25日星期一 闻程物流周报·行业新闻 第3版 共8版

大商所公布PVC期货合约及相关细则修正案

5月19日，大连商品交易所公布获证监会批准的聚氯乙烯(PVC)期货合约及大商所理事会审议通过、并报证监会备案的相关实施细则。

此次公布的内容包括：《大连商品交易所线型聚氯乙烯期货合约》、《大连商品交易所交易细则修正案》、《大连商品交易所交割细则修正案》、《大连商品交易所风险管理办法修正案》、《大连商品交易所指定交割仓库管理办法修正案》、《大连商品交易所黄大豆1号、黄大豆2号、玉米、线型低密度聚乙烯、聚氯乙烯标准仓单管理办法修正案》等相关实施细则修正案。

大商所相关负责人表示，相关实施细则的修正案与原草案相比，主要是针对上市的PVC而作了调整。另外，为适应线性聚乙烯市场的新变化，《大连商品交易所交割细则修正案》第七十六条关于线型低密度聚乙烯仓储费进行了调整，线型低密度聚乙烯仓储费收取标准为0.6元/吨天，自2009年10月1日起施行。

根据公布的最终的PVC期货合约，标准品为质量标准符合国家标准《悬浮法通用型聚氯乙烯树脂(GB/T 5761-2006)》的SG5型一等品。PVC期货最低交易保证金为合约价值的5%，交易单位为5吨/手，最小变动价位5元/吨，每日价格波动限制为上一交易日结算价±4%，合约交割月份为1、2、3、4、5、6、7、8、9、10、11、12月。

根据大商所相关细则，聚氯乙烯合约交易指令每次最大下单数量为1000手。PVC期货交割采用实物交割，交割手续费为2元/吨，取样及检验收费实行最高限价，由交易所制定并公布；仓储费收取标准为每天1元/吨天，标准仓单无损耗费。

大商所目前指定交割仓库分为基准交割仓库和非基准交割仓库，分别设在广东省、上海市、浙江省、江苏省等地，交易所可视情况对指定交割仓库进行调整。指定交割仓库名录和升贴水由交易所确定并公布。

PVC交割实行推荐品牌制度，推荐品牌的PVC货主需提供规定的相关材料，经交割仓库审核同意后，可免于质量检验。推荐厂家推荐牌号的企业资格与名录由交易所确定并公布。

PVC交割品要求使用原生产厂家或者其认可的包装，包装袋上应标明商标、产品名称、产品标准号、净质量、生产厂名称及地址，并标识产品型号。聚氯乙烯相关实施细则修正案自该期货合约上市之日起施行。

(消息来源 证券时报)

图2-42 页眉及新闻1排版效果图

实验2-4 新闻2版面制作

操作步骤

步骤1 单击“插入”→“图片”→“艺术字”菜单项，打开“艺术字”对话框，选择竖排样式2，如图2-43所示；单击“确定”按钮后，打开“编辑‘艺术字’文字”对话框，输入新闻标题，如图2-44所示。

图2-43 艺术字库

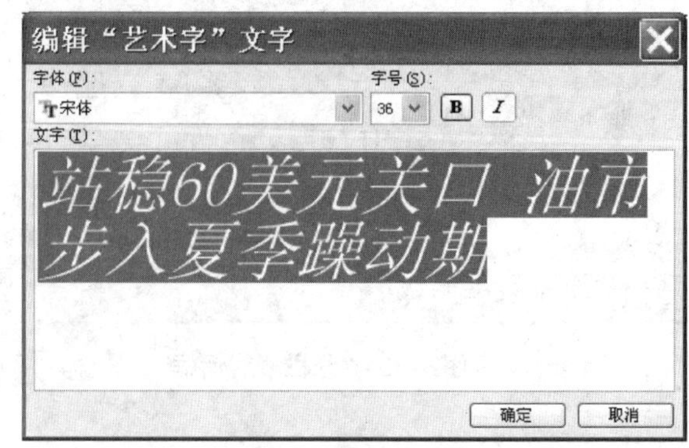

图2-44 “编辑‘艺术字’文字”对话框

若要重新编辑艺术字的内容和格式，单击“艺术字”工具栏的“编辑文字”按钮，如图2–45所示，再次打开“编辑‘艺术字’文字”对话框。

图2–45 “艺术字”工具栏

步骤2 选中该艺术字，在快捷菜单中选择“设置艺术字格式”命令，打开“设置艺术字格式”对话框，在“版式”选项卡中将其环绕方式设为“四周型”，如图2–46所示。单击“高级”按钮，打开“高级版式”对话框，如图2–47所示，在“文字环绕”选项卡中选择环绕方式为“穿越型”，环绕文字选择“只在右侧”。

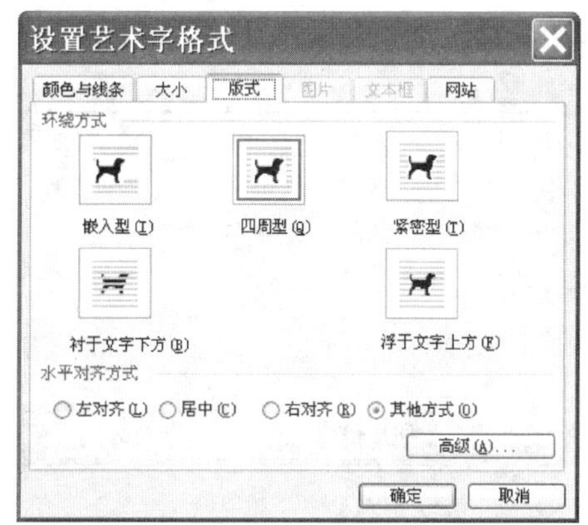

图2–46 “设置艺术字格式”对话框

图2–47 “高级版式”对话框

步骤3 选中该艺术字，拖动左侧的黄色菱形“◇”，调整文字的倾斜方向，再将该标题拖至新闻左侧适当位置。

步骤4 选中新闻正文，打开“分栏”对话框，分栏样式选择“偏右”，左栏宽度设为43个字符，栏间距设为3个字符，如图2–48所示。

步骤5 光标定位在左栏新闻末尾，打开“分隔符”对话框，分隔符类型选择“分栏符”，如图2–49所示，将文字全部集中到左栏，效果见后文图2–60。

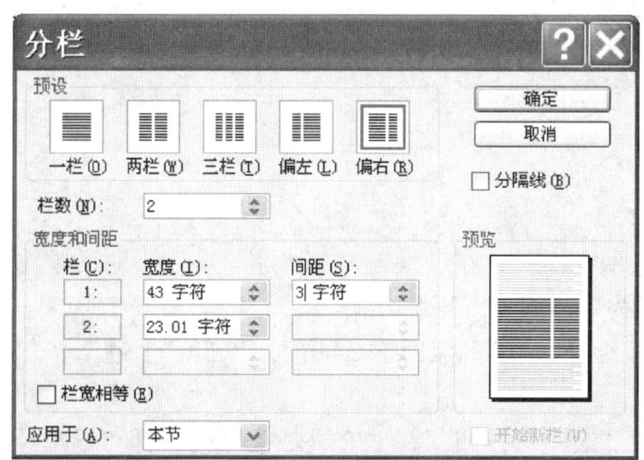

图2–48 设置偏右分栏样式

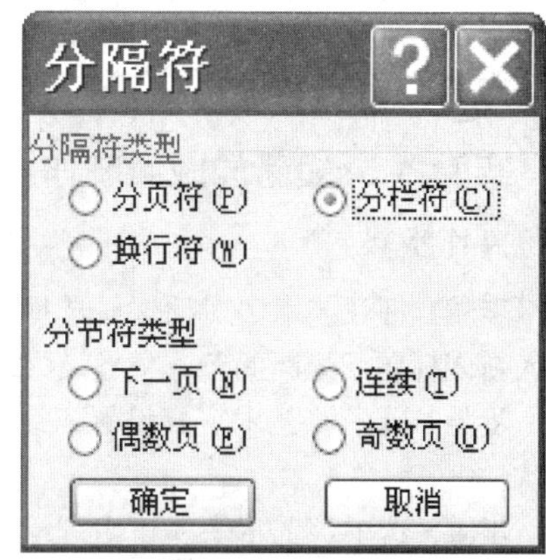

图2–49 插入分栏符

实验2-5 行情新闻版面制作

操作步骤

步骤1 单击“绘图”工具栏的“直线”按钮，插入一条直线，分隔左右栏。

步骤2 打开艺术字对话框，选择1排1列的艺术字样式，“编辑‘艺术字’文字”对话框输入标题“有色金属一周行情”，字号设为24，版式设为“四周型”环绕方式。

步骤3 选中该艺术字，单击“绘图”工具栏的“三维效果样式”按钮，在“三维效果设置”对话框中选择“三维样式18”，如图2-50所示。

步骤4 单击“三维效果设置”对话框中的“三维设置”按钮，打开“三维设置”工具栏，单击“深度”按钮，在“自定义”中输入“12.00磅”，如图2-51所示。

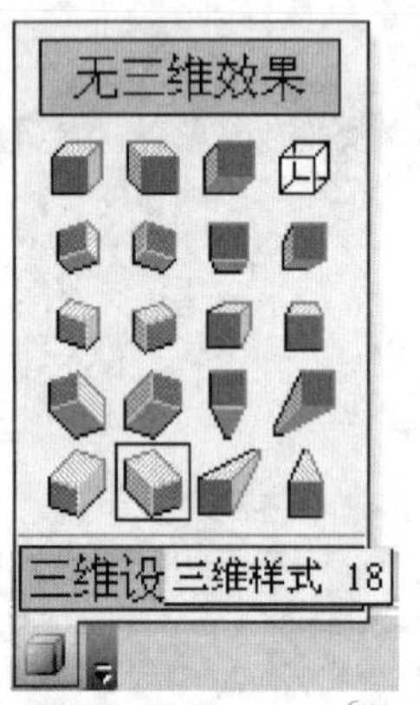

图2-50 “三维效果设置”对话框

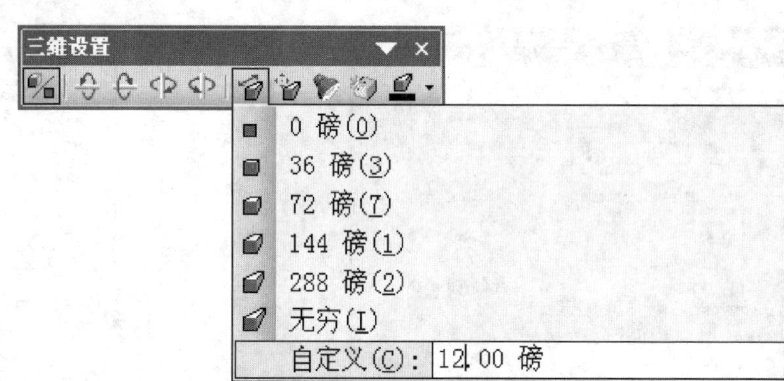

图2-51 “三维设置”工具栏

单击“三维设置”工具栏的“上翘”按钮两次，改变艺术字的倾斜角度，再单击“三维颜色”按钮，选择“黑色”。

步骤5 单击“绘图”工具栏的“矩形”按钮，依次插入六个矩形，皆设为“三维样式11”、深度“12.00磅”，输入相应文字与符号。选中6个矩形，鼠标右键单击，在快捷菜单中选择“组合”→“组合”，如图2-52所示。

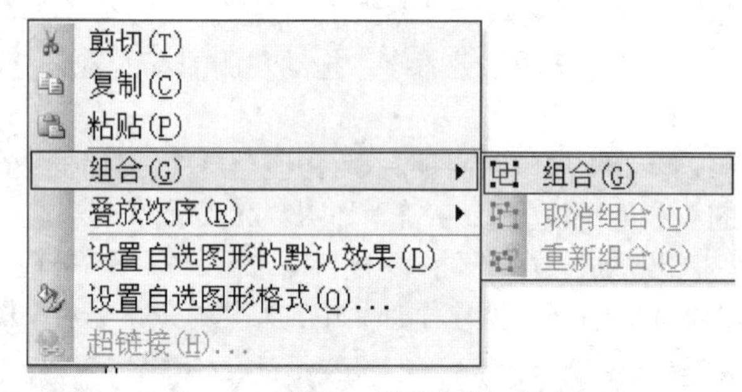

图2-52 设置组合

实验2-6 短新闻版面制作

操作步骤

步骤1 打开艺术字对话框，选择3排3列的艺术字样式，在“编辑‘艺术字’文字”对话框中输入新闻标题“短新闻”，字号设为24，版式设为“四周型”环绕方式。

步骤2 选中该艺术字，设置三维效果为“三维样式10”、深度12.00磅，单击“上翘”按钮两次。

步骤3 选中该艺术字，单击“绘图”工具栏“绘图”按钮，在“文字环绕”中选择“编辑环绕顶点”，向右拖动该手柄至适当角度，拖动下方的黄色菱形“◇”，调整文字的倾斜方向。

步骤4 单击“插入”→“文本框”→“横排”，在标题下插入一个文本框，输入相应文字。

步骤5 选中该文本框，打开“设置文本框格式”对话框，选择“颜色与线条”选项卡，如图2-53所示。单击“颜色”下拉框，在列表中选择“填充效果”，打开“填充效果”对话框。

步骤6 在“填充效果”对话框选中“渐变”选项卡，选择“双色”颜色，颜色1为“灰色-25%”，单击“颜色2”下拉框，在列表中选择“其他颜色”，如图2-54所示，打开“颜色”对话框。

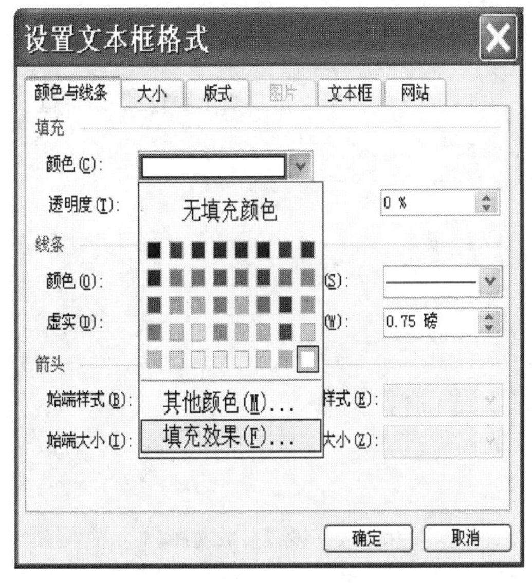

图2-53 “设置文本框格式”对话框

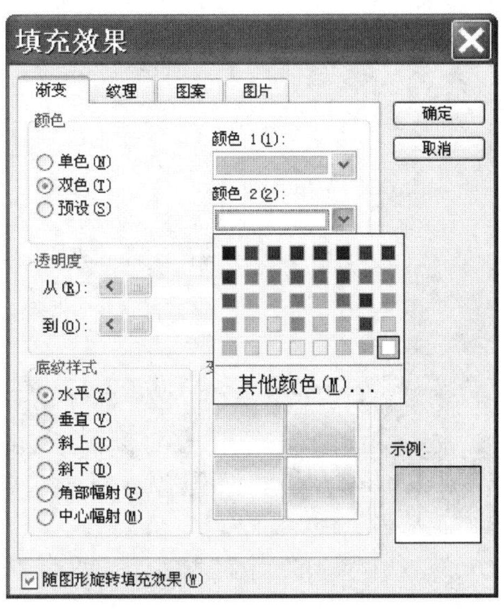

图2-54 “填充效果”对话框

在“颜色”对话框的“标准”选项卡的灰度颜色板中选择最浅的灰色，如图2-55所示。单击“确定”按钮，返回“填充效果”对话框，将底纹样式设为“中心辐射”、变形1，如图2-56所示。单击“确定”按钮，返回“设置文本框格式”对话框，将线条颜色设为“无线条颜色”，单击“确定”按钮。

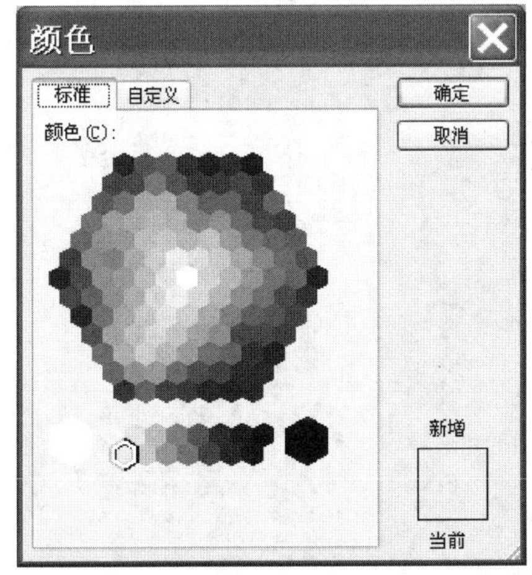

图2-55 “颜色”对话框

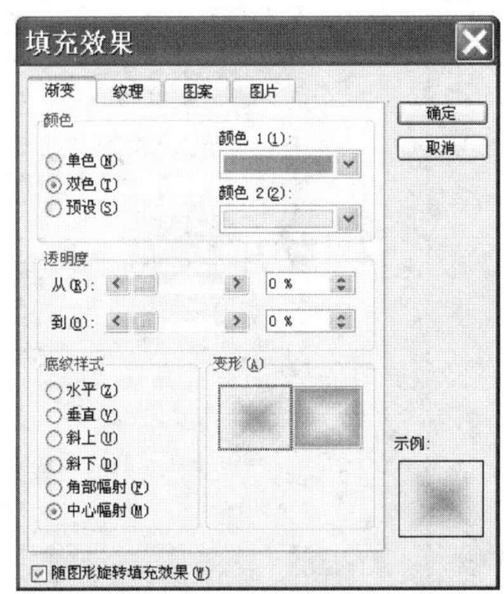

图2-56 “填充效果”对话框

步骤7 选中该文本框，单击“绘图”工具栏的“阴影样式”按钮，选择“阴影样式1”，如图2-57所示。

单击“阴影样式”对话框中的“阴影设置”按钮，打开“阴影设置”工具栏，如图2-58所示，单击“略向左移”和“略向上移”。

步骤8 选中标题“短新闻”，单击右键，在快捷菜单中选择“叠放次序”→“置于顶层”，如图2-59所示。效果如图2-60所示。

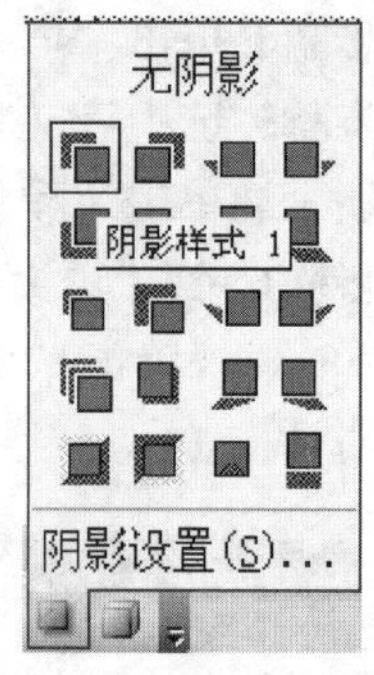

图2-57 “阴影样式”对话框

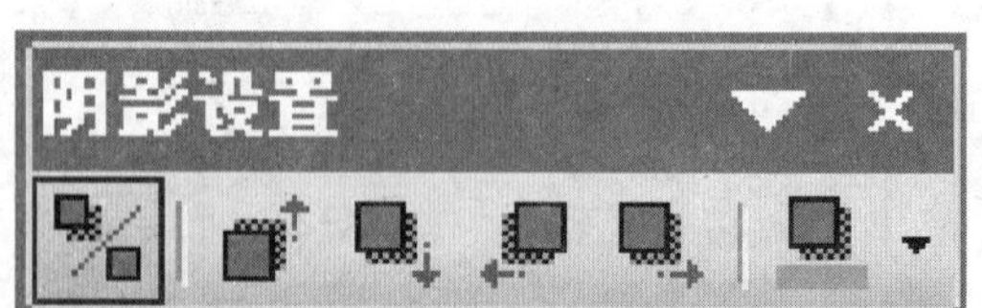

图2-58 “阴影设置”工具栏

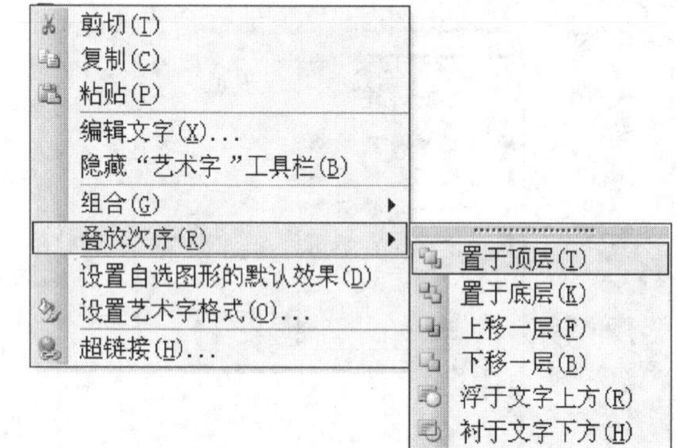

图2-59 设置叠放次序

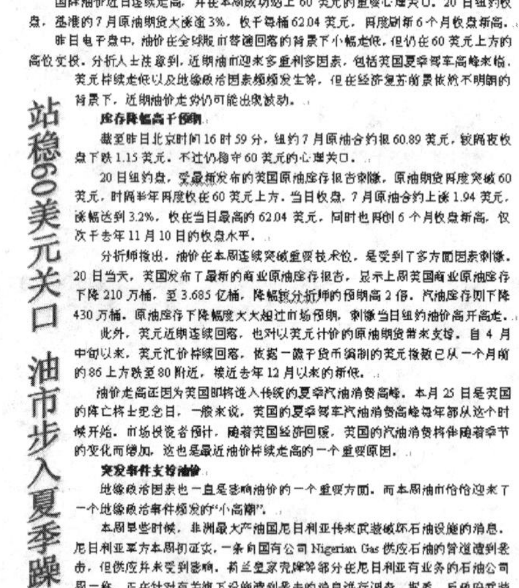

站稳60美元关口 油市步入夏季躁动期

国际油价近日连续走高，并在本周成功站上60美元的重要心理关口。20日纽约收盘，基准的7月原油期货大涨逾3%，收于每桶62.04美元，再度刷新6个月收盘新高。

昨日电子盘中，油价在全球股市普遍回落的背景下小幅走低，但仍在60美元上方的高位交投。分析人士注意到，近期油市迎来多重利多因素，包括美国夏季驾车高峰来临、美元持续走低以及地缘政治因素频频发生等，但在经济复苏前景依然不明朗的背景下，近期油价走势仍可能出现波动。

库存降幅高于预期

截至昨日北京时间16时59分，纽约7月原油合约报60.89美元，较隔夜收盘下跌1.15美元，不过仍稳守60美元的心理关口。

20日纽约盘，受最新发布的美国原油库存报告刺激，原油期货再度突破60美元，时隔半年再度收在60美元上方。当日收盘，7月原油合约上涨1.94美元，涨幅达到3.2%，收在当日最高的62.04美元，同时也再创6个月收盘新高，仅次于去年11月10日的收盘水平。

分析师指出，油价在本周连续突破重要技术位，是受到了多方面因素刺激。20日当天，美国发布了最新的商业原油库存报告，显示上周美国商业原油库存下降210万桶，至3.685亿桶，降幅较分析师的预期高2倍。汽油库存则下降430万桶。原油库存下降幅度大大超过市场预期，刺激当日纽约油价高开高走。

此外，美元近期连续回落，也对以美元计价的原油期货带来支撑。自4月中旬以来，美元汇价持续回落，衡量一篮子货币编制的美元指数已从一个月前的86上方跌至80附近，接近去年12月以来的新低。

油价走高还因为美国即将进入传统的夏季汽油消费高峰。本月25日是美国的阵亡将士纪念日，一般来说，美国的夏季驾车汽油消费高峰每年都从这个时候开始。市场投资者预计，随着美国经济回暖，美国的汽油消费将伴随着季节的变化而增加，这也是最近油价持续走高的一个重要原因。

突发事件支撑油价

地缘政治因素也一直是影响油价的一个重要方面。而本周油市恰恰迎来了一个地缘政治事件频发的“小高潮”。

本周早些时候，非洲最大产油国尼日利亚传来武装破坏石油设施的消息。尼日利亚军方本周初证实，一条向国有公司Nigerian Gas供应石油的管道遭到袭击，但供应并未受到影响。荷兰皇家壳牌等部分在尼日利亚有业务的石油公司周一称，正在针对有关旗下设施遭到袭击的消息进行调查。据悉，反政府武装正计划采取进一步行动。

尼日利亚主要产油区——尼日尔三角洲的武装冲突，一直以来都是油市的“定时炸弹”。国际能源机构的统计显示，尼日利亚4月份日均原油产量为176万桶，占全球原油日产量的2.1%。技术故障及破坏活动，已令该国原油日产能减少了50万桶。

本周一，受尼日利亚石油设施遭破坏的消息刺激，油价当日暴涨近5%，重返每桶59美元上方。

而在纽约原油期货交易的大本营——美国，本周也传来意外事故的消息。位于美国宾夕法尼亚州的一家日产量为17.8万桶的炼油厂本周发生爆炸，产能受到一定影响。另外本周还有多家美国炼油厂失火导致停产，投资人担心这会影响到美国成品油的产出。

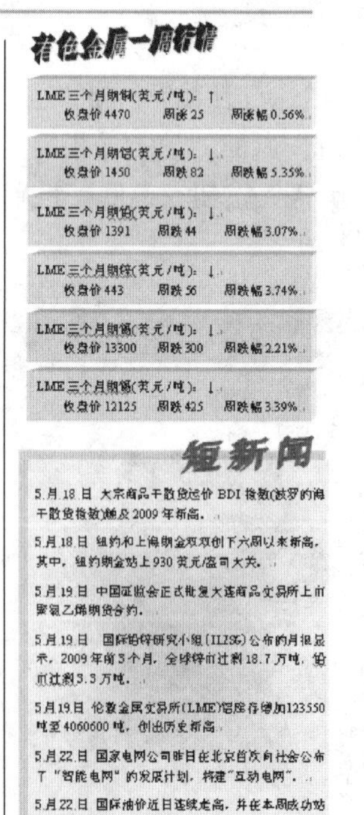

有色金属一周行情

LME三个月期铜(美元/吨)：↑
收盘价4470 周涨25 周涨幅0.56%

LME三个月期铝(美元/吨)：↓
收盘价1450 周跌82 周跌幅5.35%

LME三个月期铅(美元/吨)：↓
收盘价1391 周跌44 周跌幅3.07%

LME三个月期锌(美元/吨)：↓
收盘价443 周跌56 周跌幅3.74%

LME三个月期镍(美元/吨)：↓
收盘价13300 周跌300 周跌幅2.21%

LME三个月期锡(美元/吨)：↓
收盘价12125 周跌425 周跌幅3.39%

短新闻

5月18日 大宗商品干散货运价BDI指数(波罗的海干散货指数)触及2009年新高。

5月18日 纽约和上海期金双双创下六周以来新高，其中，纽约期金站上930美元/盎司大关。

5月19日 中国证监会正式批复大连商品交易所上市聚氯乙烯期货合约。

5月19日 国际铅锌研究小组(ILZSG)公布的月报显示，2009年前3个月，全球锌市过剩18.7万吨，铅市过剩3.3万吨。

5月19日 伦敦金属交易所(LME)铝库存增加123550吨至4060600吨，创出历史新高。

5月22日 国家电网公司昨日在北京首次向社会公布了“智能电网”的发展计划，将建“互动电网”。

5月22日 国际油价近日连续走高，并在本周成功站上60美元的重要心理关口。

图2-60 新闻2、行情新闻、短新闻排版效果图

实验2–7　打印

操作步骤

单击“文件”→“打印”菜单项，打开“打印”对话框，单击“缩放”区域的“按纸型缩放”下拉框，选择“A4”，单击“确定”按钮，如图2–61所示。

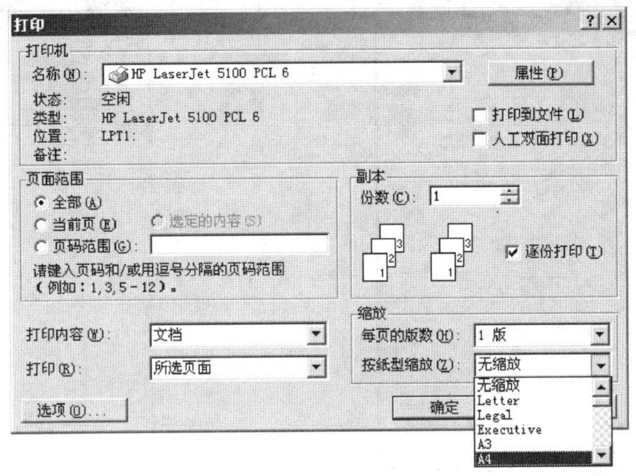

图2–61 打印在A4纸上

实验3　表格制作

实验目的

通过表格绘制、修改、装饰、美化和计算，掌握表格的创建和编辑、单元格的拆分和合并、表格的拆分、表格边框和底纹的设置、表格属性的设置、表格自动套用格式、表格标题行重复、绘制斜线表头、表格工具栏的使用、窗体域的使用、使用域和公式完成表格计算等功能。

任务描述

1.绘制人事资料表，设置表格属性、边框和底纹装饰表。

2.使用窗体域预先输入数据，限定数据格式。

3.绘制斜线表头，设置标题行重复。

4.应用表格自动套用格式并新建表格样式。

5.使用域和公式进行表格计算。

实验3–1　绘制人事资料表

操作步骤

步骤1 单击“表格”→“插入”→“表格...”菜单项，打开“插入表格”对话框，在列数栏输入“4”，行数栏输入“10”，或单击“向上”箭头修改行数和列数，如图2–62所示，单击“确定”按钮。

步骤2 单击表格左上角的全选图标，选中整个表格，单击“表格”→“表格属性”菜单项，或单击鼠标右键，在快捷菜单中选择“表格属性”，打开“表格属性”对话框，在“表格”选项卡中将对齐方式设为“居中”，在“单元格”选项卡中将单元格垂直对齐方式设为“居中”，如图2-63所示，单击“确定”按钮。

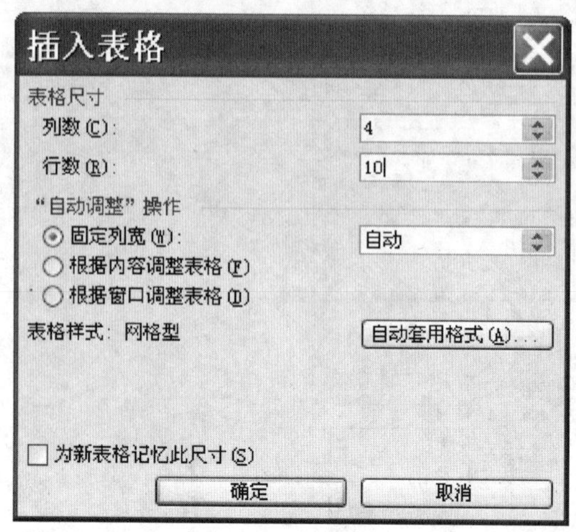

图2-62 “插入表格”对话框

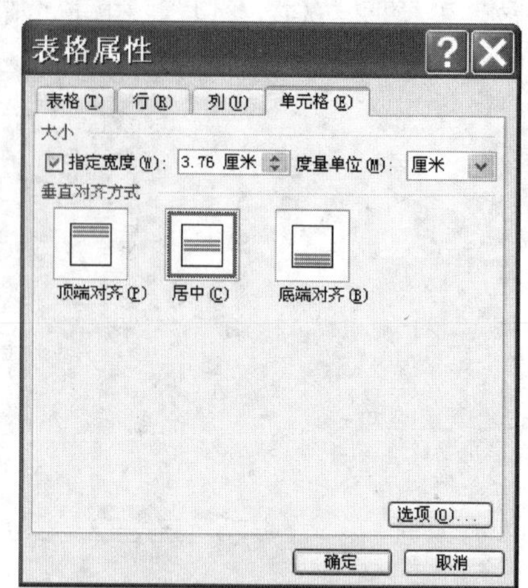

图2-63 设置表格属性

步骤3 输入表格各栏目名称，如图2-64所示。

员工编号：		部门：		一寸照片
姓名		性别		
曾用名		出生日期		
出生地		参加工作时间		
职称		婚姻状况		
学历		毕业学校		
联系电话		家庭住址		
身份证编号				
学习工作经历				
家庭主要成员				
身分证复印件(正面)				

图2-64 初始表

步骤4 选中“员工编号：”单元格及其右侧单元格，单击鼠标右键，在快捷菜单中选择“合并单元格”，或单击“表格和边框”工具栏中的“合并单元格”按钮，合并单元格，并依次合并其他需要合并的单元格。

步骤5 拖动表格行线或列线，调整表格的行高和列宽，或者通过“表格属性”的“行”、“列”选项卡指定行高或列宽。

步骤6 单击“表格和边框”工具栏的“绘制表格”按钮，鼠标指针变成画笔形状，拖曳鼠标绘制直线将性别右侧的单元格的1列拆分为3列。

步骤7 选中“一寸照片”单元格，单击“格式”→“文字方向”菜单项，打开“文字方向-表格单元格”对话框，在“方向”栏中选择“垂直竖排”样式，如图2-65所示，单击“确定”按钮；依次设置其他单元格的竖排格式。

步骤8 选中“家庭主要成员”右侧单元格，单击“表格”→“拆分单元格”菜单项，打开“拆分单元格”对话框，输入列数“3“、行数“6”，单击“确定”按钮，如图2-66所示。

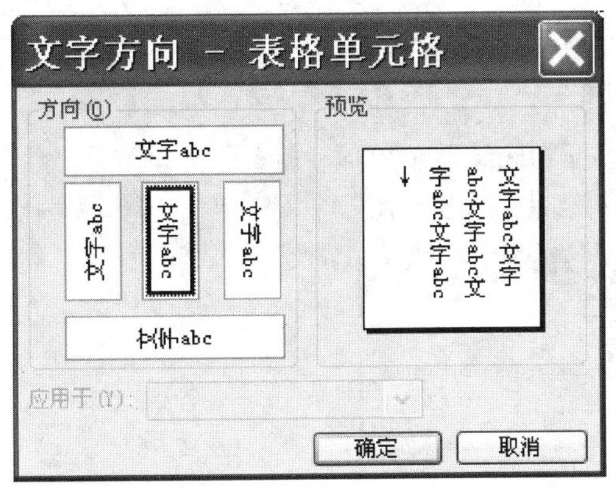

图2-65 设置文字竖排

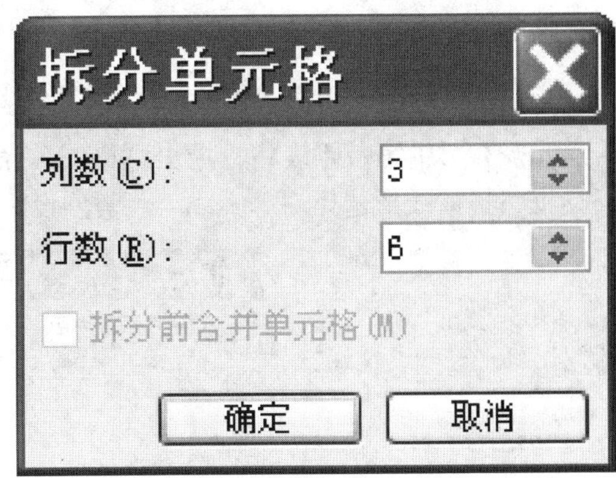

图2-66 “拆分单元格”对话框

步骤9 光标定位到“身份证复印件（正面）”单元格，单击“表格”→“拆分表格”菜单项，把表格拆分为两张，如图2-67所示。

将光标定位到两张表中间，单击“格式”→“段落”菜单项，将段落行距设为“固定值”、“2磅”，表格效果如图2-67所示。

人事资料表

员工编号：		部门：				一寸照片
姓名		性别		民族		
曾用名		出生日期				
出生地		参加工作时间				
职称		婚姻状况				
学历		毕业学校				
联系电话		家庭住址				
身份证编号						
学习工作经历						
家庭主要成员	姓名	与本人关系	联系方式及地址			

身分证复印件(正面)	身分证复印件(反面)

图2-67 绘制完成的表格

实验3-2 设置边框和底纹

操作步骤

步骤1 选中第一张表格，单击“格式”菜单→“边框和底纹”菜单项，打开“边框和底纹”对话框，边框线形选择“单实线”，类型设为“全部”，如图2-68所示。

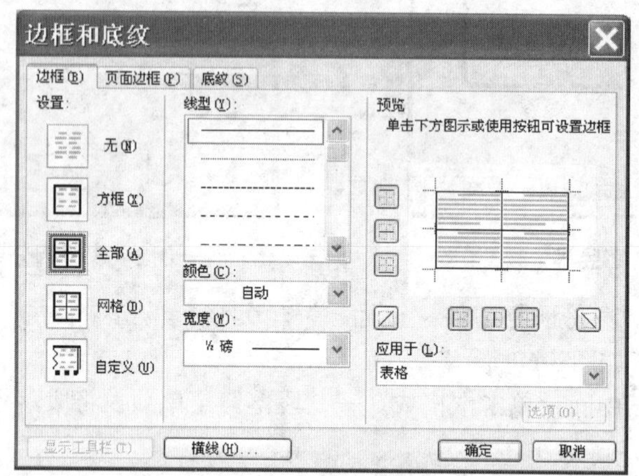

图2-68 设置表格边框

步骤2 选中第一张表，在“表格和边框”工具栏的“线型”下方列表中选择“双实线”；单击“边框”按钮，在列表中选择“外侧框线”按钮，如图2-69所示。

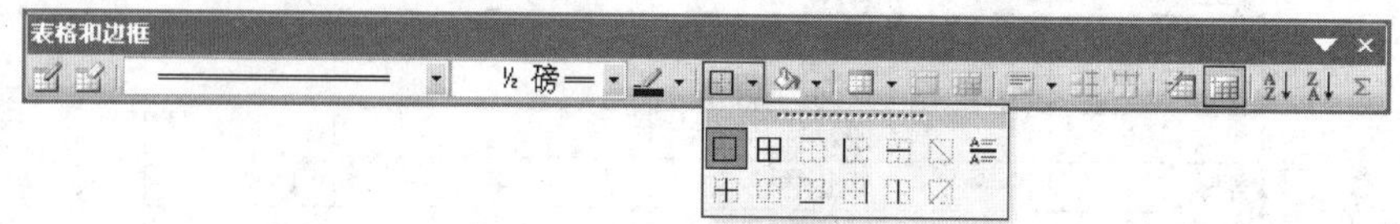

图2-69 设置表格外侧框线

步骤3 同时选中“员工编号：”和“部门：”两个单元格，单击“表格和边框”工具栏的“边框”按钮，在列表中选择“无框线”按钮。

步骤4 选中“部门：”单元格，设置双实线的“右框线”；选中“姓名”所在行，设置双实线的上框线，设置效果如图2-70所示。

步骤5 选中第一列，打开“边框和底纹”对话框，或单击“表格和边框”工具栏的“底纹颜色”按钮，将底纹设为“灰色-5%”；依次设置其他标题底纹颜色，效果如图2-70所示。

员工编号：		部门：				一寸照片
姓名		性别		民族		
曾用名		出生日期				
出生地		参加工作时间				
职称		婚姻状况				
学历		毕业学校				
联系电话		家庭住址				
身份证编号						
学习工作经历						
家	姓名	与本人关系	联系方式及地址			

图2-70 设置了边框和底纹效果的表格

实验3-3 数据预输入

操作步骤

步骤1 单击“视图”→“工具栏”→“窗体”命令，打开“窗体”工具栏，如图2-71所示。

图2-71 “窗体”工具栏

步骤2 选择“部门：”单元格，单击“窗体”工具栏的“下拉型窗体域”按钮，即在该单元格中插入下拉型窗体域。

步骤3 单击“窗体”工具栏的“窗体域选项”按钮，打开“下拉型窗体域选项”对话框，在“下拉项”文本框中输入“财务处”，单击“添加”按钮，“下拉列表中的项目”即会出现在该列表项目中，如图2-72所示。继续在“下拉项”文本框中输入其他部门名称，输入完毕后，单击“确定”按钮。

步骤4 单击“窗体”工具栏的“保护窗体”按钮，再单击下拉列表按钮，则出现刚刚输入的部门项目，如图2-73所示。

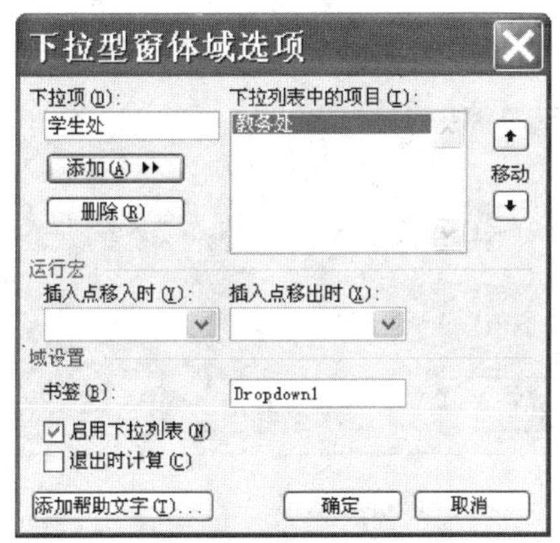

图2-72 设置下拉型窗体域选项

图2-73下拉列表中的项目

步骤5 依次设置性别、职称、婚姻状况、学历的下拉列表项目。

步骤6 选中出生日期右侧单元格，单击“窗体”工具栏的“文字型窗体域”按钮，即在该单元格中插入文字型窗体域。

选中该窗体域，单击“窗体域选项”按钮，打开“文字型窗体域选项”对话框，在“类型”下拉框中选择“日期”，在“日期格式”下拉框中选择“yyyy年M月d日”格式，如图2-74所示，单击“确定”按钮。

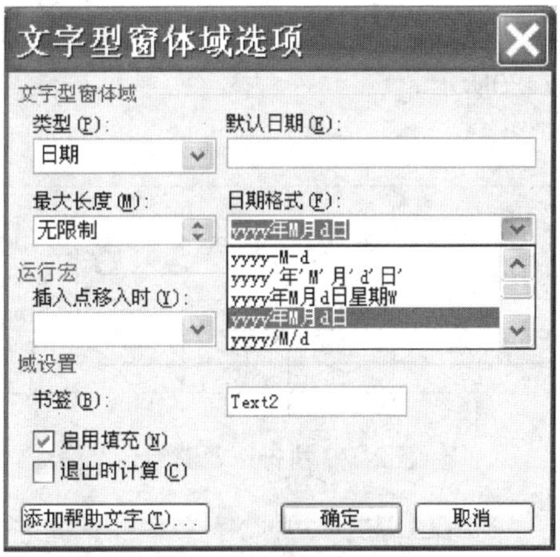

图2-74 设置日期格式

单击“保护窗体”按钮，输入日期“1980-1-1”，如图2-75所示，按下键盘上的“Tab”键，日期自动变成指定格式，如图2-76所示。

人事资料表

员工编号：		部门：外语学院			一寸照片
姓名		性别	男	民族	
曾用名		出生日期	1980-1-1		
出生地		参加工作时间			
职称	助讲	婚姻状况	未婚		
学历	本科	毕业学校			
联系电话		家庭住址			
身份证编号					

图2–75 输入日期

人事资料表

员工编号：		部门：外语学院			一寸照片
姓名		性别	男	民族	
曾用名		出生日期	1980年1月1日		
出生地		参加工作时间			
职称	助讲	婚姻状况	未婚		
学历	本科	毕业学校			
联系电话		家庭住址			
身份证编号					

图2–76 日期自动变成设置的格式

实验3–4 绘制斜线表头

操作步骤

步骤1 将表头单元格调整到足够大时，单击“表格”→“绘制斜线表头”菜单项，打开“插入斜线表头”对话框，在“表头样式”列表框中选择“样式二”，分别输入行标题、数据标题、列标题，如图2–77所示，单击“确定”按钮。

步骤2 通常系统可能弹出“插入斜线表头”提示对话框，提示表头单元格太小，无法包含所有标题内容（如图2–78所示），可以不必理会，单击“确定”按钮，先插入斜线表头，再进行调整。

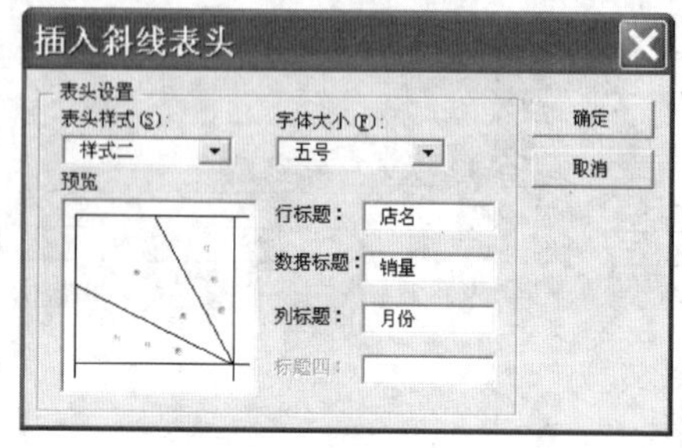

图2–77 “插入斜线表头“对话框

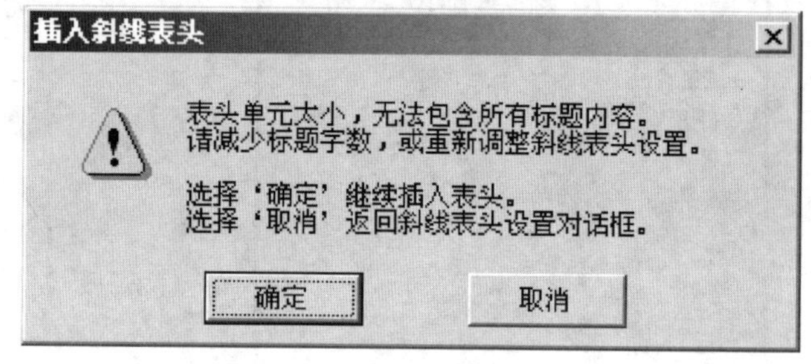

图2–78 警告对话框

步骤3 选中插入的表头对象，鼠标右击弹出快捷菜单，选择“组合”→“取消组合”命令，表头显示是由多个文本框和直线构成，如图2–79所示。

步骤4 选择靠下的直线，通过鼠标直接调整该直线的斜度，增大表头中列标题区域，如图2–80所示。

一季度各门店家电销量表

销量 店名 月份	宜庆店	丰潭店	西城店	中山店	合计
一月	210	130	190	150	
二月	132	121	110	100	
三月	200	190	230	230	
四月	271	210	278	329	

图2–79 执行“取消组合”命令

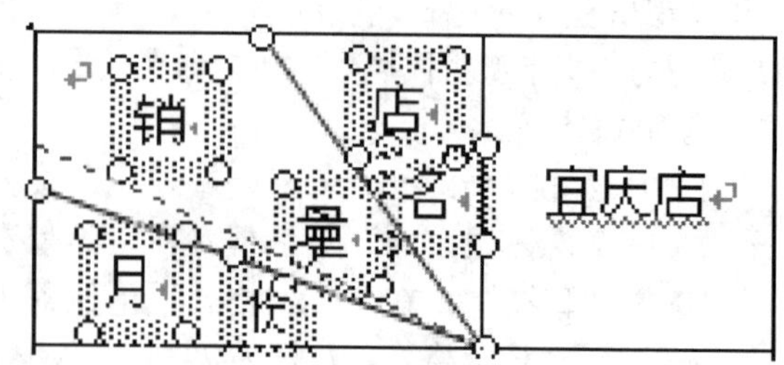

图2–80 取消组合后的表头

步骤5 选中“月”字文本框，向左上方向移动位置，再选中“份”字文本框，向左侧移动位置，鼠标右击弹出快捷菜单，在快捷菜单中选择“设置文本框格式”命令，打开“设置文本框格式”对话框，选中“大小”选项卡，将宽度设为“0.36厘米”，如图2–81所示，单击“确定”按钮。

步骤6 调整好各直线及文本框的位置和大小后，按住Shift键依次选中所有表头的组成项，鼠标右击弹出快捷菜单，选择“组合”→“组合”命令，将所有直线和文本框组成一个整体。

实验3-5 标题行重复

操作步骤

选定表格标题行，单击“表格”→“标题行重复”菜单项，为表格每一个续页自动添加标题行，如图2-82所示。

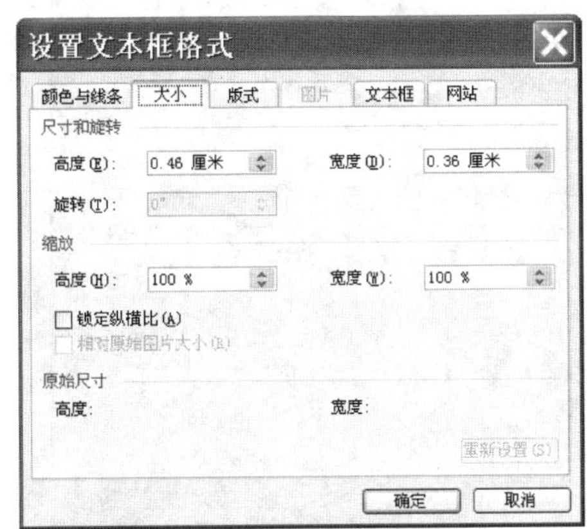

图2-81 设置文本框大小

08年度各门店家电销量表

销量 店名 月份	宜庆店	丰潭店	西城店	中山店	合计
一月	210	130	190	150	
二月	132	121	110	100	
三月	200	190	230	230	
四月	271	210	278	329	

销量 店名 月份	宜庆店	丰潭店	西城店	中山店	合计
五月	312	263	301	351	
六月	330	281	330	361	

图2-82 标题行重复

实验3-6 表格自动套用格式

操作步骤

1.软件内置表格。

步骤1 选中新建的表格，单击“表格”→“表格自动套用格式”菜单项，打开“表格自动套用格式”对话框，如图2-83所示。

步骤2 在“表格自动套用格式”对话框中选择表格样式“流行型”，单击“应用”按钮，效果如图2-84所示。

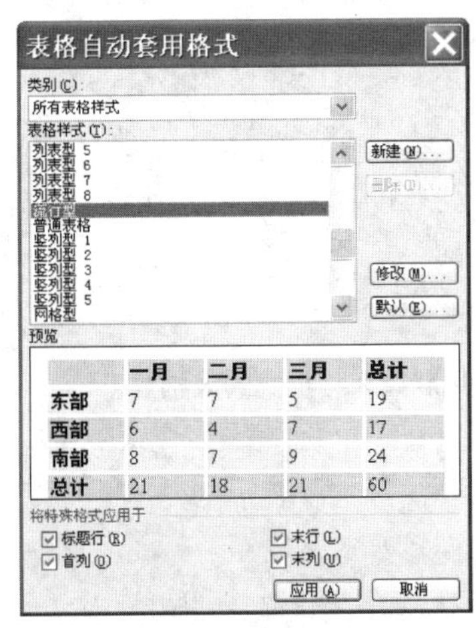

图2-83 “表格自动套用格式”对话框

08年度各门店家电销量表

销量 店名 月份	宜庆店	丰潭店	西城店	中山店	合计	平均
一月	210	130	190	150		
二月	132	121	110	100		
三月	200	190	230	230		
四月	271	210	278	329		
五月	312	263	301	351		
六月	330	281	330	361		

图2-84 自动套用表格样式效果

2.内置的表格样式不能完全满足要求时，可以新建表格样式。

步骤1 在“表格自动套用格式”对话框单击“修改”按钮，打开“修改样式”对话框，如图2-85所示。

步骤2 在“格式应用于”下拉框中选择“标题行”，单击“格式”按钮，选择“表格属性”命令，打开“表格属性”对话框，在“单元格”选项卡中设置“垂直对齐方式”为“居中”，如图2-86所示，单击“确定”按钮，返回“修改样式”对话框。

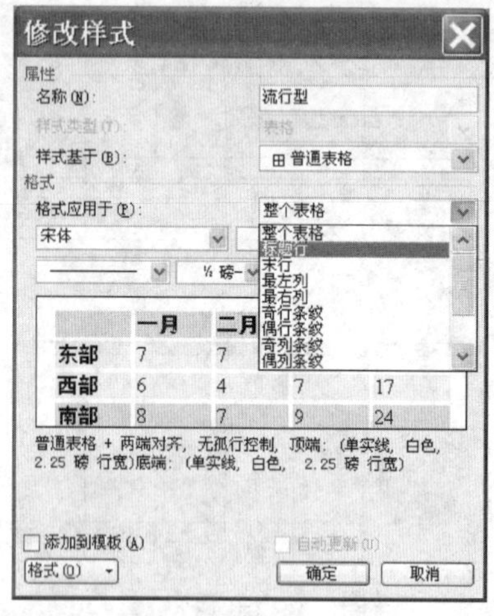

图2-85 修改表格样式

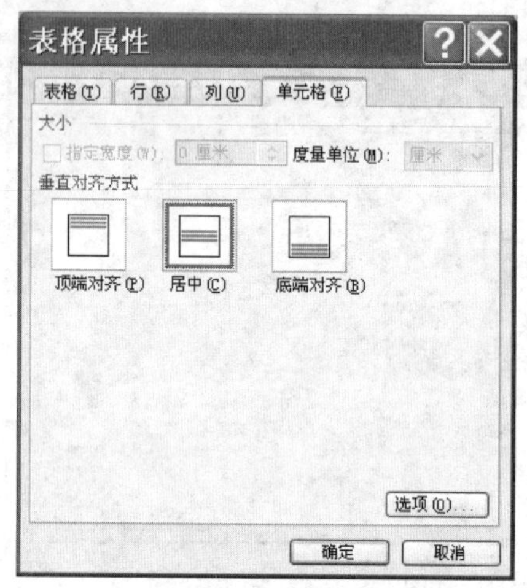

图2-86 设置标题行垂直居中

步骤3 在“格式应用于”下拉框中选择“整个表格”，单击“格式”按钮，选择“条纹”命令，打开“条纹”对话框，将行数、列数设为2，如图2-87所示。单击“确定”按钮，返回“修改样式”对话框，单击“确定”按钮。返回“表格自动套用格式”对话框，单击“应用”按钮，表格样式效果如图2-88所示。

注意：条纹指的是表格的填充样式。

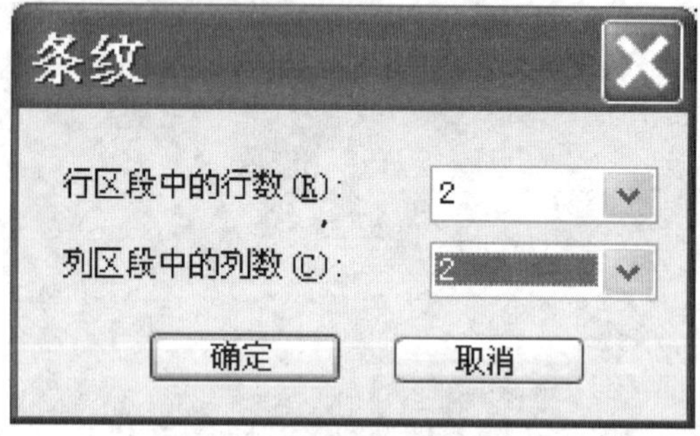

图2-87 设置“条纹”

08年度各门店家电销量表

店名 销量 月份	宜庆店	丰潭店	西城店	中山店	合计
一月	210	130	190	150	
二月	132	121	110	100	
三月	200	190	230	230	
四月	271	210	278	329	
五月	312	263	301	351	
六月	330	281	330	361	

图2-88 应用新建表格样式的表格效果

实验3-7 表格计算

操作步骤

步骤1 光标定位于第一个合计的单元格，单击“插入”→“域”菜单项，打开“域”对话框，如图2-89所示。

步骤2 在“域名”下拉框中选择“=Formula”，单击“公式”按钮，弹出“公式”对话框，如图2-90所示。

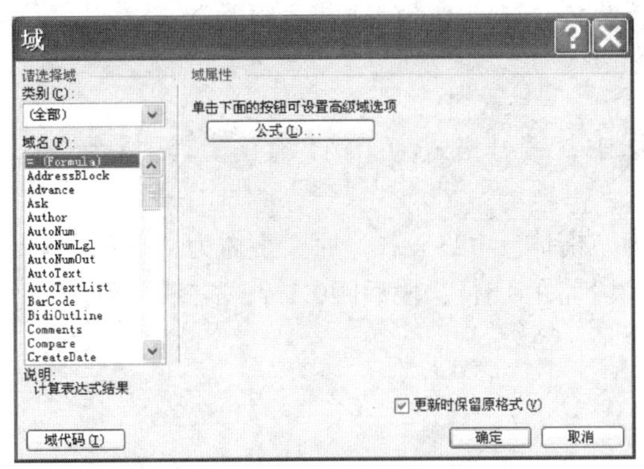

图2-89 “域”对话框

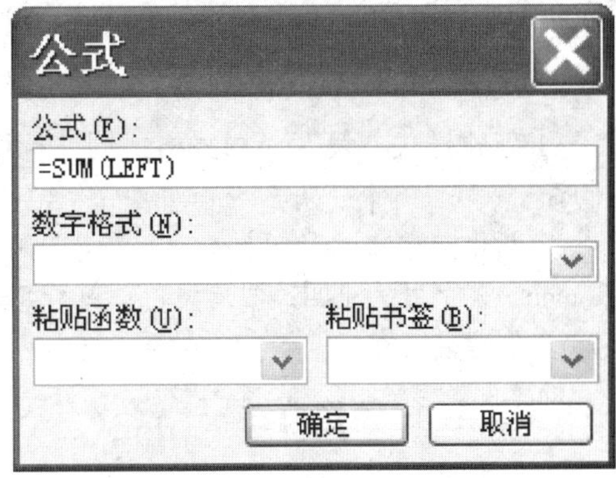

图2-90 “公式”对话框

步骤3 在“公式”框中，Word自动给出计算公式“SUM（LEFT）”，单击“确定”按钮，返回“域”对话框；再次单击“确定”按钮，在表格中自动计算出该单元格左侧所有值的和。

步骤4 把第一个合计单元格的公式（即域）复制、粘贴至下面的单元格内，如图2-91 a所示。

步骤5 选中域，单击鼠标右键，在快捷菜单中选择“更新域”命令，或按F9键，每行的合计值自动更新，如图2-91 b、2-91 c所示。

中山店	合计
150	680
100	680
230	680
329	680
351	680
361	680

a.复制域

中山店	合计
150	680
100	463
230	850
329	1088
351	680
361	680

b.更新域

中山店	合计
150	680
100	463
230	850
329	1088
351	1227
361	1302

c.全部更新

图2-91 复制公式及更新域

步骤6 同理，若在表格末行计算合计值，Word自动给出计算公式“=SUM（ABOVE）”，统计每列的总和值。

实验4 样式设置

实验目的

通过新建样式，掌握样式的创建、修改和应用，掌握多级样式的创建和使用。

任务描述

1.新建样式“篇”，样式格式同“标题1”，居中，编号格式为“第X篇”，其中X为自动排序。

2.新建样式“sy+正文”。字体设置：中文字体为“楷体_GB2312”，西文字体为“Times New Roman”，字号为小四；段落设置：首行缩进2字符，段前距0.5行，段后距0.5行，1.5倍行距。

3.创建多级样式。

实验4–1 新建样式

操作步骤

步骤1 单击“格式”→“样式和格式”菜单项，打开“样式和格式”窗格，选中全文，单击样式框中的“清除格式”，删除文档中的全部样式和格式，全部转换为正文样式，如图2–92所示。

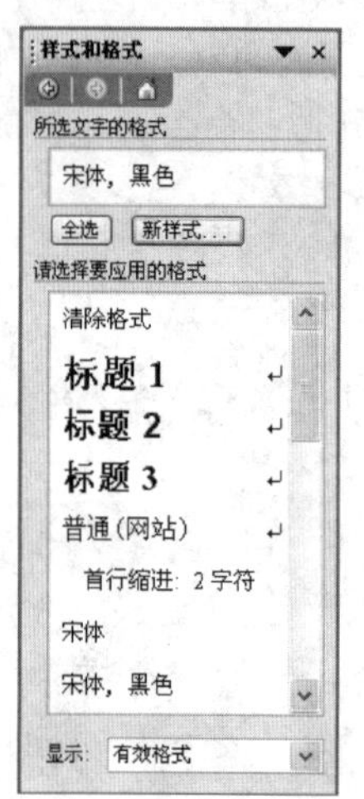

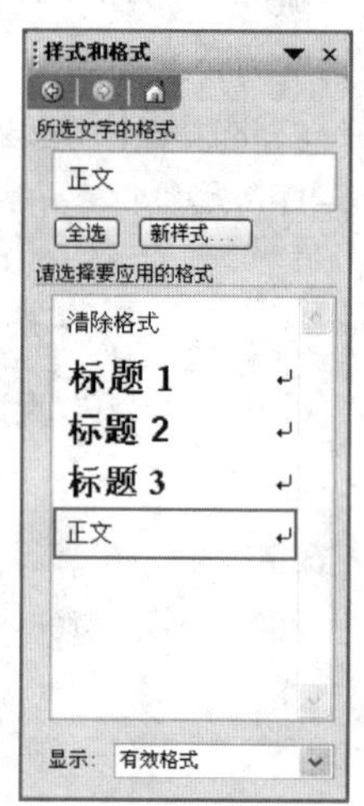

图2–92 清除格式前后的“样式和格式”窗格

步骤2 单击“新样式”按钮，打开“新建样式”对话框，在名称框中输入新样式名称“篇”，在“样式基于”下拉框中选择“标题1”，单击“居中”按钮设为居中对齐，如图2–93所示。

步骤3 单击“格式”按钮，选择“编号”命令，如图2–94所示。打开“项目符号和编号”对话框，选中“多级符号”选项卡，选择任何一个样式，如图2–95所示，单击“自定义”按钮，打开“自定义多级符号列表”对话框。

步骤4 在“编号格式”框中把“章”改为“篇”，在“编号样式”下拉框中选择“一，二，三，…”样式；单击“高级”按钮，显示整个对话框，设置“将级别链接到样式”为“标题1”，在“编号之后”列表框中选择“空格”，如图2–96所示。

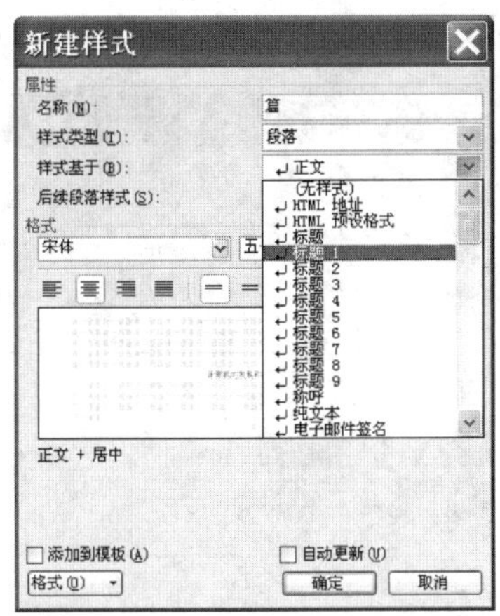

图2–93 “新建样式”对话框

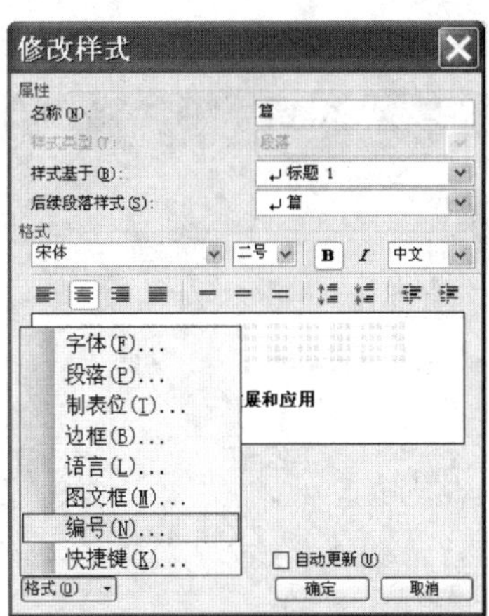

图2–94 单击“格式”按钮

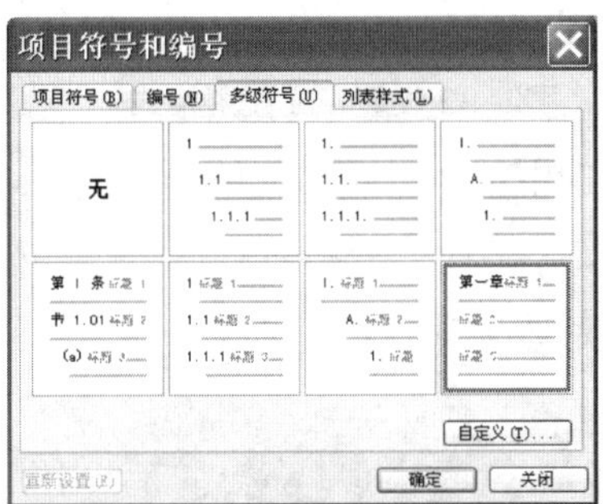

图2–95 设置编号格式

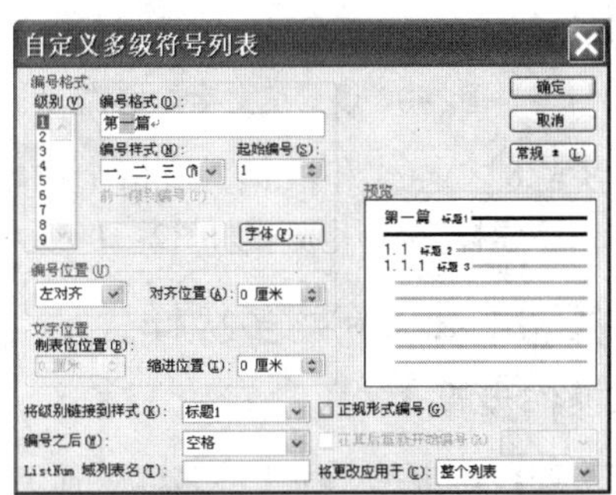

图2–96 自定义多级符号

步骤5 “样式和格式”窗格中新增样式“第一篇 篇”，选中标题“计算机的发展和应用”，单击样式“第一篇 篇”，即可应用新建样式，效果如图2–97所示。

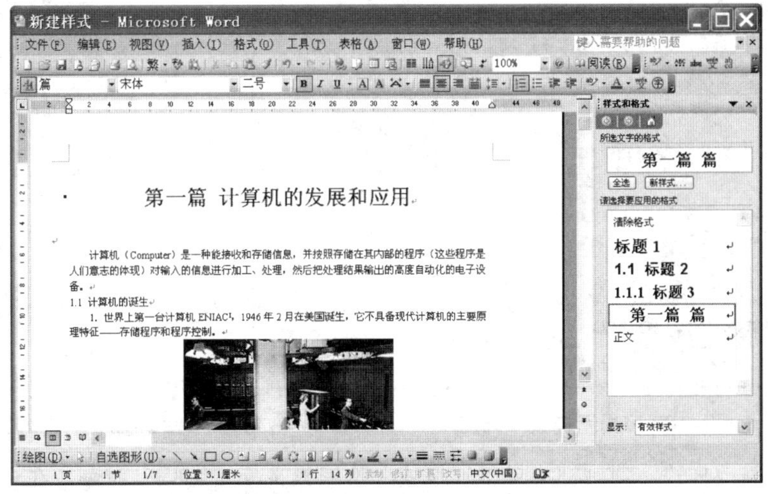

图2–97 应用新建样式“篇”

步骤6 新建样式“sy+正文”。设置字体格式为：中文字体设为“楷体_GB2312”，西文字体设为“Times New Roman”，字号为小四，如图2–98所示。

步骤7 设置段落格式为首行缩进2字符，段前距0.5行，段后距0.5行，1.5倍行距，如图2-99所示。

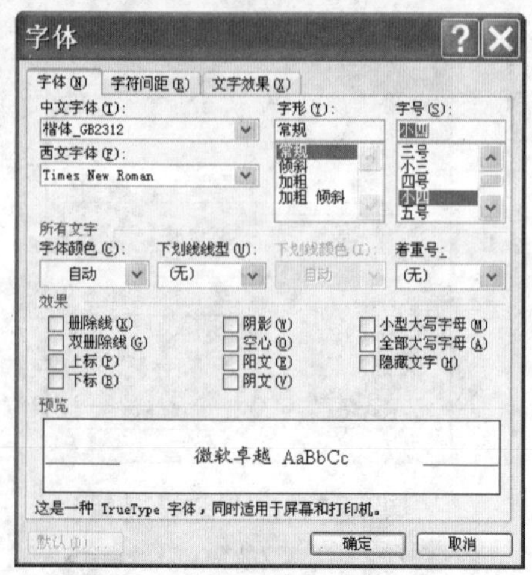

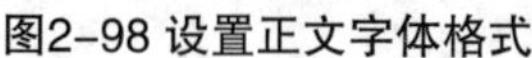

图2-98 设置正文字体格式

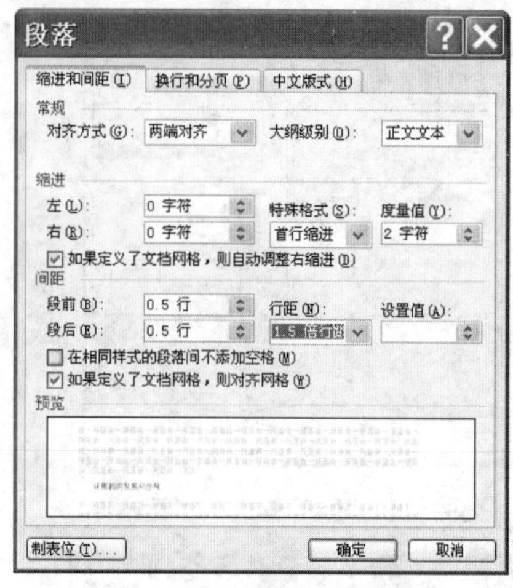

图2-99 设置正文段落格式

步骤8 “样式和格式”窗格中新增样式“sy+正文”，选中第一段正文，单击样式“sy+正文”，新建样式应用效果如图2-100所示。

实验4-2 新建多级样式

操作步骤

步骤1 新建三个样式，名称分别为“章”、“节”、“项”。

步骤2 在“样式和格式”窗格中单击“章”的下拉箭头，在下拉框中选择“修改”命令，如图2-101所示，打开“修改样式”对话框。

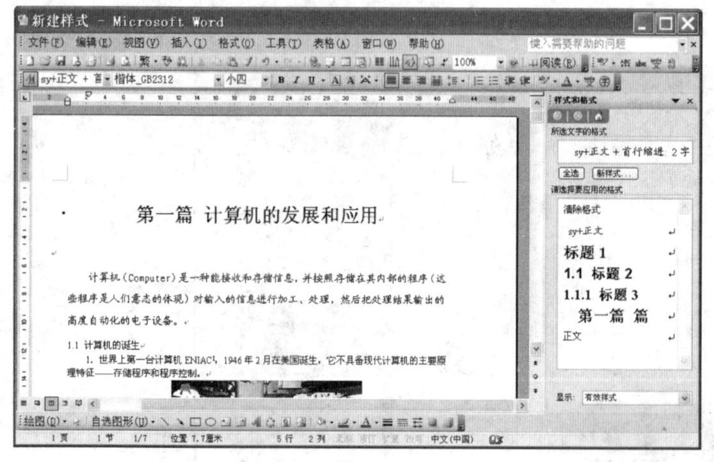

图2-100 应用新样式效果图

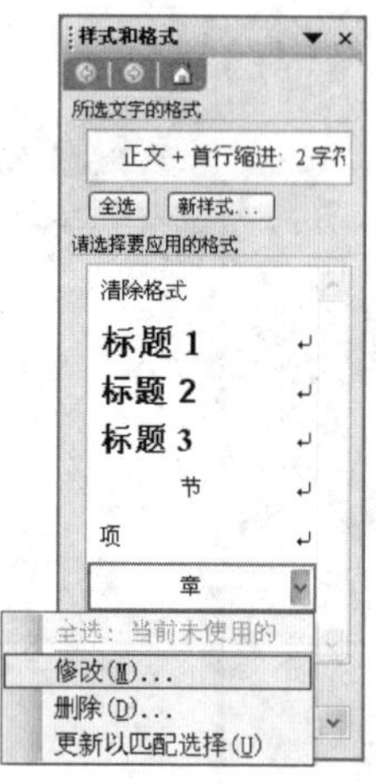

图2-101选择修改“章”样式

步骤3 在“修改样式”对话框中单击“格式”按钮，选择“编号”命令，在“项目符号和编号”的“多级符号”选项卡中选择任何一个样式，进入“自定义多级符号列表”对话框。

步骤4 选择“级别1”，编号样式选择“一，二，三，…”，在默认编号格式“一”之前加入“第”字、之后加入“章”字，“将级别链接到样式”设为“章”，如图2-102所示。

步骤5 选择“级别2”，修改编号格式为“第一节”，“将级别链接到样式”设为“节”，“在其后重新开始编号”列表项中选择“级别1”，如图2-103所示。

注意：*选择在“级别1”后重新开始编号很重要，不选则第二章开始的节将与第一章连续编号。*

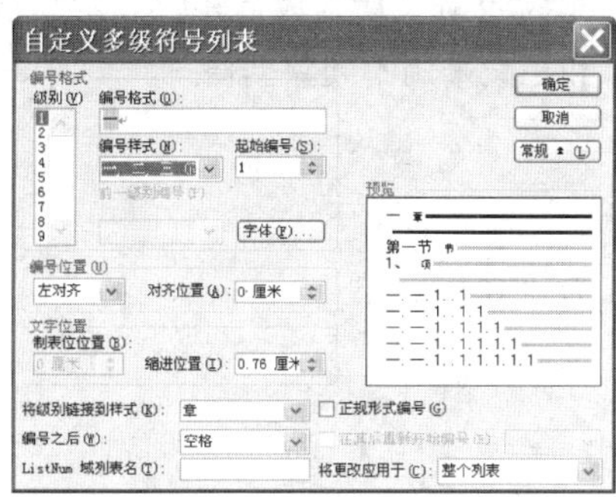

图2-102 设置“级别1”的编号格式

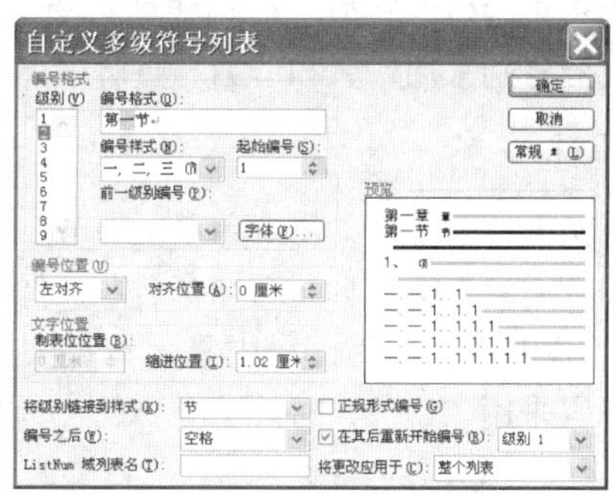

图2-103 设置“级别2”的编号格式

步骤6 选择“级别3”，修改编号格式为“1、”，“将级别链接到样式”设为“项”，“在其后重新开始编号”列表项中选择“级别2”，如图2-104所示.。

步骤7 “级别4”以下的级别编号皆为空，链接到样式为“无样式”，如图2-105所示。全部设好后，单击“确定”按钮关闭各对话框。

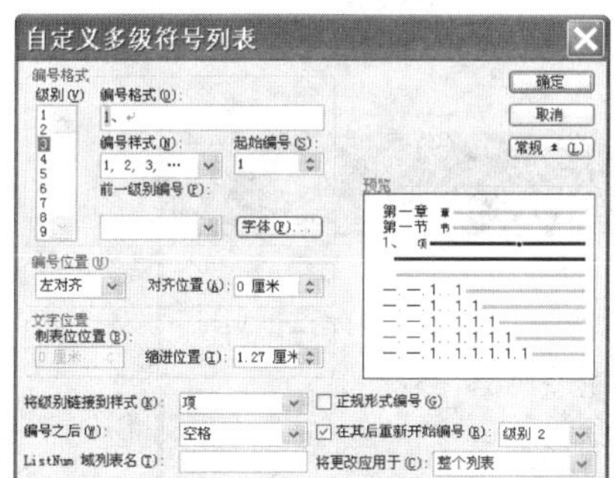

图2-104 设置“级别3”的编号格式

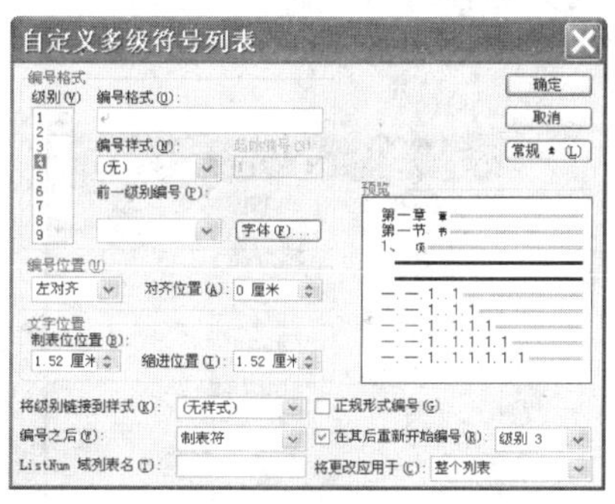

图2-105 设置“级别4”以下的编号格式

步骤8 依次应用新建样式，效果如图2-106所示。

图2-106 多级样式应用效果

实验5 域操作

实验目的

通过创建包含域的页眉、页脚和页面设置，掌握分节时每节总从奇数页开始,掌握域的使用、奇偶数页页眉分别采用章名和节名、页脚中的页码目录和正文采用不同数据格式。

任务描述

1. 对正文做分节处理，每章为单独一节，正文前插入一节。

2. 添加页眉，奇数页页眉为“章名”，偶数页页眉为“节名”。

3. 在页脚中插入页码，居中显示；正文前的节，页码采用“i，ii，iii，…”格式，页码连续；正文页码采用“1，2，3，…”格式，页码连续。

实验5-1 分节处理

操作步骤

步骤1 单击“文件”→“页面设置”菜单项，打开“页面设置”对话框，在版式选项卡中将节的起始位置设为“奇数页”，选中“奇偶页不同”，应用于“本节”，如图2-107所示，单击“确定”按钮。

步骤2 将光标移到第一章前，单击“插入”→“分隔符”菜单项，在“分隔符”对话框中选择“分节符类型”的“奇数页”，如图2-108所示，单击“确定”按钮。

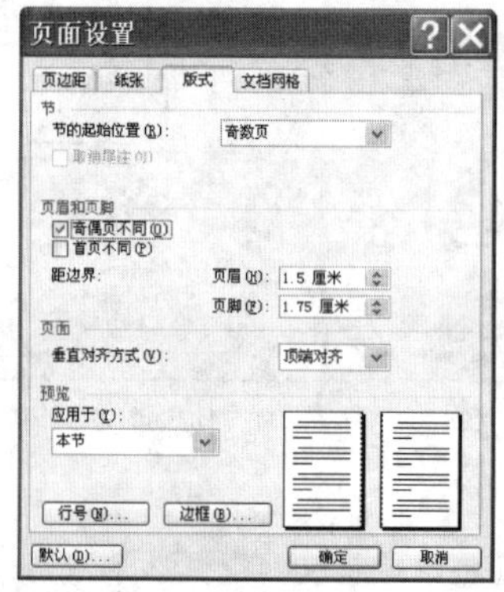

图2-107 版式设置

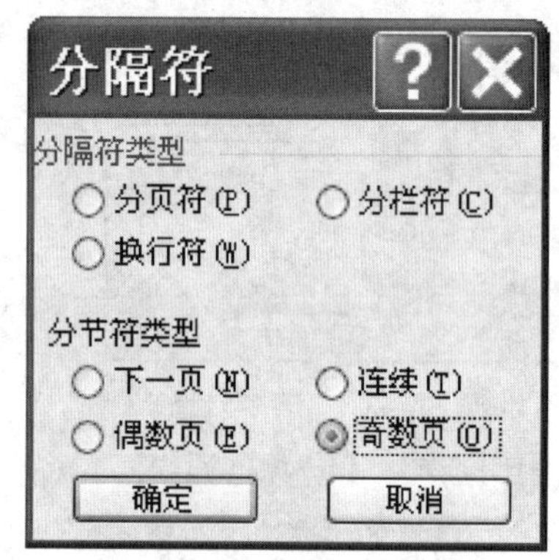

图2-108 插入奇数页分节符

步骤3 依次在每一章前插入奇数页分节符。

实验5-2 插入奇偶数页眉

操作步骤

步骤1 单击“视图”→“页眉和页脚”菜单项，进入页眉和页脚编辑，单击“插入”→“域”菜单项，打开“域”对话框。

步骤2 在“类别”中选择“链接和引用”，在“域名”下拉框中选择“StyleRef”，在样式名中选择“章”，如图2-109所示，插入奇数页页眉章名；依相同步骤插入偶数页页眉为节名，效果如图2-110所示。

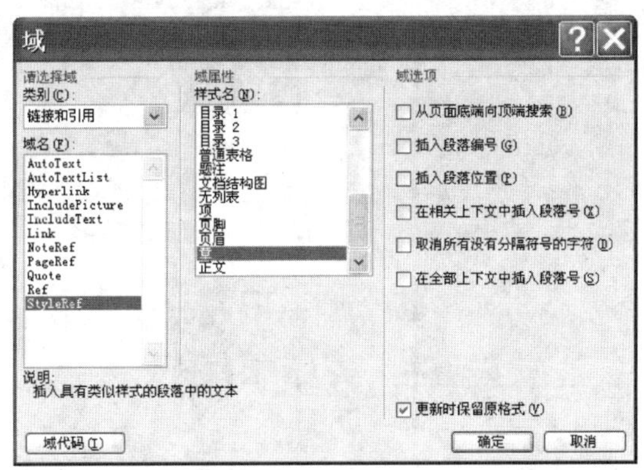

图2-109 定义域

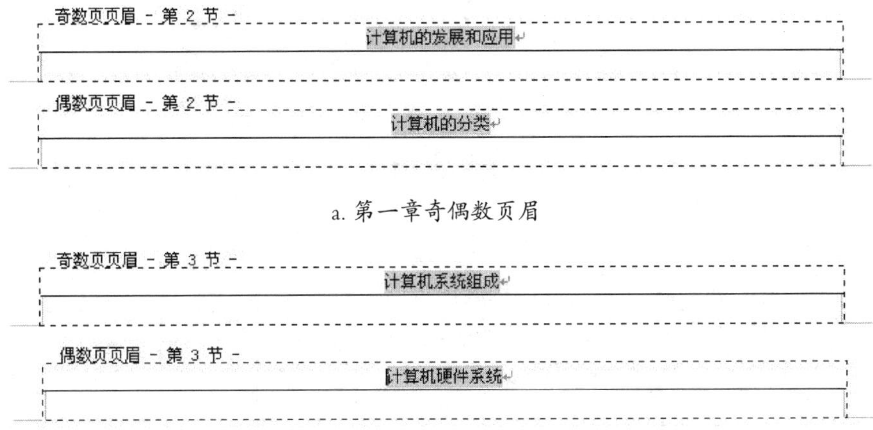

a. 第一章奇偶数页眉

b. 第二章奇偶数页眉

图2-110 每章设置不同的奇偶数页眉

实验5-3 插入页码

操作步骤

步骤1 选中第1页，打开页眉页脚编辑，切换到页脚，单击“插入”→“页码”菜单项，打开“页码”对话框，对齐方式选择“居中”，如图2-111所示。

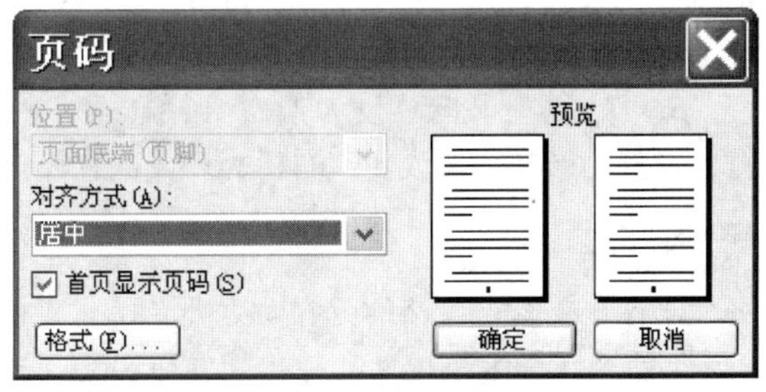

图2-111 设置页码居中

步骤2 单击“格式”按钮，在“页码格式”对话框中选择数字格式“i，ii，iii，…”，“起始页码”为1，如图2-112所示，单击“确定”按钮。

步骤3 单击“页眉和页脚”工具栏的“显示下一项”，进入正文页脚区，取消“链接到前一个”，单击“设置页码格式”按钮，将数字格式设为“1，2，3，…”，起始页码为1，如图2-113所示，单击“确定”按钮。

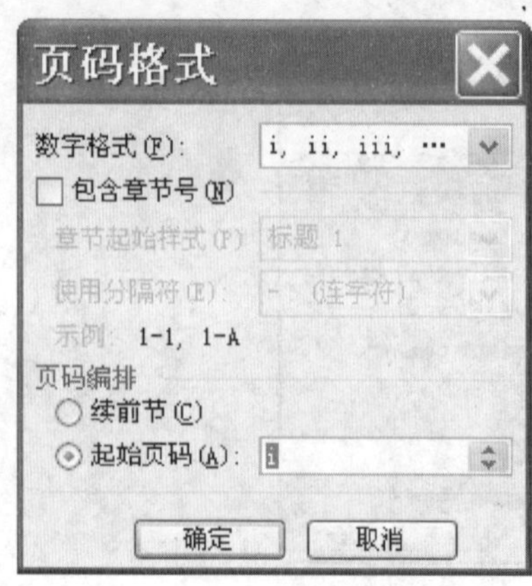

图2-112 设置目录页码格式

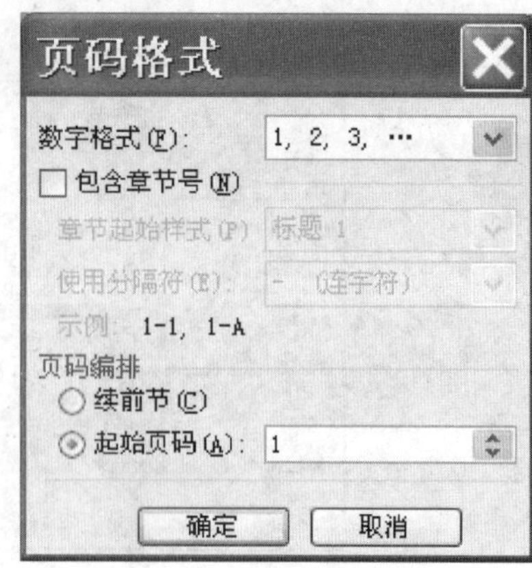

图2-113 设置正文页码格式

实验练习题

练习一

制作一份小家电系列产品使用说明书，包括封面、目录页、若干产品说明及售后服务网点。要求如下：

1.版面设置：纸张32K，排版方向为横向。

2.封面制作：采用图文混排方式，名称为“小家电系列产品使用说明书”，加入两张一样的图片，调整其中一张的灰度和亮度，使其作为另一张图片和文字的背景，封面如图2-114所示。

3.排版时每章从奇数页开始，奇数页页眉为章名，右对齐于页边；偶数页页眉为节名，左对齐于页边。

4.页码在页脚中设置，显示在外侧；目录页码编码格式为“壹，贰，叁，…”，正文产品页码编码格式为“Ⅰ-1～Ⅰ-n”，售后服务页码编码格式为“Ⅱ-1～Ⅱ-n”。

5.产品说明书内页设为偏右分栏样式，栏距为4个字符，左栏为产品使用说明，右栏为产品图片及规格型号。

图2-114 “小家电系列产品使用说明书”封面

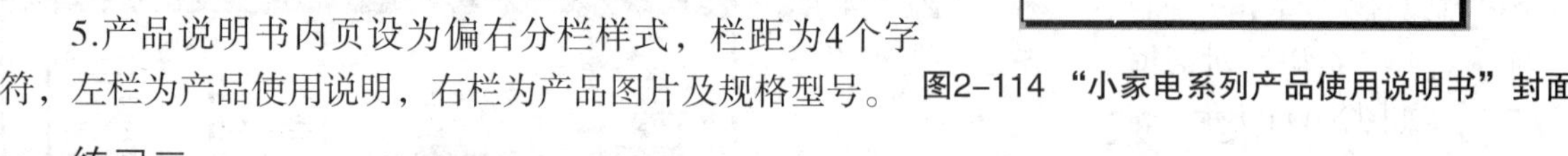

练习二

制作一个会议邀请信，并向多人发送，要求如下。

1.新建几个基于正文的样式。新建样式“称谓”，楷体、小四、1.5倍行距、左对齐；新建样式“信文”，首行缩进2字符，段前、段后距为0.5行；新建样式“信文条款”，设置编号格式为“1、”；新建样式“署名”，右对齐。

2.制作传真封页。

3.使用邮件合并生成大宗信函，数据来源于Excel表。

第 3 章 Excel高级操作实验

本章知识点

1.数据输入技巧和方法。

2.公式与财务、文本、日期与时间、查找引用和统计等函数的应用。

3.数据分析与处理。

4.数据透视表与数据透视图。

实验1 Excel中数据的输入

实验目的

在了解和熟悉Excel基本操作的基础上，学会Excel中数据输入的技巧和常用数据的输入方法，具体如下：

1. 掌握位数较长的数据的录入方法以及以0开头的数据的输入方法。

2. 掌握自定义下拉列表的输入方法。

3. 利用自定义序列进行数据的填充。

4. 利用条件格式对输入的数据进行设置。

5. 掌握数据的舍入方法。

任务描述

建立员工基本情况表，具体要求如下：

1.该表包括的基本信息有：序号、姓名、身份证号码、出生日期、职务和基本工资，用自定义序列将其横向填充。

2.序号的输入要求：以“01”开始，向下自动填充。

3.身份证号码的输入要求：18位身份证号码。

4.出生日期暂时不输入数据。

5.职务的输入要求：自定义下拉列表，包括数据项——高级工程师、中级工程师、工程师和助理工程师。

6.基本工资的输入要求：货币格式，小数位数为4位，货币符号为“￥”。

7.在基本工资右侧增加一列——取整后的工资，对“基本工资”取整到“元”后填充到该列，其格式仍保持货币格式，小数位数为0位，货币符号为“￥”。

8.在取整后工资右侧增加一列——工资的中文大写金额，输入“取整后工资”一列对应的中文大写。

9.将取整后工资金额少于￥2000元（不含￥2000元）的单元格底纹设置为黄色。

10.为整个表格添加标题：“员工基本情况表”。格式为：合并居中，黑体，16号；为表格（除标题外）添加“田”字形细边框实线。

操作步骤

步骤1 输入表格的列标题。

（1）在“工具”菜单上，单击“选项”，再单击“自定义序列”选项卡。

（2）在“自定义序列（L）”列表框中选择“新序列”，然后在“输入序列（E）”中输入序号、姓名、身份证号码、出生日期、职务和基本工资6个元素，在键入每个元素后，按Enter键。如图3–1所示。

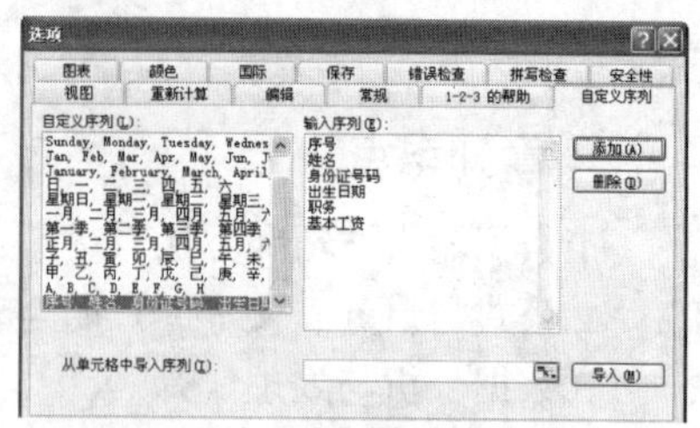

图3–1 自定义序列的设置

（3）整个序列输入完毕后，单击“添加”按钮；新建立的序列在“自定义序列（L）”列表框的最下面可以看到，最后单击“确定”按钮完成自定义序列的创建。

（4）在B2单元格中输入“序号”，利用填充柄向右填充，完成表格列标题的输入，如图3–2所示。

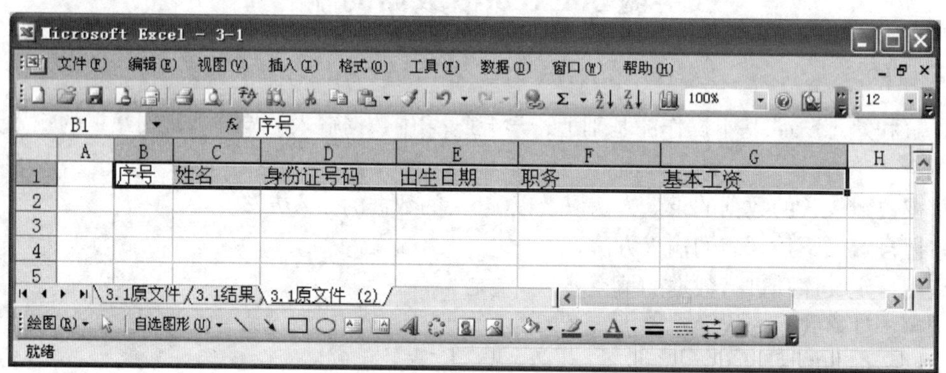

图 3–2 运用自定义序列填充表格列标题

步骤2 按要求输入序号、姓名和身份证号码。

（1）将光标定位在B2单元格，输入英文状态下的“01”，然后利用填充柄直接向下填充，完成“序号”列的输入，如图3–5 B列所示。

（2）如图3–5 C列所示，输入姓名。

（3）选定D2:D11，在“格式”菜单上，单击“单元格”，打开“单元格格式”对话框，选中“数字”选项卡，在“分类”列表框中选择“文本”；再按照图3–5D列所示，输入相应的身份证号码。

步骤3 使用“有效性”设置下拉列表框，并输入对应的数据。

（1）选择F2单元格，在“数据”菜单上，单击“有效性”按钮，弹出“数据有效性”对话框，如图3–3所示。

（2）单击“设置”选项卡，在“允许”下拉列表框中选择“序列”，来源中分别输入高级工程师、中级工程师、工程师和助理工程师，每个数据项之间以英文“,”分隔，如图3–3所示。

（3）单击“确定”，完成数据有效性设置，参照图3–5 F列输入该列数据。

步骤4 设置基本工资列的格式。

（1）选定G2:G11单元格，在“格式”菜单上点击“单元格”，打开“单元格格式”对话框，选中“数字”选项卡，在“分类”列表框中选择“货币”；再按照图3–4所示设置小数位数和货币符号。

（2）参照图3-5G列，输入相应的基本工资。

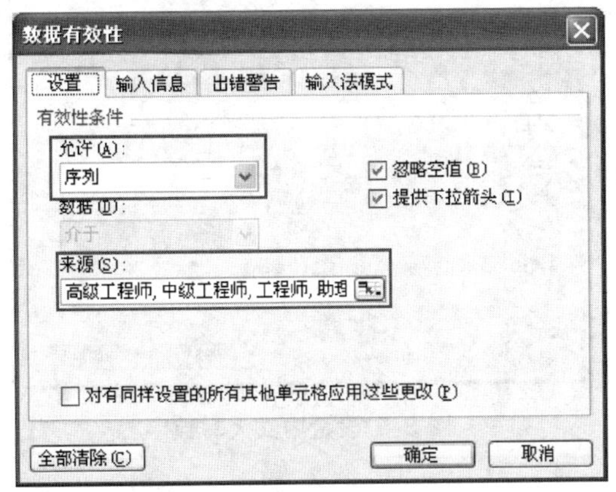

图3-3 有效性设置下拉列表框

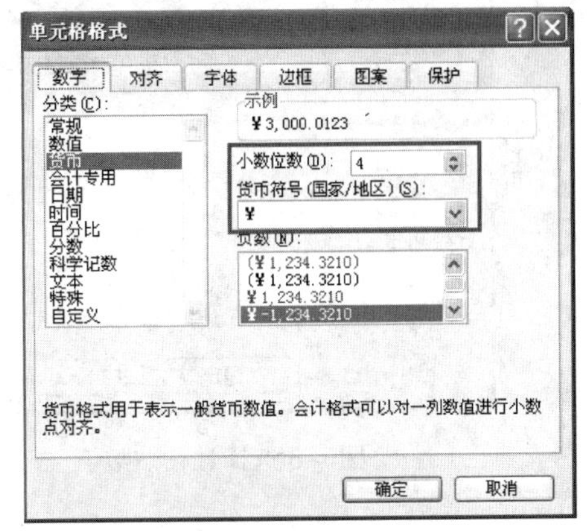

图3-4 设置货币格式

步骤5 增加“取整后的工资”和“工资的中文大写金额”两列，并输入对应的数据。

	A	B	C	D	E	F	G	H	I
1		序号	姓名	身份证号码	出生日期	职务	基本工资	取整后的工资	工资的中文大写金额
2		01	王一	330675196706154485		高级工程师	¥3,000.0123	¥3,000	叁仟
3		02	张二	330675196708154432		高级工程师 中级工程师 工程师 助理工程师	¥2,500.2304	¥2,500	贰仟伍佰
4		03	林三	330675195302215412			¥3,000.0123	¥3,000	叁仟
5		04	胡四	330675198603301836		助理工程师	¥1,200.7645	¥1,201	壹仟贰佰零壹
6		05	吴五	330675195308032859		高级工程师	¥3,000.0123	¥3,000	叁仟
7		06	章六	330675195905128755		高级工程师	¥3,000.0123	¥3,000	叁仟
8		07	陆七	330675197211045896		中级工程师	¥2,500.2304	¥2,500	贰仟伍佰
9		08	苏八	330675198807015258		工程师	¥2,000.0013	¥2,000	贰仟
10		09	韩九	330675197304178789		助理工程师	¥1,200.7645	¥1,201	壹仟贰佰零壹
11		10	徐一	330675195410032235		高级工程师	¥3,000.0123	¥3,000	叁仟

3.1原文件 / 3.1结果 / 3.1原文件 (2)

图 3-5 员工基本情况表

（1）在H1列输入“取整后的工资”，在I1列输入“工资的中文大写金额”。

（2）选定H2单元格，输入函数=ROUND(G2,0)，参照步骤4的方法，设置其单元格格式的小数位数和货币符号。

（3）利用填充柄填充至H11单元格。

（4）复制H2:H11单元格，单击I2单元格，从“编辑”菜单上，单击“选择性粘贴”，打开对话框，在“粘贴”选项中选择“数值”，如图3-6所示，设置好后单击“确定”。

（5）选定I2:I11单元格，在“格式”菜单上，单击“单元格”，打开“单元格格式”对话框，选中“数字”选项卡，在“分类”列表框中选择“特殊”，类型中选择“中文大写数字”，如图3-7所示。

（6）单击“确定”按钮，得到如图3-5H列和I列所示的效果。

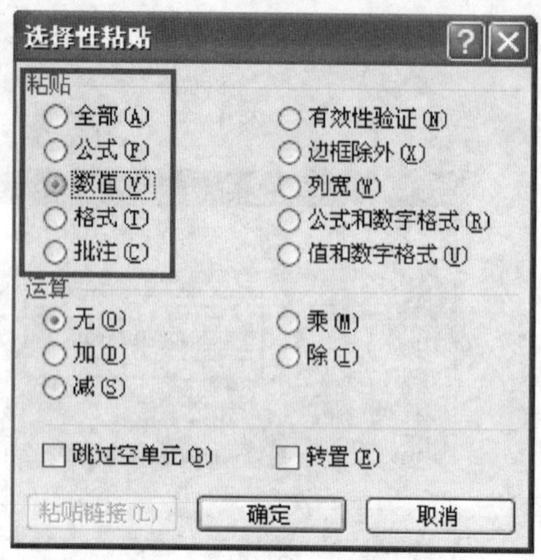

图3-6 选择性粘贴数值

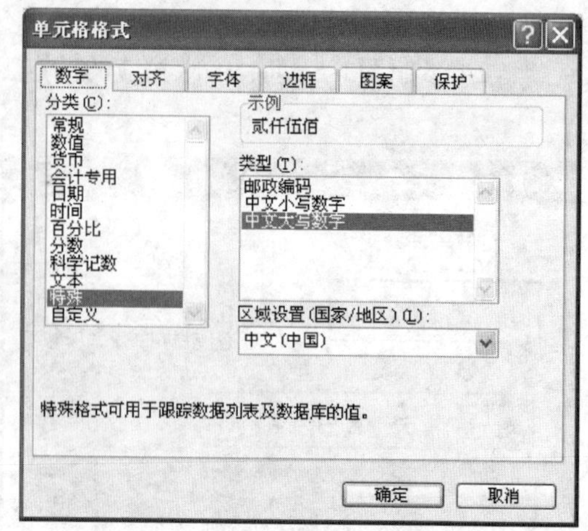

图 3-7 设置中文大写数字

步骤6 设置条件格式。

（1）选定H2:H11单元格，在“格式”菜单上点击“条件格式”，弹出“条件格式对话框”。

（2）在“条件格式”对话框中，根据题目要求，依次选择“单元格数值”、“小于”、“2000”，如图3-8所示。

（3）点击“格式”按钮，在弹出的“单元格格式”对话框中选择“图案”选项卡，在“单元格底纹”的颜色中选择黄色，如图3-8所示，点击“确定”按钮。

（4）单击“确定”按钮，完成条件格式的设置，其效果如图3-5H列所示。

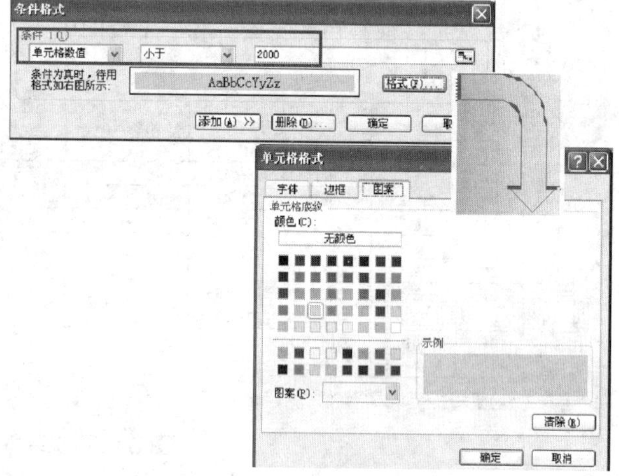

图 3-8 “条件格式”设置

步骤7 添加表格标题和边框。

（1）右击第1行，在弹出的快捷菜单中选择“插入”，则在第1行之上插入一行。

（2）在A1中输入“员工基本情况表”，选择A1:I1，在“格式”菜单上点击“单元格”，打开单元格对话框。

（3）切换到“对齐”选项卡，在“文本控制”列表框上选择“合并单元格”，如图3-9中a图所示；再切换到“字体”选项卡，设置格式为“黑体，16号”，单击“确定”。

（4）选中B2:I12，在“格式”菜单上点击“单元格”，打开单元格对话框，切换到“边框”选项卡，参照图3-9中b图设置，点击“确定”按钮。

（5）标题和边框设置完成的打印预览效果如图3-9中c图所示。

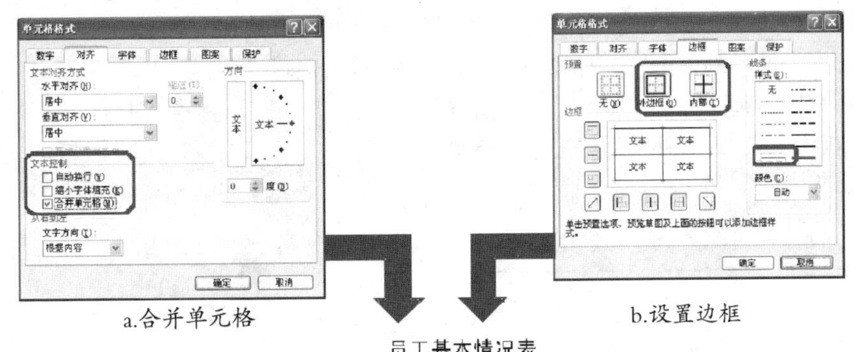

a.合并单元格　　b.设置边框

员工基本情况表

序号	姓名	身份证号码	出生日期	职务	基本工资	取整后的工资	工资的中文大写金额
01	王一	330675196706154485		高级工程师	￥3,000.0123	￥3,000	叁仟
02	张二	330675196708154432		中级工程师	￥2,500.2304	￥2,500	贰仟伍佰
03	林三	330675195302215412		高级工程师	￥3,000.0123	￥3,000	叁仟
04	胡四	330675198603301836		助理工程师	￥1,200.7645	￥1,201	壹仟贰佰零壹
05	吴五	330675195308032859		高级工程师	￥3,000.0123	￥3,000	叁仟
06	章六	330675195905128755		高级工程师	￥3,000.0123	￥3,000	叁仟
07	陆七	330675197211045896		中级工程师	￥2,500.2304	￥2,500	贰仟伍佰
08	苏八	330675198807015258		工程师	￥2,000.0013	￥2,000	贰仟
09	韩九	330675197304178789		助理工程师	￥1,200.7645	￥1,201	壹仟贰佰零壹
10	徐一	330675195410032235		高级工程师	￥3,000.0123	￥3,000	叁仟

c.打印预览

图3-9 标题和边框的设置效果

实验2 一般函数与公式

实验目的

复习学过的公式与函数的基本知识，掌握名称的定义及基本使用方法。具体要求如下：

1. 复习公式与常用的函数的应用（如SUM、AVERAGE、IF等）。

2. 重点掌握名称的定义及基本使用方法。

（1）指定名称：一次定义多个名称。

（2）定义名称为常量。

（3）定义名称为函数。

任务描述

参照实验1中“员工基本情况表”，给每个员工增加“职务补贴”，重新计算每个员工的工资、全部员工的评价工资，以及每个员工的工资层次。具体要求如下：

1.修改表格基本结构：删除“工资的中文大写金额”列，增加“职务补贴”、“补贴后的工资”和“工资层次”列；列标题上增加一行，输入“员工人数”和 “平均工资”，如图3-10所示。

2.使用“指定”方法将单元格区域B4:B13定义名称为“序号”，同时把单元格区域C4:C13定义名称为“姓名”，单元格区域D4:D13定义名称为“身份证号码”。

3.定义名称“补贴率”为20%，用该名称计算每个员工的“职务补贴”。

4.定义名称“补贴后的工资”，计算每个员工“补贴后的工资”。

5.按照以下规则，判断每个员工的“工资层次”：高，即补贴后的工资>3000；中，即1500<补贴后的工资≤3000；低，即0<补贴后的工资≤1500。

6.计算“员工人数”和“平均工资”。

员工基本情况表

员工人数： 平均工资：

序号	姓名	身份证号码	出生日期	职务	基本工资	取整后的工资	职务补贴	补贴后的工资	工资层次
01	王一	330675196706154485		高级工程师	￥3,000.0123	￥3,000			
02	张二	330675196708154432		中级工程师	￥2,500.2304	￥2,500			
03	林三	330675195302215412		高级工程师	￥3,000.0123	￥3,000			
04	胡四	330675198603301836		助理工程师	￥1,200.7645	￥1,201			
05	吴五	330675195308032859		高级工程师	￥3,000.0123	￥3,000			
06	章六	330675195905128755		高级工程师	￥3,000.0123	￥3,000			
07	陆七	330675197211045896		中级工程师	￥2,500.2304	￥2,500			
08	苏八	330675198807015258		工程师	￥2,000.0013	￥2,000			
09	韩九	330675197304178789		助理工程师	￥1,200.7645	￥1,201			
10	徐一	330675195410032235		高级工程师	￥3,000.0123	￥3,000			

3.2（计算前） 3.2（计算后）

图3–10 修改后的“员工基本情况表”

操作步骤

步骤1 调整表格结构。

（1）右击第2行，插入一行；在B2单元格中输入“员工人数”，在E2单元格中输入“平均工资”。

（2）在I3、J3和K3中分别输入“职务补贴”、“补贴后的工资”和“工资层次”。

（3）参照实验1的步骤7，进行格式设置，其效果如图3–10所示。

步骤2 使用“指定”方法定义名称。

（1）选择B3:D13，在“插入”菜单上点击“名称”→“指定”。

（2）弹出“指定名称”对话框，在“名称创建于”列表框中选中“首行”复选框，如图3–11所示，单击“确定”按钮。

步骤3 定义名称“补贴率”为常量，计算“职务补贴”。

（1）在“插入”菜单上点击“名称”→“定义”，弹出“定义名称”对话框。

（2）在“在当前工作簿中的名称”文本框中输入“补贴率”，在“引用位置”文本框中输入“=20%”，如图3–12所示，单击“确定”按钮。

（3）选择I4单元格，输入公式“=H4*补贴率”，再用填充柄向下填充，计算出“职务补

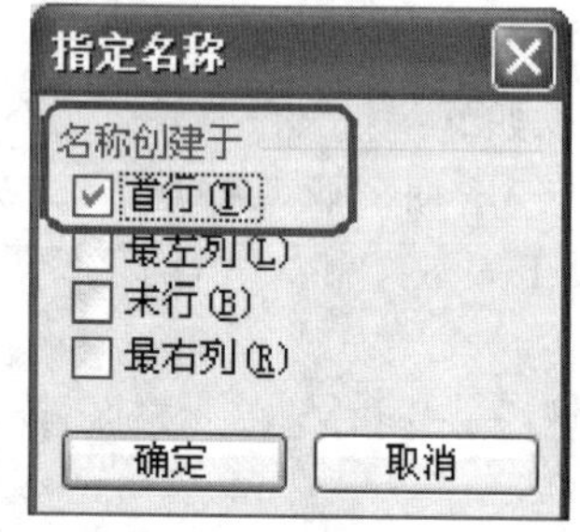

图3–11 指定名称

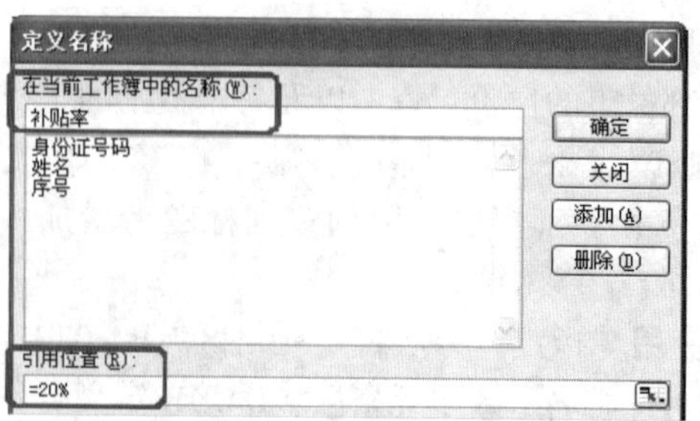

图3–12 定义名称“补贴率”

贴”，如图3–14I列所示。

步骤4 定义名称“补贴后的工资”为SUM函数，计算“补贴后的工资”。

（1）参照步骤3定义名称“补贴后的工资”，“引用位置”文本框中输入“=SUM(sheet2!H6:I6)”。

（2）选择J4，输入“=”，在“插入”菜单上点击“名称”→“粘贴”，弹出“粘贴名称”对话框，选择“补贴后的工资”，如图3–13所示。

粘贴名称

粘贴名称(N)

补贴后的工资
补贴率
身份证号码
姓名
序号

确定 取消

图3–13 粘贴名称

（3）点击“确定”，使用填充柄向下填充，如图3–14J列所示。

步骤5 利用IF函数，判断工资层次。

（1）选择K4单元格，输入函数“=IF(J4>3000,"高",IF(J4>1500,"中","低"))”。

（2）填充柄向下填充后，如图3–14K列所示。

步骤6 计算“员工人数”和“平均工资”。

（1）选择C2单元格，输入函数“=COUNTA(B4:B13)”。

（2）选择F2单元格，输入函数“=AVERAGE(J4:J13)”，如图3–14所示。

	A	B	C	D	E	F	G	H	I	J	K
1		员工基本情况表									
2		员工人数	10		平均工资	2928.24					
3		序号	姓名	身份证号码	出生日期	职务	基本工资	取整后的工资	职务补贴	补贴后的工资	工资层次
4		01	王一	330675196706154485		高级工程师	¥3,000.0123	¥3,000	600	3,600	高
5		02	张二	330675196708154432		中级工程师	¥2,500.2304	¥2,500	500	3,000	中
6		03	林三	330675195302215412		高级工程师	¥3,000.0123	¥3,000	600	3,600	高
7		04	胡四	330675198603301836		助理工程师	¥1,200.7645	¥1,201	240	1,441	低
8		05	吴五	330675195308032859		高级工程师	¥3,000.0123	¥3,000	600	3,600	高
9		06	章六	330675195905128755		高级工程师	¥3,000.0123	¥3,000	600	3,600	高
10		07	陆七	330675197211045896		中级工程师	¥2,500.2304	¥2,500	500	3,000	中
11		08	苏八	330675198807015258		工程师	¥2,000.0013	¥2,000	400	2,400	中
12		09	韩九	330675197304178789		助理工程师	¥1,200.7645	¥1,201	240	1,441	低
13		10	徐一	330675195410032235		高级工程师	¥3,000.0123	¥3,000	600	3,600	高

sheet1 sheet2

图3–14 计算处理后的“员工基本情况表”

实验3 Excel中数组公式的使用

实验目的

掌握数组公式的基本应用。具体包括：

1. 掌握数组公式的输入、修改方法。
2. 熟练掌握数组公式的应用。
3. 辨析一般公式与数组公式的差别。

任务描述

1.在已经建立销售统计表（如图3–15所示）的基础上，计算每个产品的销售金额以及所有产品的销售总额。

2.用一般公式计算销售金额和产品总销售额。

3.用数组公式计算销售金额和产品总销售额。

4.修改数组公式，用数组常量计算销售金额和产品总销售额。

3-3

	A	B	C	D	E	F
1	销售统计表					
2	产品型号	产品单价	销售数量	一般公式计算销售金额	数组公式计算销售金额	数组常量计算销售金额
3	A01	368	4			
4	A011	468	2			
5	A011	468	2			
6	A01	368	4			
7	A02	568	3			
8	A031	688	5			
9	A03	488	4			
10	B03	1988	1			
11	A01	368	3			
12	A011	468	3			
13	一般公式计算产品总销售额					
14	数组公式计算产品总销售额					
15	数组常量计算产品总销售额					

Sheet1 / Sheet2 / Sheet2 (2) / Sheet2 (3)

图3-15 销售统计表

操作步骤

步骤1 一般公式计算销售金额和产品总销售额。

（1）选择D3，输入公式“=B3*C3”，利用填充柄向下填充至D12，公式如图3-16所示。

（2）选择D13，输入函数“=SUM(D3:D12)”，得到如图3-16D13所示结果。

步骤2 用数组公式计算销售金额和产品总销售额。

（1）选择单元格区域E3:E12。

（2）在编辑框里输入“=”，然后选择B3:B12，输入“*”，再选择C3:C12。此时编辑框里显示“=B3:B12*C3:C12”，如图3-17所示。

（3）按Shift+Ctrl+Enter组合键。

（4）选择E14单元格，输入“=SUM(B3:B12*C3:C12)”，按Shift+Ctrl+Enter组合键，得到如图3-17E14所示结果。

3-3

	D
1	
2	一般公式计算销售金额
3	=B3*C3
4	=B4*C4
5	=B5*C5
6	=B6*C6
7	=B7*C7
8	=B8*C8
9	=B9*C9
10	=B10*C10
11	=B11*C11
12	=B12*C12
13	=SUM(D3:D12)

Sheet2

图3-16 一般公式

E3 {=B3:B12*C3:C12}

	A	B	C	E
1				销售统计表
2	产品型号	产品单价	销售数量	数组公式计算销售金额
3	A01	368	4	1472
4	A011	468	2	936
5	A011	468	2	936
6	A01	368	4	1472
7	A02	568	3	1704
8	A031	688	5	3440
9	A03	488	4	1952
10	B03	1988	1	1988
11	A01	368	3	1104
12	A011	468	3	1404
13	一般公式计算产品总销售额			
14	数组公式计算产品总销售额			16408

图3-17 数组公式

步骤3 修改数组公式，用数组常量{ 4;2;2;4;3;5;4;1;3;3}来代替销售数量。

（1）选择单元格区域F3:F12，按照步骤2的方法分别计算销售金额和产品总销售额。

（2）选择F3:F12中的任一单元格，单击编辑框，在代表数组的符号“{}”消失后，将“C3:C12”部分改为“{ 4;2;2;4;3;5;4;1;3;3}”，按Shift+Ctrl+Enter组合键，完成数组公式的修改。

（3）选择F15，参照（2）修改。最后结果如图3–18F列所示。

销售统计表

产品型号	产品单价	销售数量	一般公式计算销售金额	数组公式计算销售金额	数组常量计算销售金额
A01	368	4	1472	1472	1472
A011	468	2	936	936	936
A011	468	2	936	936	936
A01	368	4	1472	1472	1472
A02	568	3	1704	1704	1704
A031	688	5	3440	3440	3440
A03	488	4	1952	1952	1952
B03	1988	1	1988	1988	1988
A01	368	3	1104	1104	1104
A011	468	3	1404	1404	1404
一般公式计算产品总销售额			16408		
数组公式计算产品总销售额				16408	
数组常量计算产品总销售额					16408

图3–18 销售统计表

实验4 其他函数介绍

实验4–1 财务函数

实验目的

掌握基本财务函数，利用财务函数进行简单的财务计算与分析。

任务描述

某运输公司在2008年1月贷款￥3,500,000元购买一批卡车，贷款年限为10年，利率为7%，该批卡车的使用寿命为10年，已知卡车10年所带来的利润（如图3–19所示），制作贷款经营表。

基础数据及表格已经排好，需要计算以下项目：卡车折旧值、归还利息、归还本金、归还本利和、累计利息、累计本金、未还贷款、第一年带来的收益、投资现值、报酬率。

贷款经营表

贷款总额	3500000.00
贷款期限	10
年利率	7%
残值	15000.00

单位，元

时间	卡车折旧值	归还利息	归还本金	归还本利和	累积利息	累积本金	未还贷款	卡车带来的回报
2008年1月								
2009年1月								1020000.00
2010年1月								1250000.00
2011年1月								1040000.00
2012年1月								1340000.00
2013年1月								980000.00
2014年1月								1120000.00
2015年1月								1080000.00
2016年1月								1150000.00
2017年1月								1350000.00
2018年1月								1470000.00
							投资现值	
							报酬率	

图3–19 贷款经营表

操作步骤

步骤1 定义名称“贷款总额”、“贷款期限”、“年利率”和“残值”。

（1）用“指定名称”的方法定义一批名称（参照“实验2 一般函数与公式”中的步骤2）。

（2）弹出“指定名称”对话框，在“名称创建于”列表框中选中“最左列”复选框。

步骤2 计算卡车的折旧值。

（3）选择E5单元格，输入公式“=SYD(贷款总额,残值,贷款期限,YEAR(D5)–2008)”。选择“插入”菜单，点击“名称”→“粘贴”，在弹出的“粘贴名称”对话框中选择对应的名称。

（4）按Enter键后，使用填充柄向下填充到E14列，结果如图3–20所示。

步骤3 计算归还利息。

（1）选择F5单元格，输入公式“=IPMT(年利率,YEAR(D5)–2008,贷款期限,–贷款总额)”。

（2）按Enter键后，使用填充柄向下填充到F14列，结果如图3–21所示。

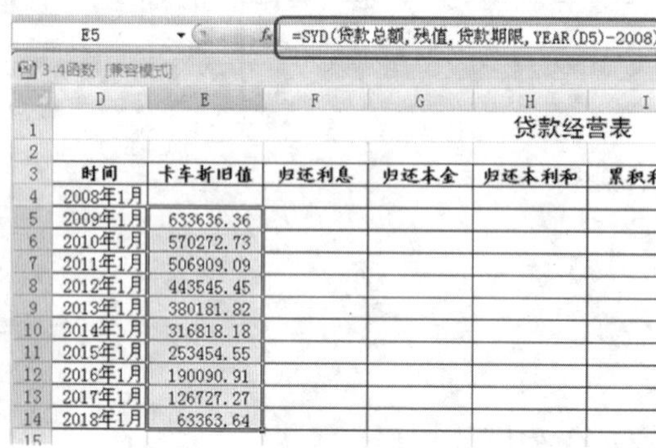

E5 =SYD(贷款总额,残值,贷款期限,YEAR(D5)-2008)

时间	卡车折旧值	归还利息	归还本金	归还本利和	累积利
2008年1月					
2009年1月	633636.36				
2010年1月	570272.73				
2011年1月	506909.09				
2012年1月	443545.45				
2013年1月	380181.82				
2014年1月	316818.18				
2015年1月	253454.55				
2016年1月	190090.91				
2017年1月	126727.27				
2018年1月	63363.64				

图3–20 卡车折旧值

F5 =IPMT(年利率,YEAR(D5)-2008,贷款期限,-贷款总额)

时间	卡车折旧值	归还利息	归还本金	归还本利和	累积利息
2008年1月					
2009年1月	633636.36	245000.00			
2010年1月	570272.73	227267.51			
2011年1月	506909.09	208293.75			
2012年1月	443545.45	187991.82			
2013年1月	380181.82	166268.76			
2014年1月	316818.18	143025.09			
2015年1月	253454.55	118154.36			
2016年1月	190090.91	91542.67			
2017年1月	126727.27	63068.17			
2018年1月	63363.64	32600.46			

图3–21 归还利息

步骤4 计算归还本金。

（1）选择G5单元格，输入公式“=PPMT(年利率,YEAR(D5)–2008,贷款期限,–贷款总额)”。

（2）按Enter键后，使用填充柄向下填充到G14列，结果如图3–22所示。

步骤5 计算归还本利和。

（1）选择H5单元格，输入公式“=PMT(年利率,贷款期限,–贷款总额)”。

（2）按Enter键后，使用填充柄向下填充到H14列，结果如图3–23所示。

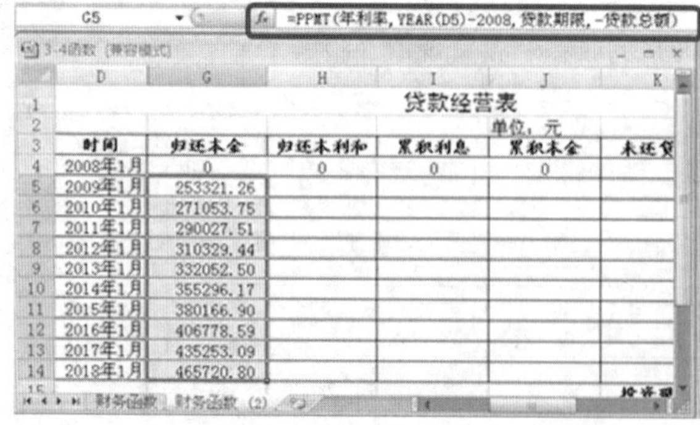

G5 =PPMT(年利率,YEAR(D5)-2008,贷款期限,-贷款总额)

时间	归还本金	归还本利和	累积利息	累积本金	未还贷
2008年1月	0	0	0	0	
2009年1月	253321.26				
2010年1月	271053.75				
2011年1月	290027.51				
2012年1月	310329.44				
2013年1月	332052.50				
2014年1月	355296.17				
2015年1月	380166.90				
2016年1月	406778.59				
2017年1月	435253.09				
2018年1月	465720.80				

图3–22归还本金

H5 =PMT(年利率,贷款期限,-贷款总额)

时间	归还本金	归还本利和	累积利息	累积本
2008年1月	0	0	0	0
2009年1月	253321.26	498321.26		
2010年1月	271053.75	498321.26		
2011年1月	290027.51	498321.26		
2012年1月	310329.44	498321.26		
2013年1月	332052.50	498321.26		
2014年1月	355296.17	498321.26		
2015年1月	380166.90	498321.26		
2016年1月	406778.59	498321.26		
2017年1月	435253.09	498321.26		
2018年1月	465720.80	498321.26		

图3–23 归还本利和

步骤6 计算累积利息。

（1）选择I5单元格，输入公式“=-CUMIPMT(年利率,贷款期限,贷款总额,1,YEAR(D5)-2008,0)”。

（2）按Enter键后，使用填充柄向下填充到I14列，结果如图3-24所示。

步骤7 计算累积本金。

（1）选择J5单元格，输入公式“=-CUMPRINC(年利率,贷款期限,贷款总额,1,YEAR(D5)-2008,0)”。

（2）按Enter键后，使用填充柄向下填充到J14列，结果如图3-25所示。

I5 =-CUMIPMT(年利率,贷款期限,贷款总额,1,YEAR(D5)-2008,0)

贷款经营表

单位：元

时间	累积利息	累积本金	未还贷款	卡车带来的回报
2008年1月	0	0		
2009年1月	245000.00			1020000.00
2010年1月	472267.51			1250000.00
2011年1月	680561.26			1040000.00
2012年1月	868553.09			1340000.00
2013年1月	1034821.85			980000.00
2014年1月	1177846.94			1120000.00
2015年1月	1296001.29			1080000.00
2016年1月	1387543.97			1150000.00
2017年1月	1450612.14			1350000.00
2018年1月	1483212.60			1470000.00

图3-24 累积利率

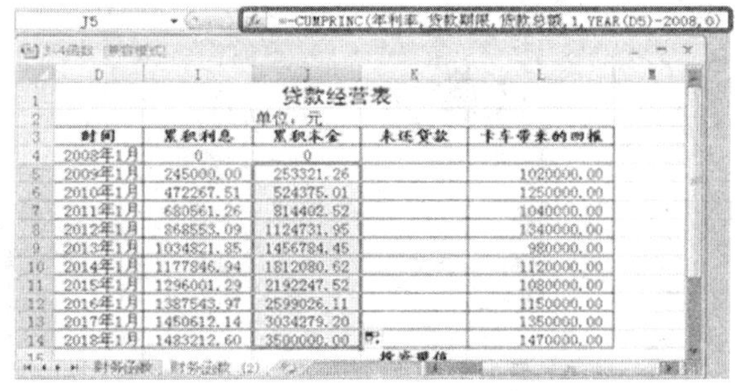

J5 =-CUMPRINC(年利率,贷款期限,贷款总额,1,YEAR(D5)-2008,0)

贷款经营表

单位：元

时间	累积利息	累积本金	未还贷款	卡车带来的回报
2008年1月	0	0		
2009年1月	245000.00	253321.26		1020000.00
2010年1月	472267.51	524375.01		1250000.00
2011年1月	680561.26	814402.52		1040000.00
2012年1月	868553.09	1124731.95		1340000.00
2013年1月	1034821.85	1456784.45		980000.00
2014年1月	1177846.94	1812080.62		1120000.00
2015年1月	1296001.29	2192247.52		1080000.00
2016年1月	1387543.97	2599026.11		1150000.00
2017年1月	1450612.14	3034279.20		1350000.00
2018年1月	1483212.60	3500000.00		1470000.00

图 3-25 累积本金

步骤8 计算未还贷款。未还贷款=贷款总额-累积本金。

（1）选择K5单元格，输入公式“=贷款总额-J6”。

（2）按Enter键后，使用填充柄向下填充到K14列，结果如图3-26所示。

步骤9 计算卡车第一年带来的投资收益。

选择L4单元格，输入公式“=-(I14+J14)”，得到投资第一年的回报金额，为负值，即亏损，如图3-27所示。

K5 =贷款总额-J5

贷款经营表

时间	未还贷款	卡车带来的回报
2008年1月	0	
2009年1月	3246678.74	1020000.00
2010年1月	2975624.99	1250000.00
2011年1月	2685597.48	1040000.00
2012年1月	2375268.05	1340000.00
2013年1月	2043215.55	980000.00
2014年1月	1687919.38	1120000.00
2015年1月	1307752.48	1080000.00
2016年1月	900973.89	1150000.00
2017年1月	465720.80	1350000.00
2018年1月	0.00	1470000.00
	投资现值	
	报酬率	

图3-26 未还贷款

L4 =-(I14+J14)

贷款经营表

时间	未还贷款	卡车带来的回报
2008年1月	0	(4,983,212.60)
2009年1月	3246678.74	1020000.00
2010年1月	2975624.99	1250000.00
2011年1月	2685597.48	1040000.00
2012年1月	2375268.05	1340000.00
2013年1月	2043215.55	980000.00
2014年1月	1687919.38	1120000.00
2015年1月	1307752.48	1080000.00
2016年1月	900973.89	1150000.00
2017年1月	465720.80	1350000.00
2018年1月	0.00	1470000.00
	投资现值	
	报酬率	

图3-27 第一年投资收益

步骤10 计算投资现值。

选择L15单元格，输入公式“=NPV(年利率,L5:L14)”，得到投资现值，结果如图3-28所示。

步骤11 计算报酬率。

在L16单元格中输入公式“=IRR(L4:L14)”，得到报酬率，结果如图3-29所示。

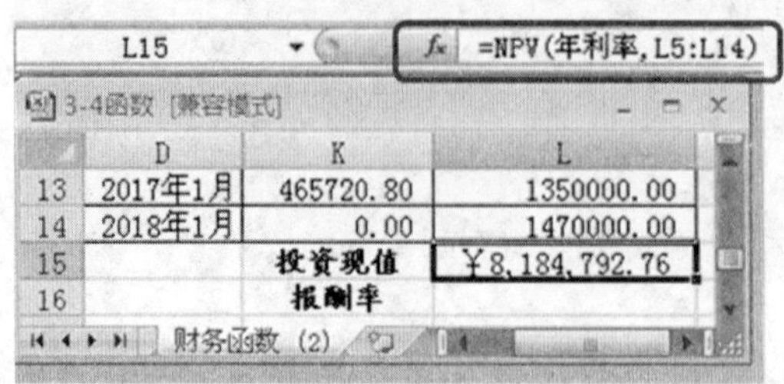

图3-28 投资现值

	D	K	L
14	2018年1月	0.00	1470000.00
15		投资现值	¥8,184,792.76
16		报酬率	19%
17			

L16 =IRR(L4:L14)

图3-29 报酬率

最终完成后的效果如图3-30所示。

	A	B	D	E	F	G	H	I	J	K	L
1			贷款经营表								
2									单位：元		
3	贷款总额	3500000.00	时间	卡车折旧值	归还利息	归还本金	归还本利和	累积利息	累积本金	未还贷款	卡车带来的回报
4	贷款期限	10	2008年1月	0	0	0	0	0	0	0	(4,983,212.60)
5	年利率	7%	2009年1月	633636.36	245000.00	253321.26	498321.26	245000.00	253321.26	3246678.74	1020000.00
6	残值	15000.00	2010年1月	570272.73	227267.51	271053.75	498321.26	472267.51	524375.01	2975624.99	1250000.00
7			2011年1月	506909.09	208293.75	290027.51	498321.26	680561.26	814402.52	2685597.48	1040000.00
8			2012年1月	443545.45	187991.82	310329.44	498321.26	868553.09	1124731.95	2375268.05	1340000.00
9			2013年1月	380181.82	166268.76	332052.50	498321.26	1034821.85	1456784.45	2043215.55	980000.00
10			2014年1月	316818.18	143025.09	355296.17	498321.26	1177846.94	1812080.62	1687919.38	1120000.00
11			2015年1月	253454.55	118154.36	380166.90	498321.26	1296001.29	2192247.52	1307752.48	1080000.00
12			2016年1月	190090.91	91542.67	406778.59	498321.26	1387543.97	2599026.11	900973.89	1150000.00
13			2017年1月	126727.27	63068.17	435253.09	498321.26	1450612.14	3034279.20	465720.80	1350000.00
14			2018年1月	63363.64	32600.46	465720.80	498321.26	1483212.60	3500000.00	0.00	1470000.00
15										投资现值	¥8,184,792.76
16										报酬率	19%

图3-30 完成后的表格

实验4-2 文本函数

实验目的

掌握常用的文本函数：CONCATENATE、MID、REPLACE等。

任务描述

完成员工信息表，具体要求：

1.根据身份证号码分别自动填入出生日期、性别，其中出生日期格式为“XXXX年XX月XX日”，性别用“男”或“女”表示。

说明：身份证号码第7-10位表示出生年份；第11-12位表示出生月份；第13-14位表示出生日；身份证号码倒数第2用于判别性别，偶数表示女性，奇数表示男性。

2.用REPLACE函数将家庭号码升级为8位，规则为在号码前加上“8”。

3.身份证号码均为18位，初始状态如图3-31所示。

	A	B	C	D	E	F	G
1	员工身份信息表						
2	序号	姓名	身份证号码	出生日期	性别	家庭号码	升级后的号码
3	01	王一	330675196706154485			6789123	
4	02	张二	330675196708154432			6456712	
5	03	林三	330675195302215412			6743211	
6	04	胡四	330675198603301836			6688779	
7	05	吴五	330675195308032859			6555321	
8	06	章六	330675195905128755			6854321	
9	07	陆七	330675197211045896			6978654	
10	08	苏八	330675198807015258			6998874	
11	09	韩九	330675197304178789			6778853	
12	10	徐一	330675195410032235			6553221	

图3-31 初始“员工信息表”

操作步骤

步骤1 填入出生日期。

（1）选择D3单元格，用函数MID筛选出年月日：①出生年：MID（C3,7,4）；②出生月：MID（C3,11,2）；③出生日：MID(C3,11,2)。

（2）用CONCATENATE函数将出生年MID(C3,7,4)、“年”、出生月MID(C3,11,2)、“月”、出生日MID(C3,11,2)、“日”连接起来，即在D3单元格输入公式“=CONCATENATE(MID(C3,7,4),"年",MID(C3,11,2),"月",MID(C3,13,2),"日")”。

（3）利用填充柄向下填充至C12单元格，结果如图3-32所示。

步骤2 填入性别。

（1）选择E3单元格，用MID函数取出第17位，再用MOD（取余数）函数判断奇偶性，输入公式“=IF(MOD(MID(C3,17,1),2)=0,"女","男")”。

（2）利用填充柄向下填充至E12单元格，结果如图3-33所示。

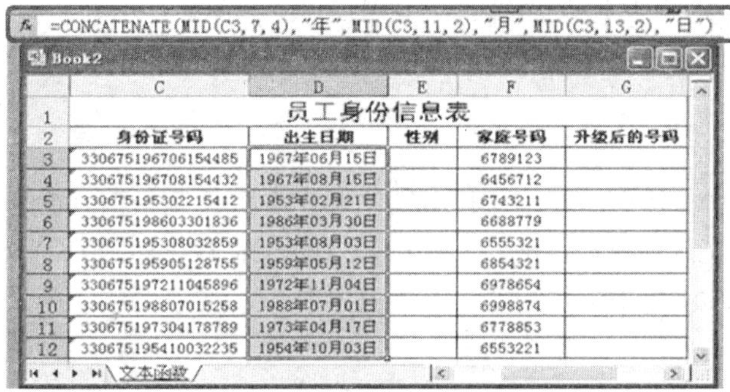
=CONCATENATE(MID(C3,7,4),"年",MID(C3,11,2),"月",MID(C3,13,2),"日")

	C	D	E	F	G
1	员工身份信息表				
2	身份证号码	出生日期	性别	家庭号码	升级后的号码
3	330675196706154485	1967年06月15日		6789123	
4	330675196708154432	1967年08月15日		6456712	
5	330675195302215412	1953年02月21日		6743211	
6	330675198603301836	1986年03月30日		6688779	
7	330675195308032859	1953年08月03日		6555321	
8	330675195905128755	1959年05月12日		6854321	
9	330675197211045896	1972年11月04日		6978654	
10	330675198807015258	1988年07月01日		6998874	
11	330675197304178789	1973年04月17日		6778853	
12	330675195410032235	1954年10月03日		6553221	

图3-32 出生日期

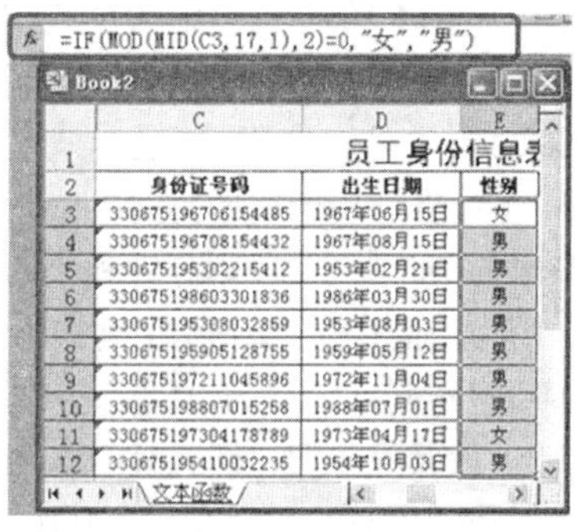
=IF(MOD(MID(C3,17,1),2)=0,"女","男")

	C	D	E
1		员工身份信息表	
2	身份证号码	出生日期	性别
3	330675196706154485	1967年06月15日	女
4	330675196708154432	1967年08月15日	男
5	330675195302215412	1953年02月21日	男
6	330675198603301836	1986年03月30日	男
7	330675195308032859	1953年08月03日	男
8	330675195905128755	1959年05月12日	男
9	330675197211045896	1972年11月04日	男
10	330675198807015258	1988年07月01日	男
11	330675197304178789	1973年04月17日	女
12	330675195410032235	1954年10月03日	男

图3-33 性别

步骤3 升级家庭电话号码。

（1）选择G3单元格。

（2）输入公式“=REPLACE(F3,1,,"8")”。

（3）向下填充至G12单元格，如图3-34G列所示。

G3 =REPLACE(F3,1,,"8")

3-4函数

	A	B	C	D	E	F	G
1	员工身份信息表						
2	序号	姓名	身份证号码	出生日期	性别	家庭号码	升级后的号码
3	01	王一	330675196706154485	1967年06月15日	女	6789123	86789123
4	02	张二	330675196708154432	1967年08月15日	男	6456712	86456712
5	03	林三	330675195302215412	1953年02月21日	男	6743211	86743211
6	04	胡四	330675198603301836	1986年03月30日	男	6688779	86688779
7	05	吴五	330675195308032859	1953年08月03日	男	6555321	86555321
8	06	章六	330675195905128755	1959年05月12日	男	6854321	86854321
9	07	陆七	330675197211045896	1972年11月04日	男	6978654	86978654
10	08	苏八	330675198807015258	1988年07月01日	男	6998874	86998874
11	09	韩九	330675197304178789	1973年04月17日	女	6778853	86778853
12	10	徐一	330675195410032235	1954年10月03日	男	6553221	86553221

财务函数 文本函数

图3-34 完成的“员工身份信息表”

实验4-3 日期与时间函数

实验目的

掌握基本时间函数及其应用：TODAY、NOW、HOUR、MINUTE、SECOND等。

任务描述

1.根据停车情况记录表，计算汽车在停车库中停放的时间。

2.根据停放时间计算汽车停车后应付停车费。

（1）停车费按照小时计算。

（2）如果停放时间不足一个小时，按一个小时计算。

（3）如果超过整点小时数15分钟的，将按照多累计一个小时计算。

操作步骤

步骤1 计算停放时间，停放时间=出库时间-入库时间。

（1）选择F3单元格，输入公式“=E3-D3”，按ENTER键。

（2）利用填充柄向下填充，得到停放时间，如图3-35F列所示。

步骤2 计算停车费用。

（1）计算计费所用的时间。

取出的小时等于0，则分钟和小时都不为0，按1计时，否则按0计时；不等于0，则根据分钟小于15，则为当前小时，否则当前小时+1。即实际计时为：IF(HOUR(F3)=0,IF(MINUTE(F3)+SECOND(F3)=0,0,1),IF(MINUTE(F3)<15,HOUR(F3),HOUR(F3)+1))。

（2）计算停车费，即：计时×单价。

选择G3单元格，输入公式：IF(HOUR(F3)=0,IF(MINUTE(F3)+SECOND(F3)=0,0,1),IF(MINUTE(F3)<15,HOUR(F3),HOUR(F3)+1))*C3，结果如图3-35G列所示。

fx =IF(HOUR(F3)=0,IF(MINUTE(F3)+SECOND(F3)=0,0,1),IF(MINUTE(F3)<15,HOUR(F3),HOUR(F3)+1))*C3

3-4函数

	A	B	C	D	E	F	G	H
1	停车情况记录表							
2	车牌号	车型	单价	入库时间	出库时间	停放时间	应付停车费	
3	浙A12345	小汽车	5	8:12:25	11:15:35	3:03:10	15	
4	浙A32581	大客车	10	8:34:12	9:32:45	0:58:33	10	
5	浙A21584	中客车	8	9:00:36	15:06:14	6:05:38	48	
6	浙A66871	小汽车	5	9:30:49	15:13:48	5:42:59	30	
7	浙A51271	中客车	8	9:49:23	10:16:25	0:27:02	8	
8	浙A54844	大客车	10	10:32:58	12:45:23	2:12:25	20	
9	浙A56894	小汽车	5	10:56:23	11:15:11	0:18:48	5	
10	浙A33221	中客车	8	11:03:00	13:25:45	2:22:45	24	
11	浙A68721	小汽车	5	11:37:26	14:19:20	2:41:54	15	
12	浙A33547	大客车	10	12:25:39	14:54:33	2:28:54	30	

财务函数 / 文本函数 / 人民币大写 / 时间函数

图3-35 完成的“停车情况记录表”

实验4-4 查找函数

实验目的

灵活运用查找函数，按指定条件对数据进行快速查询、选择和引用，如MATCH、INDEX等。

任务描述

根据行列条件返回结果。具体要求如下：

1.查询的型号来自于D2:D10，查询的规格来自于E1:G1，如图3-36所示。

2.选择了型号和规格，产品价格自动显示在B4单元格，如图3-37所示。

	A	B
1		
2	信息查询	
3	查询型号	A0110
4	查询规格	A0110 A0111 A0112 A0113 A0114 B1120 B1121 B1122
5	产品价格	
6		
7		
8		

图3-36 查询型号

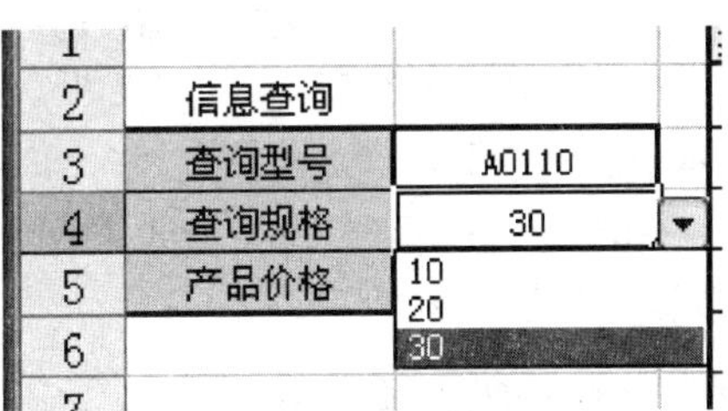

图 3-37 查询规格

操作步骤

步骤1 选定B3单元格，设置其数据有效性。

（1）在“数据”菜单上单击“有效性”，弹出“数据有效性”窗口。

（2）切换至“设置”选项卡，设置有效性条件——“允许”下拉菜单中选择“序列”，“来源”输入“=$D$2:$D$10”。单击“确定”按钮，完成设置。

步骤2 选定B4单元格，设置其数据有效性。

（1）在“数据”菜单上单击“有效性”，弹出“数据有效性”窗口。

（2）切换至“设置”选项卡，设置有效性条件——“允许”下拉菜单下选择“序列”，“来源”输入“=$E$1:$G$1”。单击“确定”按钮，完成设置。

步骤3 选定B5单元格，输入公式=INDEX($E$2:$G$10,MATCH($B$3,$D$2:$D$10,0),MATCH($B$4,$E$1:$G$1,0))，如图3-38所示。

B5 =INDEX($E$2:$G$10,MATCH($B$3,$D$2:$D$10,0),MATCH($B$4,$E$1:$G$1,0))

	A	B	C	D	E	F	G
1				规格 型号	10	20	30
2	信息查询			A0110	78	87	76
3	查询型号	A0110		A0111	80	97	84
4	查询规格	30		A0112	91	75	64
5	产品价格	76		A0113	88	86	68
6				A0114	93	99	83
7				B1120	89	69	79
8				B1121	91	70	69
9				B1122	77	91	81
10				B1123	98	77	74
11							

图3-38 查询产品价格

实验4–5 引用函数

实验目的

灵活运用查找与引用函数，按指定的条件对数据进行快速查询、选择和引用，如LOOKUP、VLOOKUP和HLOOKUP函数。

任务描述

根据企业销售产品清单，自动填充“销售统计表”中产品名称和产品单价。

操作步骤

步骤1 自动填充“产品名称”。

选择G3单元格，输入公式“=VLOOKUP(F3,$A$2:$C$10,2,0)”，按Enter键，完成产品名称的自动填充，如图3–39G列所示。

步骤2 自动填充“产品价格”。

选择H3单元格，输入公式“=VLOOKUP(F3,$A$2:$C$10,3,0)”，按Enter键，完成产品价格的自动填充。如图3–39H列所示。

实验4–6 数据库函数

实验目的

1.掌握数据库信息函数。

2.掌握主要的数据库分析函数。

fx =VLOOKUP(F3,$A$2:$C$10,2,0)

3-4函数

	A	B	C	D	E	F	G	H
1	企业销售产品清单				销售统计表			
2	产品型号	产品名称	产品单价		销售日期	产品型号	产品名称	产品单价
3	A01	卡特扫描枪	368		2007-3-1	A01	卡特扫描枪	368
4	A011	卡特定位扫描枪	468		2007-3-1	A011	卡特定位扫描枪	468
5	A02	卡特刷卡器	568		2007-3-1	A011	卡特定位扫描枪	468
6	A03	卡特报警器	488		2007-3-2	A01	卡特扫描枪	368
7	A031	卡特定位报警器	688		2007-3-2	A02	卡特刷卡器	568
8	B01	卡特扫描系统	988		2007-3-2	A031	卡特定位报警器	688
9	B02	卡特刷卡系统	1088		2007-3-5	A03	卡特报警器	488
10	B03	卡特报警系统	1988		2007-3-5	B03	卡特报警系统	1988
11					2007-3-6	A01	卡特扫描枪	368
12					2007-3-6	A011	卡特定位扫描枪	468
13					2007-3-7	B01	卡特扫描系统	988
14					2007-3-7	B03	卡特报警系统	1988
15					2007-3-8	A01	卡特扫描枪	368
16					2007-3-8	B01	卡特扫描系统	988
17					2007-3-9	A01	卡特扫描枪	368
18					2007-3-9	A03	卡特报警器	488
19					2007-3-9	B02	卡特刷卡系统	1088
20					2007-3-12	A01	卡特扫描枪	368

查找引用函数 / 查找函数–练习

图3–39 销售统计表

任务描述

利用数据库函数和已经设置好的区域，计算以下情况的结果，并保存在相应的单元格中。

1.商标为“上海”、瓦数<100的白炽灯的平均单价。

2.产品为“白炽灯”、80≤瓦数≤100的产品数量。

操作步骤

步骤1 计算商标为“上海”、瓦数＜100的白炽灯的平均单价。选择G19单元格，输入公式“=DAVERAGE(A1:E16,5,J2:L3)”，得到结果如图3-40所示。

步骤2 计算产品为“白炽灯”、80≤瓦数≤100的产品数量。选择G20单元格，输入公式“=DCOUNT(A1:B16,2,J6:L7)”，得到结果如图3-40所示。

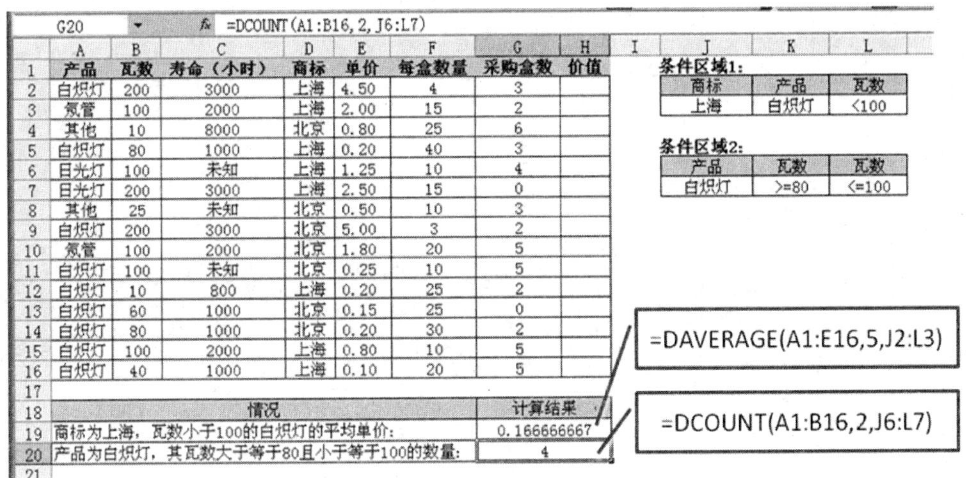

G20 =DCOUNT(A1:B16,2,J6:L7)

	A	B	C	D	E	F	G	H
1	产品	瓦数	寿命（小时）	商标	单价	每盒数量	采购盒数	价值
2	白炽灯	200	3000	上海	4.50	4	3	
3	氖管	100	2000	上海	2.00	15	2	
4	其他	10	8000	北京	0.80	25	6	
5	白炽灯	80	1000	上海	0.20	40	3	
6	日光灯	100	未知	上海	1.25	10	4	
7	日光灯	200	3000	上海	2.50	15	0	
8	其他	25	未知	北京	0.50	10	3	
9	白炽灯	200	3000	北京	5.00	3	2	
10	氖管	100	2000	北京	1.80	20	5	
11	白炽灯	100	未知	北京	0.25	10	5	
12	白炽灯	10	800	上海	0.20	25	2	
13	白炽灯	60	1000	北京	0.15	25	0	
14	白炽灯	80	1000	北京	0.20	30	2	
15	白炽灯	100	2000	上海	0.80	10	5	
16	白炽灯	40	1000	上海	0.10	20	5	
17								
18	情况						计算结果	
19	商标为上海，瓦数小于100的白炽灯的平均单价:						0.166666667	
20	产品为白炽灯，其瓦数大于等于80且小于等于100的数量:						4	

条件区域1:

商标	产品	瓦数
上海	白炽灯	<100

条件区域2:

产品	瓦数	瓦数
白炽灯	>=80	<=100

图 3-40 数据库函数

实验4-7 统计函数

实验目的

掌握基础统计函数的运用，如SUMIF、RANK、COUNT/COUNTA/COUNTIF、MAX/MIN、FREQUENCY、MODE等。

任务描述

运用基础统计函数完成成绩的统计分析，表格整体布局及数据如图3-41所示。具体要求如下：

成绩情况表

学号	姓名	性别	成绩	名次
930301	刘昌明	女	75	
930302	叶凯	男	86	
930303	张超	男	92	
930304	斯宝玉	女	74	
930305	董伟	男	55	
930306	舒跃进	男	86	
930307	殷锡根	女	91	
930308	博勒	男		
930309	吴进录	女	84	
930310	陆蔚兰	男	77	
930311	杨晶	女	57	
930312	王婷	男	86	
930313	赵世则	女	61	
930314	张杰	男	72	
930315	徐婧宇	女	56	

成绩分析情况

		分段点	
应考人数:			
男生人数		59	
女生人数		69	
实考人数:		79	
缺考人数:		89	
男生总成绩:		60分以下人数：	
女生总成绩:		60-69分之间人数：	
男生平均成绩:		70-79分之间人数：	
女生平均成绩:		80-89分之间人数：	
总平均成绩:		90分以上人数：	
最高分:		出现次数最多的分数	
最低分:			

图3-41 成绩单统计分析

1.计算应考、实考、缺考人数，其中应考人数中男女生人数分别是多少。

2.分别求男生、女生的总成绩和平均成绩，以及全班平均成绩、最高分、最低分。

3.统计各分数段的人数。

4.计算出现次数最多的分数。

5.按照成绩进行排名。

操作步骤

步骤1 计算应考人数。选择H2单元格，输入公式“=COUNT(A3:A17)”，按下Enter，得到应考人数为15人，如图3-42所示。

步骤2 计算男生人数。选择H3单元格，输入公式“=COUNTIF(C3:C17,"男")”，按下Enter，得到男生人数为8人，如图3-43所示。

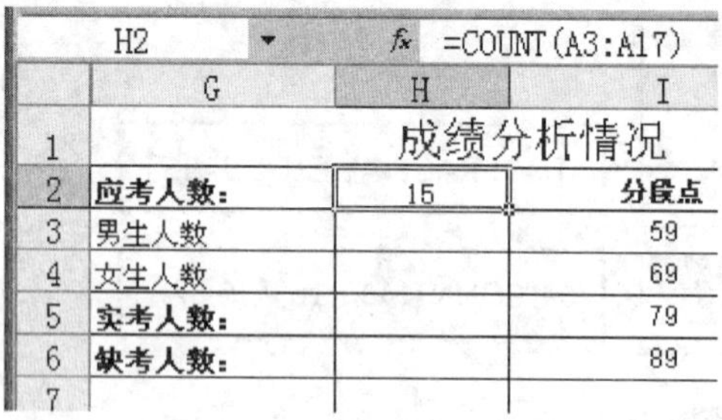

H2 =COUNT(A3:A17)

	G	H	I
1	成绩分析情况		
2	应考人数:	15	分段点
3	男生人数		59
4	女生人数		69
5	实考人数:		79
6	缺考人数:		89
7			

图3-42 COUNT计算应考人数

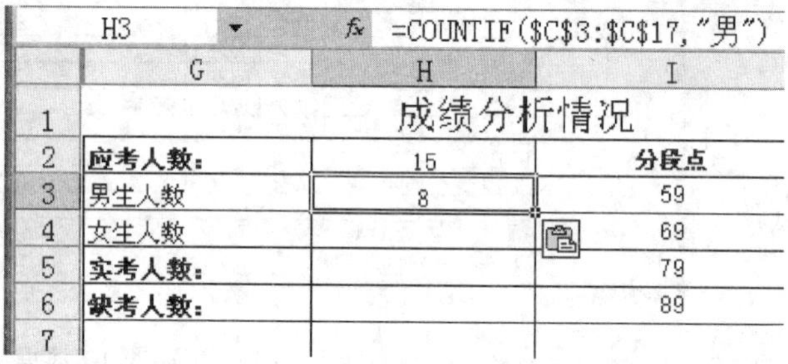

H3 =COUNTIF($C$3:$C$17,"男")

	G	H	I
1	成绩分析情况		
2	应考人数:	15	分段点
3	男生人数	8	59
4	女生人数		69
5	实考人数:		79
6	缺考人数:		89
7			

图3-43 COUNTIF计算男生人数

步骤3 计算女生人数。选择H4单元格，输入公式“=COUNTIF(C3:C17,"女")”，按下Enter，得到女生人数为7人，如图3-44所示。

步骤4 计算实考人数。选择H5单元格，输入公式“=COUNTA(D3:D17)”，按下Enter，得到实考人数为14人，如3-45所示。

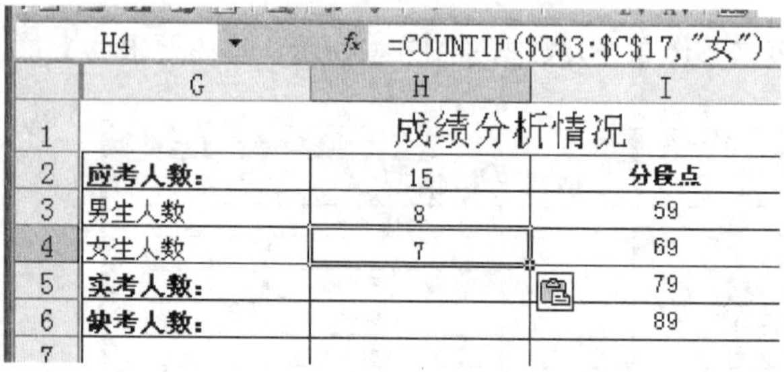

H4 =COUNTIF($C$3:$C$17,"女")

	G	H	I
1	成绩分析情况		
2	应考人数:	15	分段点
3	男生人数	8	59
4	女生人数	7	69
5	实考人数:		79
6	缺考人数:		89

图3-44 COUNTIF计算女生人数

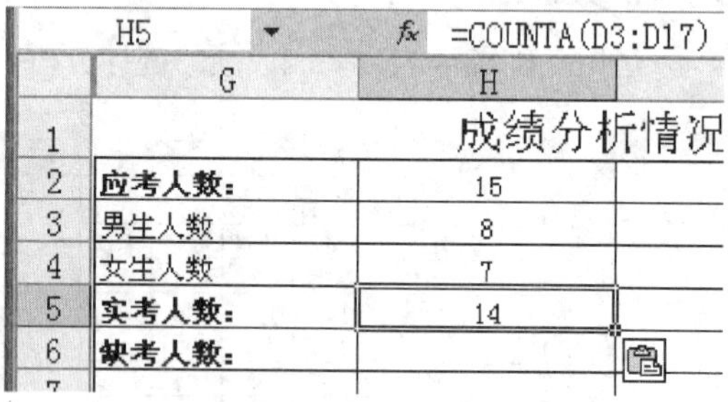

H5 =COUNTA(D3:D17)

	G	H
1	成绩分析情况	
2	应考人数:	15
3	男生人数	8
4	女生人数	7
5	实考人数:	14
6	缺考人数:	

图3-45 COUNTIF计算实考人数

步骤5 计算缺考人数。选择H6单元格，输入公式“=COUNTBLANK(D3:D17)”，按下Enter，得到缺考人数为1人，如图3-46所示。

步骤6 计算男生总成绩。选择H8单元格，输入公式“=SUMIF(C3:C17,"男",D3:D17)”，按下Enter，如图3-47所示。

H6 =COUNTBLANK(D3:D17)

	G	H	I
1	成绩分析情况		
2	应考人数：	15	分段点
3	男生人数	8	59
4	女生人数	7	69
5	实考人数：	14	79
6	缺考人数：	1	89

图3-46 COUNTBLANK计算缺考

H8 =SUMIF(C3:C17,$C$4,D3:D17)

	G	H	I	J
1	成绩分析情况			
8	男生总成绩：	554	60分以下人数：	
9	女生总成绩：		60-69分之间人数：	
10	男生平均成绩：		70-79分之间人数：	
11	女生平均成绩：		00-89分之间人数：	
12	总平均成绩：		90分以上人数：	

图3-47 SUMIF计算男生总成绩

步骤7 计算女生总成绩。选择H9单元格，输入公式“=SUMIF(C3:C17,"女",D3:D17)”，按下Enter，如图3-48所示。

步骤8 计算男生平均成绩。选择H10单元格，输入公式“=H8/H3”，按下Enter，如图3-49所示。

步骤9 计算女生平均成绩。选择H11单元格，输入公式“=H9/H4”，按下Enter，如图3-49所示。

步骤10 计算全班平均成绩。选择H12单元格，输入公式“=AVERAGE(D3:D17)”，按下Enter，如图3-49所示。

步骤11 计算全班最高分和最低分。

（1）计算最高分：选择H14单元格，输入公式“=MAX(D3:D17)”，如图3-49所示。

（2）计算最低分：选择H15单元格，输入公式“=MIN(D3:D17)”，如图3-49所示。

H9 =SUMIF(C3:C17,$C$3,D3:D17)

	G	H	I	J
1	成绩分析情况			
8	男生总成绩：	554	60分以下人数：	
9	女生总成绩：	498	60-69分之间人数：	
10	男生平均成绩：		79分之间人数：	
11	女生平均成绩：		80-89分之间人数：	
12	总平均成绩：		90分以上人数：	
13				
14	最高分：		出现次数最多的分数	
15	最低分：			

图3-48 SUMIF计算女生总成绩

	G	H
1		成绩分
8	男生总成绩：	554
9	女生总成绩：	498
10	男生平均成绩：	69.25
11	女生平均成绩：	71.14
12	总平均成绩：	75.14
13		
14	最高分：	92
15	最低分：	55

图3-49 成绩情况

步骤12 统计各分数段的人数。

（1）选择J8:J12单元格，输入公式“=FREQUENCY(D3:D17,I3:I6)”。

（2）按Shift+Ctrl+Enter组合键，结果如图3-50所示。

步骤13 计算出现次数最多的分数。选择J14单元格，输入公式“=MODE(D3:D17)”，按下Enter，得到出现次数最多的分数“86”，如图3-51所示。

J8 {=FREQUENCY(D3:D17,I3:I6)}

	I	J	K	L
1	成绩分析情况			
8	60分以下人数：	3		
9	60-69分之间人数：	1		
10	70-79分之间人数：	4		
11	80-89分之间人数：	4		
12	90分以上人数：	2		
13				
14	出现次数最多的分数			
15				

图3-50 FREQUENCY数组函数

J14 =MODE(D3:D17)

	I	J	K
1	成绩分析情况		
8	60分以下人数：	3	
9	60-69分之间人数：	1	
10	70-79分之间人数：	4	
11	80-89分之间人数：	4	
12	90分以上人数：	2	
13			
14	出现次数最多的分数	86	
15			
16			

图3-51 MODE函数

步骤14 按照成绩进行排名。

选择E3单元格，输入公式“=RANK(D3,$D$3:$D$17)”，按下Enter，利用填充柄向下填充。完成成绩分析表后，其效果如图3-52所示。

E3 =RANK(D3,$D$3:$D$17)

	A	B	C	D	E	F	G	H	I	J
1	总成绩情况表						成绩分析情况			
2	学号	姓名	性别	成绩	名次		应考人数:	15	分段点	
3	930301	刘昌明	女	75	8		男生人数	8	59	
4	930302	叶凯	男	86	3		女生人数	7	69	
5	930303	张超	男	92	1		实考人数:	14	79	
6	930304	斯宝玉	女	74	9		缺考人数:	1	89	
7	930305	董伟	男	55	14					
8	930306	舒跃进	男	86	3		男生总成绩:	554	60分以下人数：	3
9	930307	殷锡根	女	91	2		女生总成绩:	498	60-69分之间人数：	1
10	930308	博勒	男		#N/A		男生平均成绩:	69.25	70-79分之间人数：	4
11	930309	吴进录	女	84	6		女生平均成绩:	71.14	80-89分之间人数：	4
12	930310	陆蔚兰	男	77	7		总平均成绩:	75.14	90分以上人数：	2
13	930311	杨晶	女	57	12					
14	930312	王婷	男	86	3		最高分:	92	出现次数最多的分数	86
15	930313	赵世则	女	61	11		最低分:	55		
16	930314	张杰	男	72	10					
17	930315	徐婧宇	女	56	13					

图3-52 完成的“成绩分析情况表”

实验5 数据排序与分类汇总

实验目的

通过对工作表中多重排序的设定，实现多字段分类汇总。掌握排序和分类汇总的基本操作方法，对数据进行分析。

任务描述

1.对销售统计表进行排序。要求以“部门”为主要关键字、“业务员”为次要关键字进行多重排序。

2.建立多字段分类汇总。实现按业务部门进行分类汇总，同一个业务部门的按照业务员进行分类汇总。

3.将汇总后的结果复制到sheet2表中。

操作步骤

步骤1 进行多重排序。

（1）单击数据清单的任一单元格，在“数据”菜单上单击“排序”，弹出数据排序窗口。

（2）在“主要关键字”下拉菜单中选择“部门”、升序，“次要关键字”下拉菜单中选择“业务员”、升序，如图3-53所示。单击“确定”按钮。

步骤2 建立多字段分类汇总。

（1）单击“数据”→“分类汇总”，在弹出的“分类汇总”对话框的“分类字段”下拉列表框中选择“部门”，“汇总方式”下拉列表框中选择“求和”，“选定汇总项”下拉列表框中勾选“金额”项，并勾选“汇总结果显示在数据项下方”复选框，如图3-54所示，单击“确定”按钮。

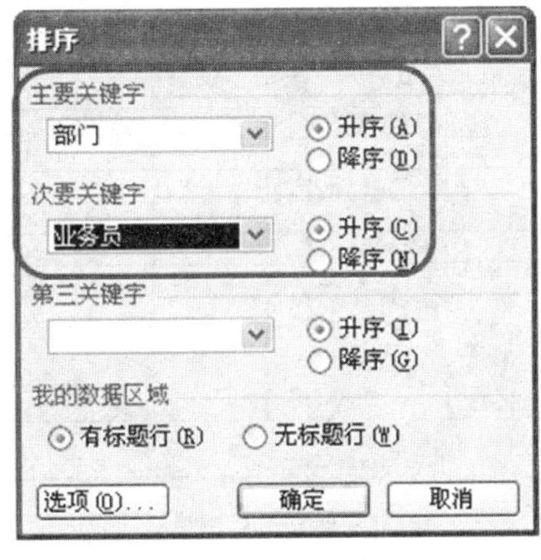

图3-53 多重排序

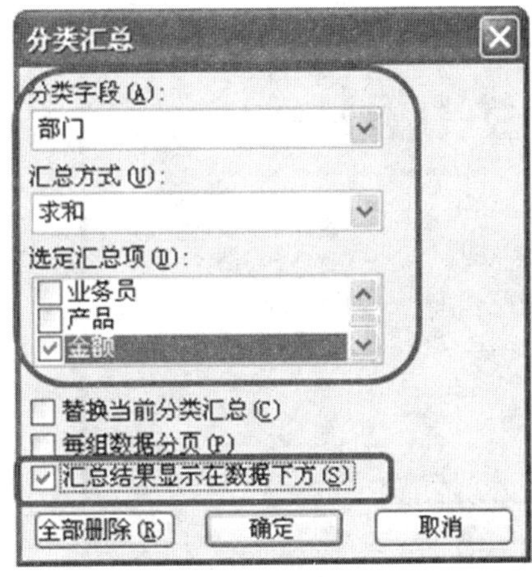

图3-54 按“部门”分类汇总

（2）单击“数据”→“分类汇总”，在弹出的分类汇总对话框的“分类字段”下拉列表框中选择“业务员”，“汇总方式”下拉列表框中选择“求和”，“选定汇总项”下拉列表框中勾选“金额”项，取消勾选“替换当前分类汇总”复选框，如图3-55所示。单击“确定”按钮，建立多字段分类汇总后的结果如图3-56所示。

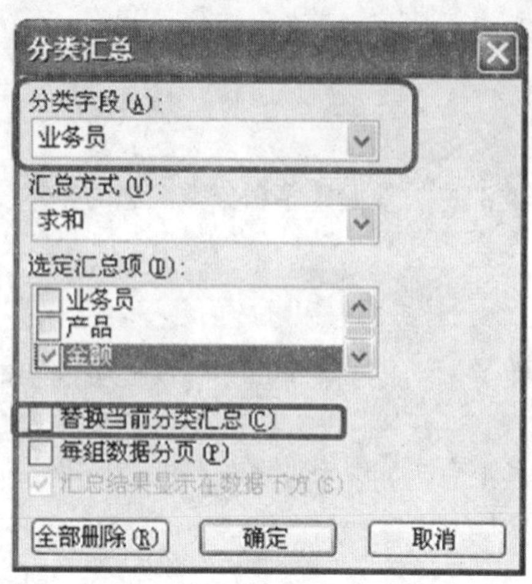

图3-55 按“业务员”分类汇总

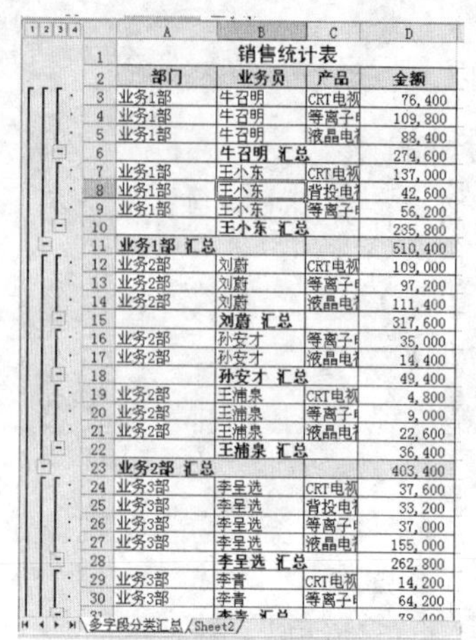

图3-56 多重分类汇总后的结果

步骤3 复制汇总后的结果。

（1）选择A2:D38区域，单击“编辑”→“定位”→“定位条件”，弹出如图3-57所示窗口。

（2）选择“可见单元格”，单击“确定”。

（3）按下Ctrl+C组合键。

（4）单击sheet2的A1单元格，按下Ctrl+V组合键，得到如图3-58所示结果。

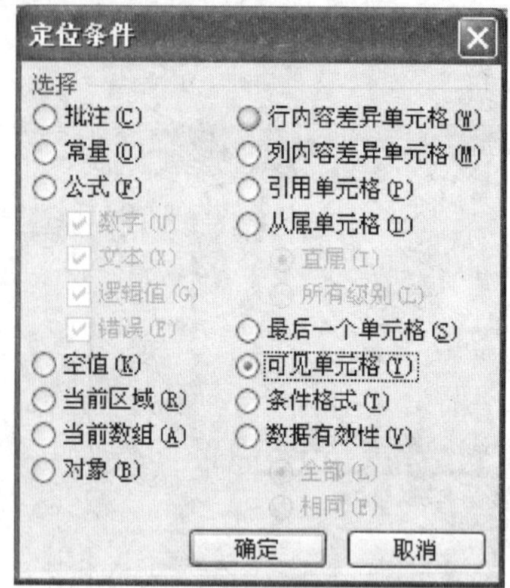

图3-57 定位至“可见单元格”

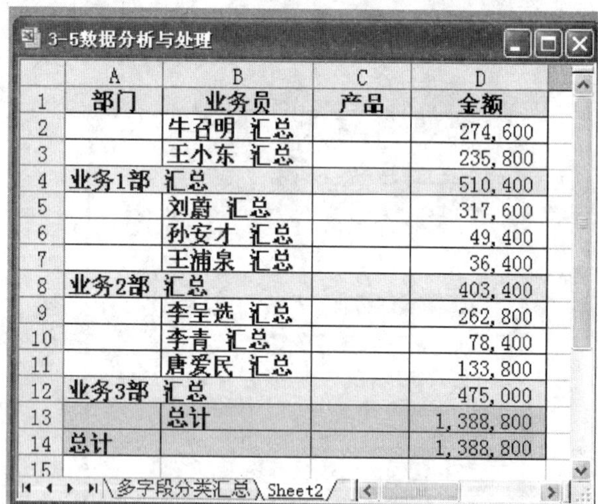

3-5数据分析与处理

	A	B	C	D
1	部门	业务员	产品	金额
2		牛召明 汇总		274,600
3		王小东 汇总		235,800
4	业务1部 汇总			510,400
5		刘蔚 汇总		317,600
6		孙安才 汇总		49,400
7		王浦泉 汇总		36,400
8	业务2部 汇总			403,400
9		李呈选 汇总		262,800
10		李青 汇总		78,400
11		唐爱民 汇总		133,800
12	业务3部 汇总			475,000
13		总计		1,388,800
14	总计			1,388,800
15				

多字段分类汇总 Sheet2

图3-58 复制汇总结果

实验6 数据筛选

实验目的

通过对工作表中数据进行简单筛选、组合筛选、自定义筛选、高级筛选等操作，熟练掌握自动筛选和高级筛选的操作方法，并了解其差别。

任务描述

分别用自动筛选和高级筛选两种方法实现对销售统计表的条件筛选，具体要求如下：

（1）筛选条件：销售数量大于3，所属部门为“市场一部”，销售金额大于1500。

（2）自动筛选的结果存放在sheet3的A–G列，高级筛选的结果存放在I–O列。

操作步骤

步骤1 自动筛选。

（1）单击数据列表中的任一单元格，选择“数据”→“筛选”→“自动筛选”。数据列表中第一行的各列中将显示一个下拉按钮，如图3–59所示。

	A	B	C	D	E	F	G
1	销售统计表						
2	产品型号	产品名称	产品单	销售数量	经办人	所属部门	销售金额
3	A01	卡特扫描枪	368		甘倩琦	市场1部	1472
4	A011	卡特定位扫	468		许 丹	市场1部	936
5	A011	卡特定位扫	468		孙国成	市场2部	936
6	A01	卡特扫描枪	368		吴小平	市场3部	1472
7	A02	卡特刷卡器	568		甘倩琦	市场1部	1704
8	A031	卡特定位报	688		李成蹊	市场2部	3440
9	A03	卡特报警器	488		刘 惠	市场1部	1952
10	B03	卡特报警系	1988	1	赵 荣	市场3部	1988
11	A01	卡特扫描枪	368	3	吴 仕	市场2部	1104
12	A011	卡特定位扫	468	3	刘 惠	市场1部	1404
13	B01	卡特扫描系	988	2	许 丹	市场1部	1976
14	B03	卡特报警系	1988	2	王 勇	市场3部	3976
15	A01	卡特扫描枪	368	4	甘倩琦	市场1部	1472
16	A01	卡特扫描枪	368	3	许 丹	市场1部	1104
17	A01	卡特扫描枪	368	5	孙国成	市场2部	1840

升序排列
降序排列
(全部)
(前 10 个...)
(自定义...)
1
2
3
4
5

多字段分类汇总 / Sheet2 / 数据筛选 / Sheet

图3–59 自动筛选数据列表

（2）选择“销售数量”→“自定义”，弹出“自定义自动筛选方式”对话框，设置“销售数量”为“大于”、“3”，如图3–60所示。

（3）选择“所属部门”→“市场一部”。

（4）选择“销售金额”→“自定义”，弹出“自定义自动筛选方式”对话框，设置“销售金额”为“大于”、“1500”，如图3–61所示。

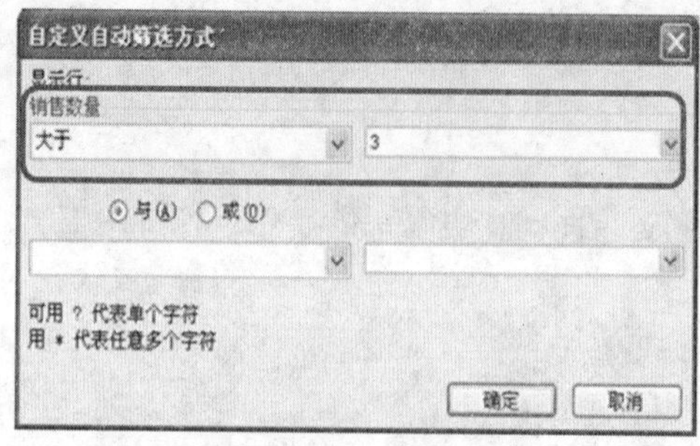

图3-60 自定义“销售数量大于3”

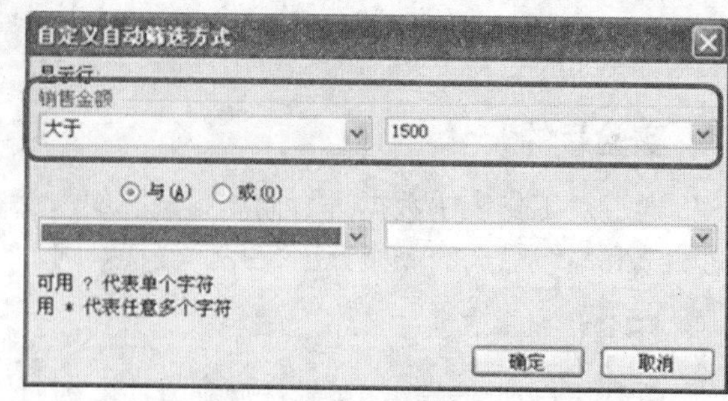

图3-61 自定义“销售金额大于1500”

（5）自动筛选后的结果如图3-62所示。将其复制后粘贴到sheet2的A1单元格中。

（6）撤销自动筛选。单击“数据”→“筛选”→“自动筛选”，取消对勾。

	A	B	C	D	E	F	G
1	销售统计表						
2	产品型号	产品名称	产品单	销售数量	经办人	所属部门	销售金额
9	A03	卡特报警器	488	4	刘 惠	市场1部	1952
19	A011	卡特定位扫	468	4	刘 惠	市场1部	1872
21	A03	卡特报警器	488	4	许 丹	市场1部	1952
24	A02	卡特刷卡器	568	4	刘 惠	市场1部	2272
28	A01	卡特扫描枪	368	5	许 丹	市场1部	1840
31							

图3-62 自动筛选后的销售统计表

步骤2 高级筛选：

（1）设置高级筛选条件，如图3-63所示。

（2）选择“数据”→“筛选”→“高级筛选”，弹出“高级筛选”对话框。

（3）设置列表区域为“$A$2:$G$30”，条件区域为“$I$3:$K$4”，如图3-64所示。

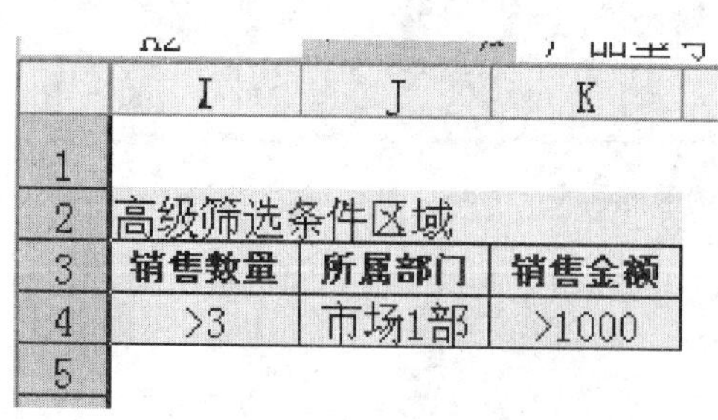

	I	J	K
1			
2	高级筛选条件区域		
3	销售数量	所属部门	销售金额
4	>3	市场1部	>1000
5			

图3-63 高级筛选条件区域

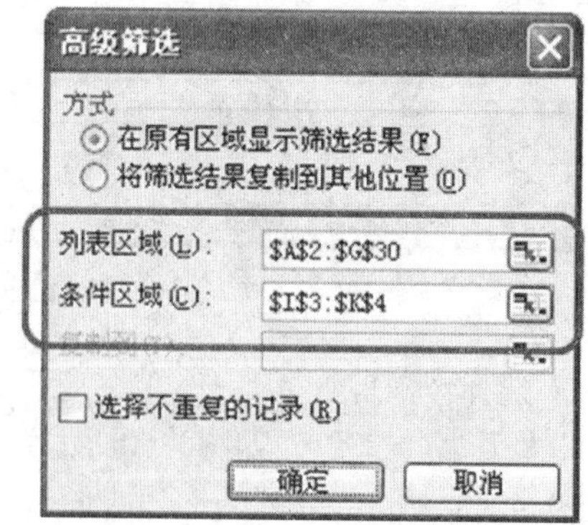

图3-64 设置列表和条件区域

（4）单击“确定”按钮，高级筛选结果如图3-65所示。

（5）单击sheet2的I1列，复制筛选后的结果。

（6）取消高级筛选：单击“数据”→“筛选”→“全部显示”。

3-5数据分析与处理

	A	B	C	D	E	F	G
1	销售统计表						
2	产品型号	产品名称	产品单价	销售数量	经办人	所属部门	销售金额
3	A01	卡特扫描枪	368	4	甘倩琦	市场1部	1472
9	A03	卡特报警器	488	4	刘　惠	市场1部	1952
15	A01	卡特扫描枪	368	4	甘倩琦	市场1部	1472
19	A011	卡特定位扫描	468	4	刘　惠	市场1部	1872
21	A03	卡特报警器	488	4	许　丹	市场1部	1952
24	A02	卡特刷卡器	568	4	刘　惠	市场1部	2272
28	A01	卡特扫描枪	368	5	许　丹	市场1部	1840

图3-65 高级筛选后的销售统计表

实验7　数据透视表和数据透视图

实验目的

通过建立数据透视表和数据透视图，理解数据透视表和数据透视图对于数据分析和处理的作用；理解数据透视表作为交互式表格的作用以及数据透视图作为动态图表的功能。

任务描述

用二维表创建数据透视表和数据透视图。具体要求如下：

1.利用数据透视表，将二维表转换为一维表。

2.在一维表的基础上，建立数据透视表和数据透视图。

3.行区域为商店，列区域为产品，数据区域为销量的平均值，将对应的数据透视表保存在sheet3中。

4.新建数据透视图Chart1，该图显示“每家商店酸牛奶的总销量情况”。

操作步骤

步骤1 利用数据透视表，将二维表转换为一维表。

（1）选择二维表任意数据区域，单击“数据”→“数据透视表和数据透视图”。

（2）在弹出的“数据透视表和数据透视图向导--3步骤之1”对话框中，选择“多重合并计算数据区域”项与“数据透视表”项，单击“下一步”按钮，如图3-66所示。

（3）在“数据透视表和数据透视图向导--3步骤之2a”对话框中选择“创建单页字段”，单击“下一步”。

（4）在“数据透视表和数据透视图向导--3步骤之2b”对话框中选定区域为“二维表!$A$1:$F$10”（整个二维表），单击“添加”按钮，加入所有区域中，再单击“下一步”，如图3-67所示。

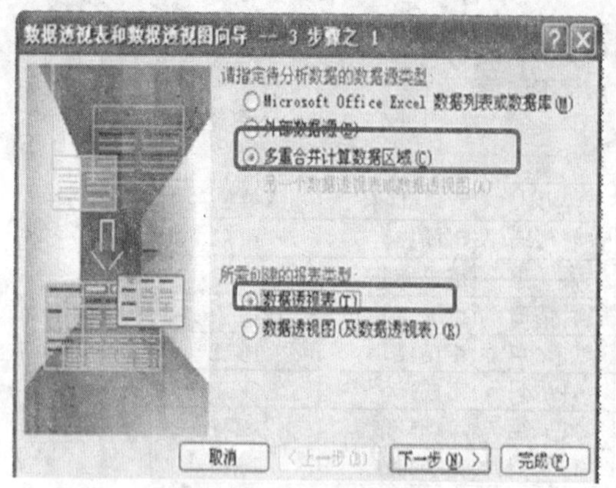

图3-66 透视表向导图

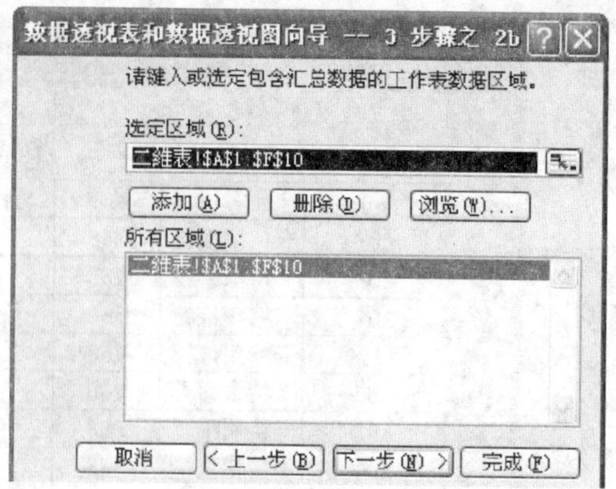

图3-67 整理后的表

（5）在“数据透视表和数据透视图向导--3步骤之3”对话框中，选择“新建工作表”项，单击“完成”按钮。创建完成的数据透视表如图3-68所示。

（6）用鼠标将行列按钮分别从数据透视表中拖走，整理后的数据透视表如图3-69所示。

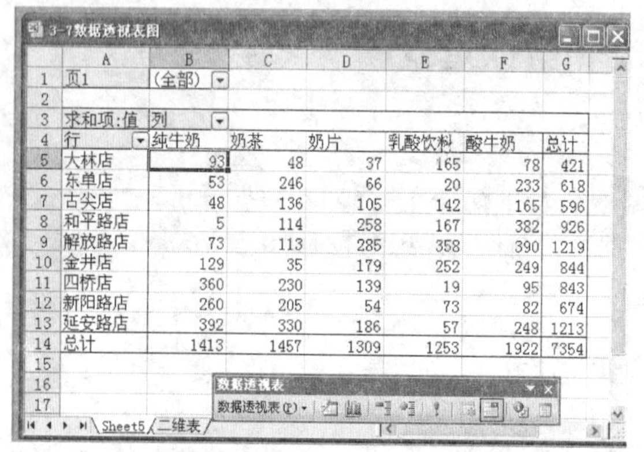

页1	(全部)					
求和项:值	列					
行	纯牛奶	奶茶	奶片	乳酸饮料	酸牛奶	总计
大林店	93	48	37	165	78	421
东单店	53	246	66	20	233	618
古尖店	48	136	105	142	165	596
和平路店	5	114	258	167	382	926
解放路店	73	113	285	358	390	1219
金井店	129	35	179	252	249	844
四桥店	360	230	139	19	95	843
新阳路店	260	205	54	73	82	674
延安路店	392	330	186	57	248	1213
总计	1413	1457	1309	1253	1922	7354

图3-68 透视表图

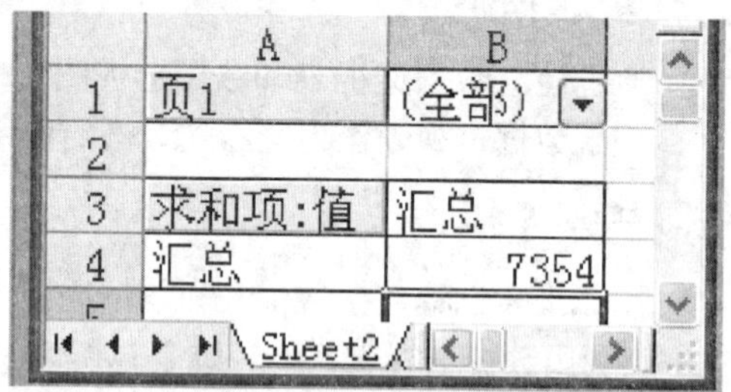

页1	(全部)
求和项:值	汇总
汇总	7354

图3-69 整理后的表

（7）双击B4单元格（唯一汇总数据），系统自动创建一个一维工作表。

（8）修改该一维表的列标题。至此，该一维表可以作为数据透视表和数据透视图的数据源。

步骤2 在一维表的基础上，建立数据透视表和数据透视图。

（1）选择一维表（sheet3）任意数据区域，单击“数据”→“数据透视表和数据透视图”。

（2）在弹出的“数据透视表和数据透视图向导--3步骤之1”对话框中，选择“Microsoft Office Excel数据列表或数据库”项与“数据透视图（及数据透视表）”项，单击“下一步”按钮。

（3）在“数据透视表和数据透视图向导--3步骤之2”对话框中选定区域为“$A$1:$C$46”，单击“下一步”按钮。

（4）在“数据透视表和数据透视图向导--3步骤之3”对话框中选择“数据透视表显示位置”在“新建工作表”。

（5）单击“布局”按钮，打开“数据透视表和数据透视图向导--布局”窗口。将“商品”拖到“行”，“产品”拖到“列”，“销量”拖到“数据”区域，如图3-70所示。

（6）默认情况下，数据区域的“销量”为“求和项：销量”，双击该按钮后，弹出“数据透视表字段”，汇总方式改为“平均值”，如图3-71所示，单击“确定”。

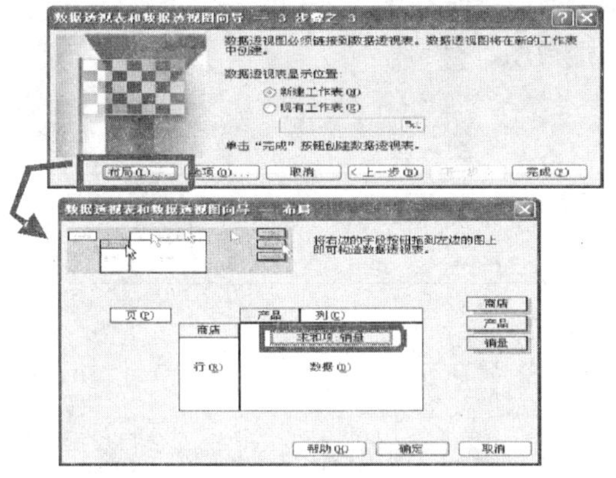

图3-70 数据透视表步骤3——布局

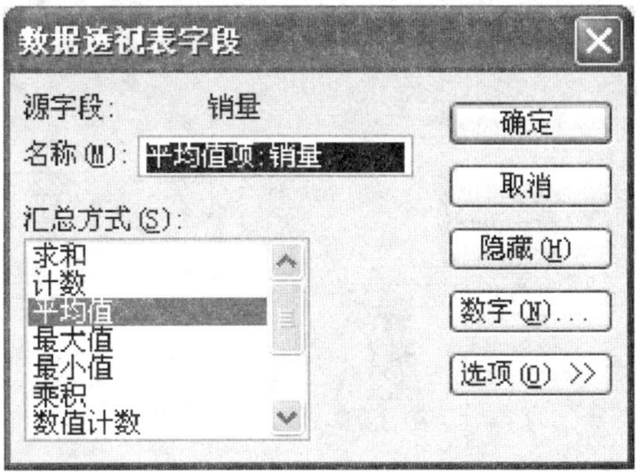

数据透视表字段

源字段：销量

名称(M)：平均值项:销量

汇总方式(S)：

求和
计数
平均值
最大值
最小值
乘积
数值计数

确定
取消
隐藏(H)
数字(N)...
选项(O) >>

图3-71 “平均值”销量

（7）单击“完成”按钮，数据透视表自动创建在sheet4，如图3-72所示；数据透视图自动创建在Chart1中，如图3-73所示。

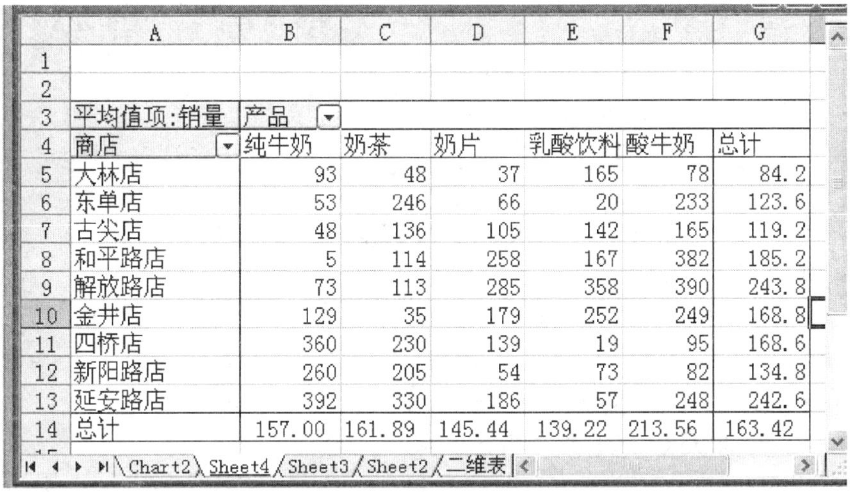

	A	B	C	D	E	F	G
1							
2							
3	平均值项:销量	产品					
4	商店	纯牛奶	奶茶	奶片	乳酸饮料	酸牛奶	总计
5	大林店	93	48	37	165	78	84.2
6	东单店	53	246	66	20	233	123.6
7	古尖店	48	136	105	142	165	119.2
8	和平路店	5	114	258	167	382	185.2
9	解放路店	73	113	285	358	390	243.8
10	金井店	129	35	179	252	249	168.8
11	四桥店	360	230	139	19	95	168.6
12	新阳路店	260	205	54	73	82	134.8
13	延安路店	392	330	186	57	248	242.6
14	总计	157.00	161.89	145.44	139.22	213.56	163.42

Chart2 / Sheet4 / Sheet3 / Sheet2 / 二维表

图3-72 数据透视表

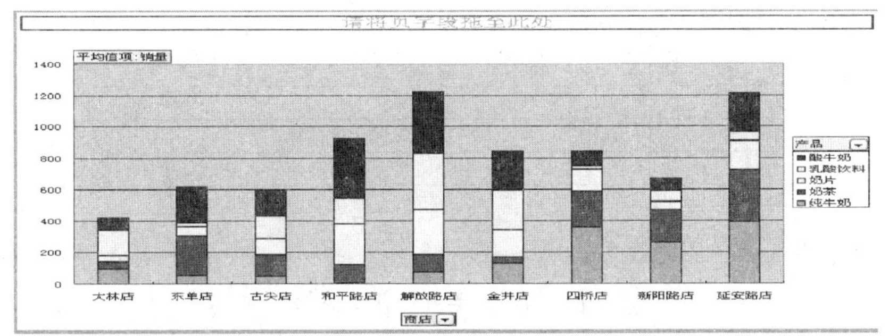

图3-73 数据透视图

步骤3 修改数据透视图，使其显示“每家商店酸牛奶的总销量情况”。

（1）单击Chart1工作表，双击左上角“平均值项：销量”，将汇总方式改为“求和”。

（2）单击图3-74上的“产品”下拉列表框，取消所有的产品，只选择“酸牛奶”。

（3）图3-75为“每家商店酸牛奶的总销量情况”透视图。

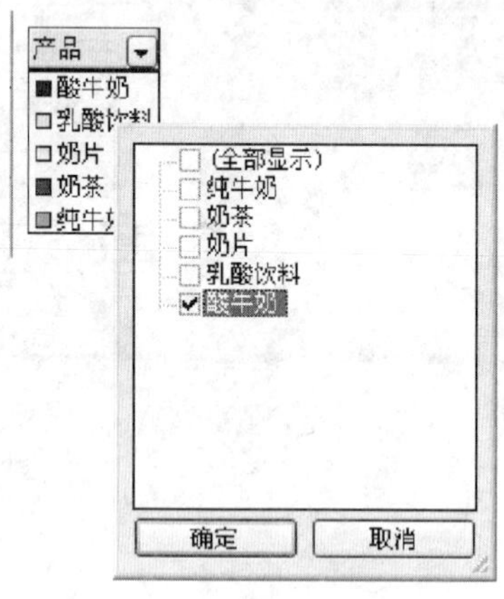

图3-74 只选“酸牛奶”

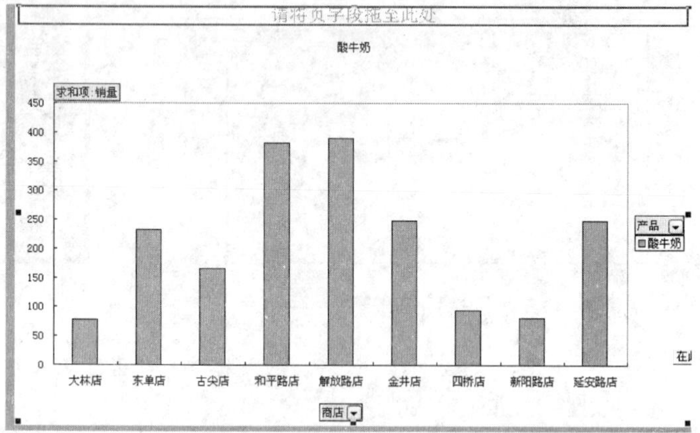

图3-75 “每家商店酸牛奶的总销量情况”透视图

实验练习题

练习一

如图3-76所示，要求：

1.用REPLACE函数设置手机号码中间四位为“#”。

2.如图3-76所示，将人民币金额转换为大写。

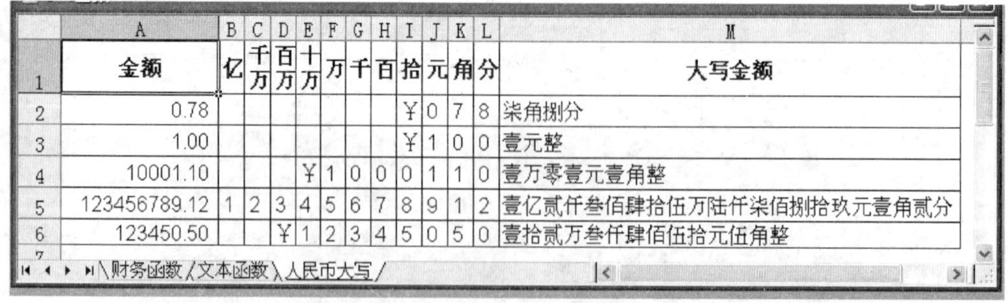

	A	B	C	D	E	F	G	H	I	J	K	L	M
1	金额	亿	千万	百万	十万	万	千	百	拾	元	角	分	大写金额
2	0.78								￥	0	7	8	柒角捌分
3	1.00								￥	1	0	0	壹元整
4	10001.10				￥	1	0	0	0	1	1	0	壹万零壹元壹角整
5	123456789.12	1	2	3	4	5	6	7	8	9	1	2	壹亿贰仟叁佰肆拾伍万陆仟柒佰捌拾玖元壹角贰分
6	123450.50			￥	1	2	3	4	5	0	5	0	壹拾贰万叁仟肆佰伍拾元伍角整

图3-76 人民币金额大写

练习二

按要求完成以下操作，图表的初始状态如图3–77、3–78、3–79所示。具体要求如下：

1.使用REPLACE函数和数组公式，将原学号转变成新学号，同时将所得的新学号填入“新学号”列中，转变方法：将原学号的第四位后面加上“5”。

2.使用IF函数和逻辑函数，对Sheet1中的“结果1”和“结果2”列进行自动填充。要求填充的内容根据以下条件确定（将男生、女生分开写进IF函数当中）。

（1）结果1：如果是男生，成绩<14.00，填充为“合格”；成绩≥14.00，填充为“不合格”。如果是女生，成绩<16.00，填充为“合格”；成绩≥16.00，填充为“不合格”。

（2）结果2：如果是男生，成绩>7.50，填充为“合格”；成绩≤7.50，填充为“不合格”。如果是女生，成绩>5.50，填充为“合格”；成绩≤5.50，填充为“不合格”。

3.对于Sheet1中的数据，根据以下条件，使用统计函数进行统计：

（1）计算“100米跑的最快的学生成绩”，并将结果填入到Sheet1的K5单元格中。

（2）统计“所有学生结果1的合格人数”，并将结果填入Sheet1的K6单元格中。

4.根据Sheet2中的贷款情况，利用财务函数对贷款偿还金额进行计算。

（1）计算“按年偿还贷款金额（年末）”，并将结果填入到Sheet2的E2单元格中。

（2）统计“第9个月贷款利息金额”，并将结果填入Sheet2的E3单元格中。

5.对Sheet3进行高级筛选。

（1）筛选条件。“性别”：男，“100米成绩（秒）”：≤12.00，“铅球成绩（米）”：≥9.00。

（2）将筛选结果保存在Sheet3中（注：无需考虑是否删除筛选条件）。

6.根据Sheet1，在Sheet4中新建数据透视表。具体要求如下：

（1）显示每种性别学生的合格与不合格总人数。

（2）行区域设置为“性别”。

（3）列区域设置为“结果1”。

（4）数据区域设置为“结果1”。

（5）计数项为结果1。

（6）将对应的数据透视表保存在Sheet4中。

	A	B	C	D	E	F	G	H
1	原学号	新学号	姓名	性别	100米成绩（秒）	结果1	铅球成绩（米）	结果2
2	2007032001		程云峰	男	12.85		7.56	
3	2007032002		程锐军	男	14.53		8.45	
4	2007032003		黄立平	男	16.11		6.54	
5	2007032004		蔡泽鸿	男	10.44		9.10	
6	2007032005		童健宏	男	13.82		6.89	
7	2007032006		吴德泉	男	11.60		10.11	
8	2007032007		陈静	男	16.32		8.82	
9	2007032008		林寻	男	11.51		6.90	
10	2007032009		吴心	男	14.61		5.73	
11	2007032010		李伯仁	男	16.67		7.39	
12	2007032011		陈醉	男	12.58		8.25	
13	2007032012		李军	男	14.28		9.33	
14	2007032013		李童	男	14.76		7.49	
15	2007032014		梁远	男	12.85		6.98	
16	2007032015		金丽勤	女	15.65		4.78	
17	2007032016		袁梅	女	16.27		5.91	
18	2007032017		齐梓宁	女	14.14		6.75	
19	2007032018		慕秀清	女	15.20		6.15	
20	2007032019		杨敏芳	女	16.25		5.93	
21	2007032020		郑含因	女	10.64		4.67	
22	2007032021		王克南	女	15.36		3.22	
23	2007032022		卢植茵	女	15.58		8.34	
24	2007032023		李禄	女	14.16		4.74	
25	2007032024		夏雪	女	11.34		6.39	
26	2007032025		孙影	女	15.75		6.11	
27	2007032026		赵士龙	女	13.45		5.43	
28	2007032027		中东	女	13.56		4.97	
29	2007032028		周至斌	女	11.37		7.44	
30								

统计表	
跑的最快的学生成绩:	
结果1的合格人数:	

Sheet1 / Sheet2 / Sheet3 / Sheet4

图3–77 Sheet1表

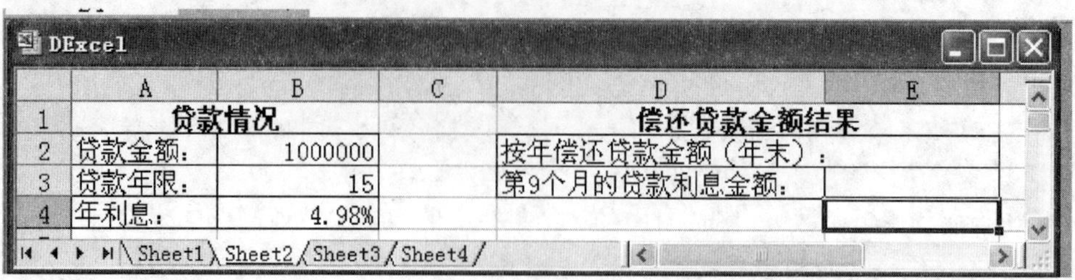

	A	B	C	D	E
1	贷款情况			偿还贷款金额结果	
2	贷款金额:	1000000		按年偿还贷款金额（年末）:	
3	贷款年限:	15		第9个月的贷款利息金额:	
4	年利息:	4.98%			

图3-78 Sheet2表

	A	B	C	D
1	姓名	性别	100米成绩（秒）	铅球成绩（米）
2	蔡泽鸿	男	10.44	9.10
3	陈静	男	16.32	8.82
4	陈醉	男	12.58	8.25
5	程锐军	男	14.53	8.45
6	程云峰	男	12.85	7.56
7	黄立平	男	16.11	6.54
8	金丽勤	女	15.65	4.78
9	李伯仁	男	16.67	7.39
10	李军	男	14.28	9.33
11	李禄	女	14.16	4.74
12	李童	男	14.76	7.49
13	梁远	男	12.85	6.98
14	林寻	男	11.51	6.90
15	卢植茵	女	15.58	8.34
16	慕秀清	女	15.20	6.15
17	齐梓宁	女	14.14	6.75
18	孙影	女	15.75	6.11
19	童健宏	男	13.82	6.89
20	王克南	女	15.36	3.22
21	吴德泉	男	11.60	10.11
22	吴心	男	14.61	5.73
23	夏雪	女	11.34	6.39
24	杨敏芳	女	16.25	5.93
25	袁梅	女	16.27	5.91
26	赵士龙	女	13.45	5.43
27	郑含因	女	10.64	4.67
28	中东	女	13.56	4.97
29	周至斌	女	11.37	7.44

图3-79 Sheet3表

第 4 章 PowerPoint 2003 操作实验

本章知识点

本章实验的主要内容是用PowerPoint软件完成常规的幻灯片制作和放映，主要知识是：在PowerPoint中制作集文字、图形、图像、声音以及视频剪辑等多媒体元素于一体的演示文稿，并实现在幻灯片上添加动画、特技效果、声音等多媒体效果，完成一个丰富多彩的演示文稿。

实验1　创建演示文稿和幻灯片的页面设置

实验目的

1.掌握PowerPoint 2003演示文稿的创建。

2.掌握PowerPoint 2003 的版式设置。

3.掌握文字格式和段落格式的设置。

4.掌握幻灯片的插入、移动和删除等操作。

5.设置幻灯片的高度和宽度。

任务描述

1. 创建PowerPoint 2003 的演示文稿。

2.设置标题幻灯片的版式。

3.在标题区输入标题文字和设置文字的格式。

4.插入新幻灯片。

5.设置幻灯片的高度和宽度。

操作步骤

步骤1 创建PowerPoint 2003 的演示文稿。

启动PowerPoint 2003 后，默认创建的演示文稿为“演示文稿1”，首先由系统自动生成一张标题幻灯片，它由主标题区和副标题区组成，如图4–1所示。其中在窗口的左边是“幻灯片的缩略图区”，中间是幻灯片的编辑区，右边是幻灯片的任务格窗口。

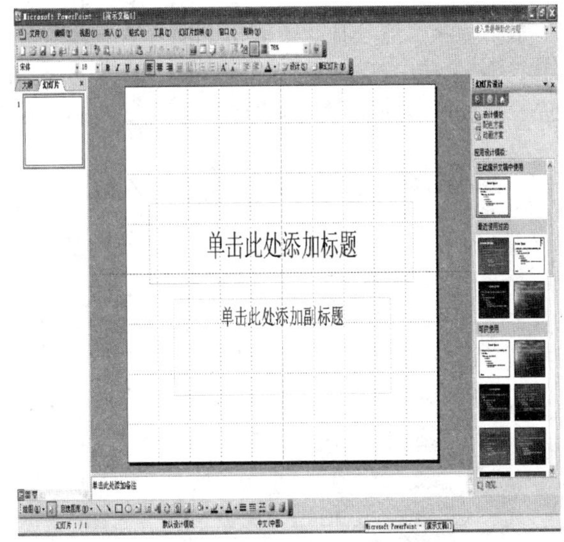

图4–1 PowerPoint 2003 启动后的界面

步骤2 设置幻灯片的主标题区。

（1）指向“单击此处添加标题”的区域，单击鼠标后输入“杭州欢迎你”。

（2）选中“杭州欢迎你”的文字或选择整个标题区后指向格式工具栏中的“字

体”组合框，选择“隶书”；指向“字号”组合框选择“66”；指向格式工具栏右侧的“字体颜色”的按钮后，打开如图4-2所示的颜色对话框。单击“其他颜色…”的按钮后出现“颜色”对话框，单击“自定义”页面后出现如图4-3所示的对话框，在“红色”、“绿色”和“蓝色”后的微调器中分别输入“255”、“255”和“0”，单击“确定”按钮。

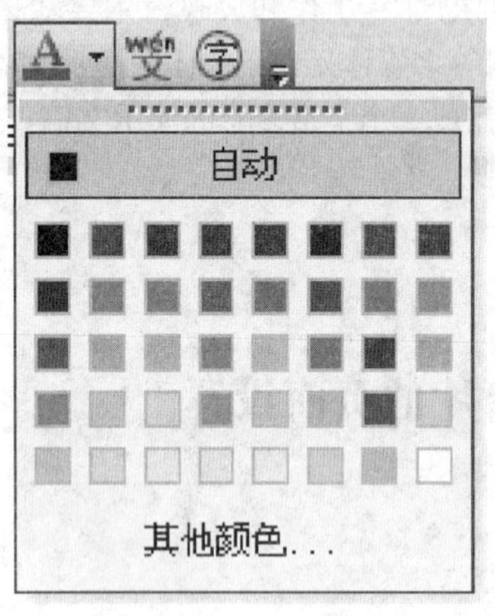

图4-2 字体颜色颜料盒

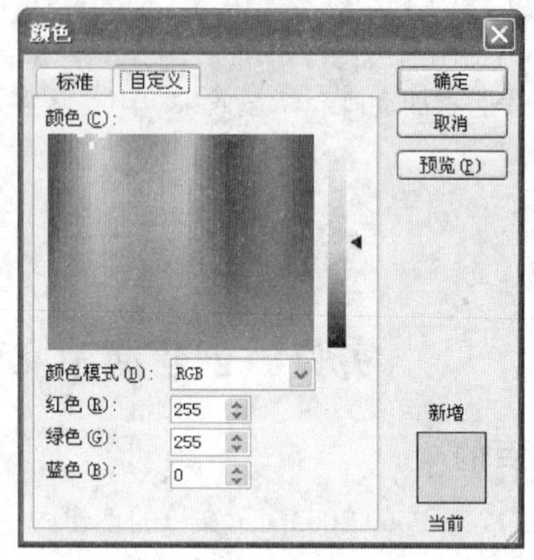

图4-3 “自定义颜色”对话框

（3）在副标题区输入“杭州旅行社”的文字后，参照上述方法完成对副标题文字的字体大小和字体颜色的设置。

步骤3 插入新幻灯片，在文本区输入5个项目。

（1）在标题区输入“杭州”，在文本区输入5个项目，分别为“杭州概况”、“学在杭州”、“游在杭州”、“住在杭州”和“吃在杭州”。

（2）选中文本区中的5个项目后，单击“格式/项目符号和编号…”后，出现如图4-4所示的对话框，选择“项目符号”页面中的第一行第四列的样式图，在左下角的“颜色”后的组合框中选择“红色”，单击“确定”按钮。

注意：如要删除这5个项目的项目符号，可先选中这5个项目符号后，再在如图4-4所示的对话框中选择“项目符号”选项卡中的第一行第一列的样式图“无”即可。

（3）选中这5个项目后，单击“格式”→“行距”后出现如图4-5所示的“行距”对话框，设置段前和段后的间距都为“0.25行”，单击“确定”按钮。

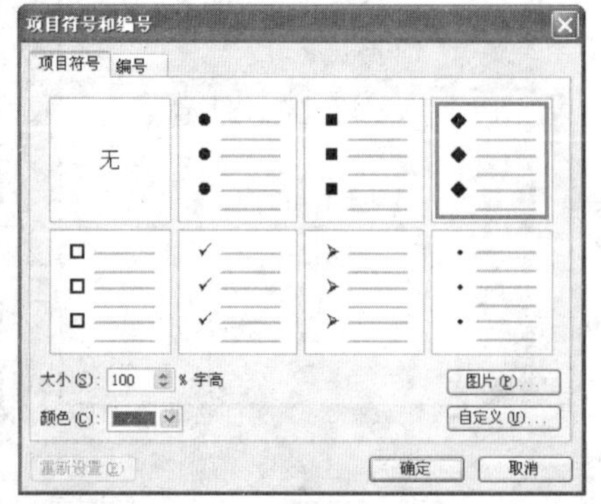

图4-4 项目符号和编号

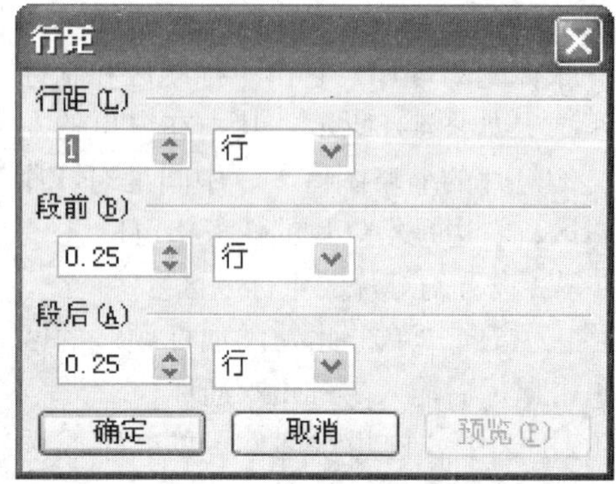

图4-5 设置文本区的行距和段间距

步骤4 设置演示文稿中所有幻灯片的高度为12英寸，宽度为9英寸。

单击“文件”→“页面设置”菜单命令后，出现如图4–6所示的对话框，将系统默认的幻灯片的宽度从10英寸设置成12英寸；将高度从默认的7.5英寸设置成9英寸，此时幻灯片大小的方案从系统默认的“在屏幕中显示”改成“自定义”。

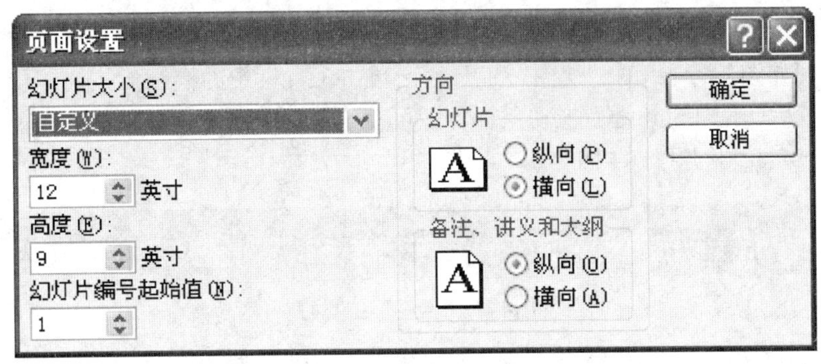

图4–6 演示文稿所有幻灯片的页面设置

步骤5 将演示文稿保存为“杭州欢迎你.ppt”。

单击“工具栏”的保存按钮或执行“文件”→“保存”的菜单命令，在文件名处采用默认的文件名“杭州欢迎你”进行保存。

实验2 创建自选图形、三维图形和艺术字

实验目的

1. 根据自选图形的模板创建和编辑图形。
2. 插入和编辑文本框。
3. 创建三维图形和设置图形的阴影。
4. 插入和设置艺术字。
5. 插入剪贴画。

任务描述

1. 在幻灯片中插入自选图形和设置图形内的填充图像。
2. 在图形区插入和编辑文本框。
3. 使用“绘图工具栏”创建三维图形和设置三维图形的填充效果。
4. 在幻灯片中创建和设置艺术字。
5. 在幻灯片中创建和编辑剪贴画。

操作步骤

步骤1 打开演示文稿“杭州欢迎你.ppt”，插入第3张空白幻灯片，在幻灯片的中心位置插入

一个填充纹理为“蓝色面巾纸”的圆，在圆内部插入一个水平的文本框，并输入文字为“学在杭州”，设置字体为“隶书”，字号为“40”，字体颜色为“红色”，并添加“阴影”效果。

（1）启动PowerPoint 2003 后，单击工具栏中的“打开”按钮，打开文件“杭州欢迎你.ppt”，指向第2张幻灯片后，单击“插入”→“新幻灯片”，选择“任务格窗口”中的“空白”版式。

（2）单击“视图”→“工具栏”→“绘图”，使得“绘图”前出现“√”的选中状态，在屏幕的底部出现如图4-7所示的“绘图”工具栏。单击工具栏中的椭圆形按钮，将鼠标定位到幻灯片的中心位置后，按住Shift键后拖动鼠标，即可在幻灯片中画出一个默认填充色为“白色”的圆，再调整圆的位置到幻灯片的中心位置。

图4-7 “绘图”工具栏

（3）选中图形“圆”后，单击右键，选择快捷菜单中的“设置自选图形格式”命令，出现如图4-8所示的对话框，单击“颜色”后的组合框中向下按钮，单击“填充效果…”按钮，在出现的“填充效果”的对话框中单击“纹理”选项卡后出现如图4-9所示的对话框，单击第三行第一列的图标，在图形列表区下方的标签中出现了“蓝色面巾纸”的提示信息，表示选中“蓝色面巾纸”作为图形“圆”的填充色。

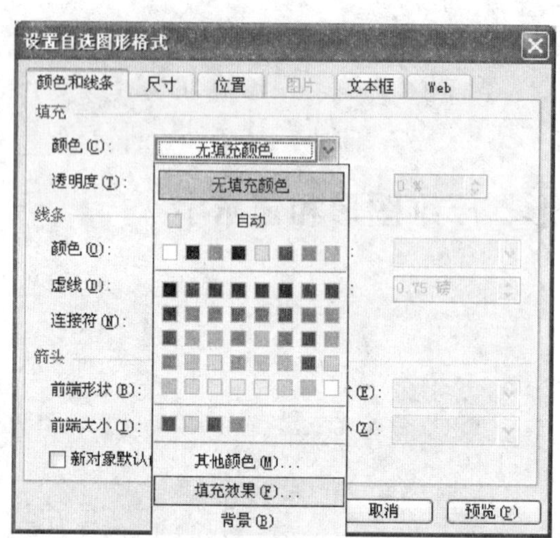

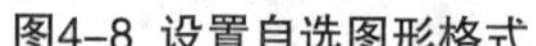

图4-8 设置自选图形格式

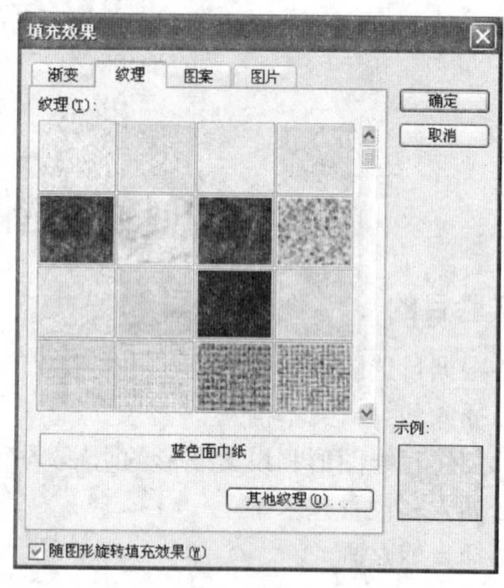

图4-9 设置对象的填充效果“纹理”

（4）单击“绘图”工具栏中的“文本框 ”按钮，指向“圆”所在的区域后单击鼠标左键，就可在圆的上层创建一个文本框，再在文本区输入“学在杭州”，选中文本后依次设置字体为“隶书”，字号为40，单击“格式”→“字体（F）…”菜单命令后，设置字体颜色为红色，指向“效果”区选中“阴影”，即可完成文本“学在杭州”的字体格式设置。

步骤2 在幻灯片中插入一个类型为“流程图：可选过程”的自选图形，设置该图形的阴影样式为13，填充图像文件名为“房产.jpg”,并在图像的中心区域输入文字“浙江大学”，字体颜色为“黄色”，要求采用“自定义标签中的红色255，绿色255，蓝色0”的方式来设置。

（1）单击“绘图”工具栏中的“自选图形”按钮，在弹出菜单中选择“流程图”→“可选过程”按钮，如图4-10所示。

（2）在幻灯片的左上角区域拖动鼠标，即可在该区域画出一个带圆角的矩形，选中该对象后，单击右键选择“设置自选图形格式”的快捷菜单命令，在出现的“设置自选图形格式”的对话框中，在“颜色”后的组合框中选择“填充效果”命令按钮，在出现的“填充效果”的对话框中单击“图片”选项卡，出现如图4-11的对话框，单击“选择图片（L）…”的命令按钮后，再在出现的“选择图片”对话框中选择图片文件“房产.jpg”，最后依次单击各个窗口的“确定”按钮后即可完成圆角矩形内填充图像的设置。

图4-10 “自选图形”菜单

（3）选择圆角矩形后，单击“绘图”工具栏中的“阴影样式”按钮，在向上弹出的“阴影样式”列表中选择第4行第1列的图标（阴影样式13）后即可完成圆角矩形的阴影样式的设置，如图4-12所示。

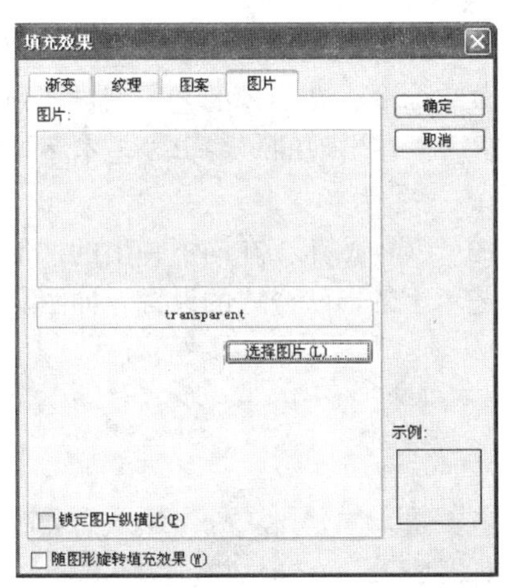

图4-11 填充效果为“图片”的对话框

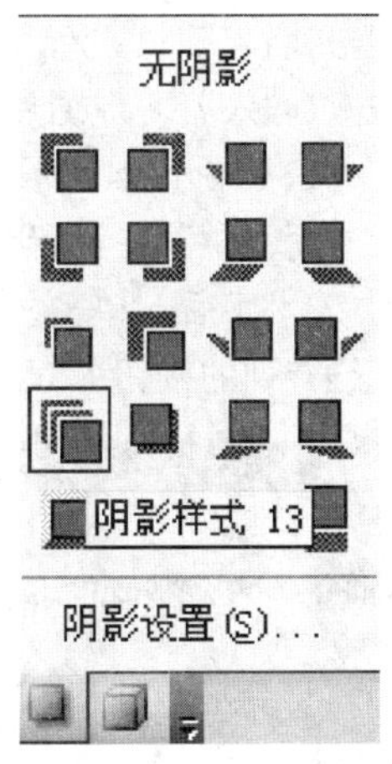

图4-12 图形的阴影样式设置

（4）单击“绘图”工具栏中的“文本框 ”按钮，指向“圆角矩形”所在的区域后单击鼠标左键，就可在该图形的上层创建一个文本框，再在文本区输入“浙江大学”，选中文本后依次设置字体为“隶书”，字号为40，单击“格式”→“字体（F）…”菜单命令后，设置字体颜色为黄色。

步骤3 依次在幻灯片的右上角、左下角和右下角创建与步骤2相同的圆角矩形，不同的是设置的文本分别为“浙江工商大学”、“杭州第二中学”和“杭州学军小学”。

（1）选择圆角矩形后，单击工具栏中的“复制”按钮，分别在幻灯片的右上角、左下角和右下角单击工具栏中的“粘贴”按钮。

（2）依次将右上角、左下角和右下角圆角矩形的文本改写成“浙江工商大学”、“杭州第二中学”和“杭州学军小学”，完成后的效果图如图4-13所示。

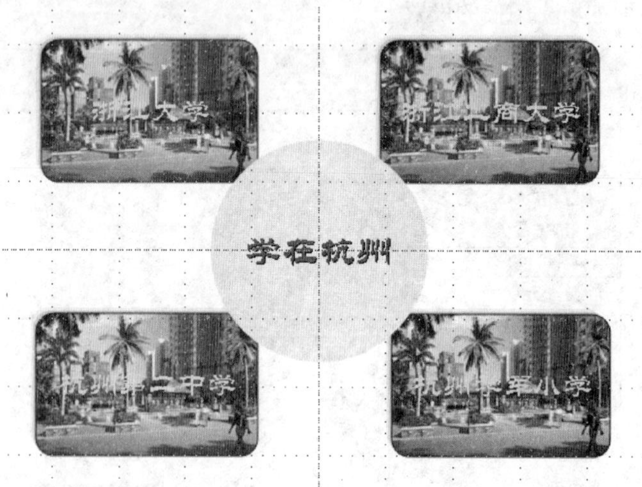

图4-13 新幻灯片完成后的效果图

步骤4 插入4张空白幻灯片，在幻灯片的上部插入一个文本为“浙江工商大学”、字体为“华文行楷”和字号为40的艺术字，艺术字的形状样式为“双波形1”，艺术字的样式为样式列表中的第3行第4列。

（1）单击“插入”→“新幻灯片”后，单击“幻灯片版式”窗口中的“空白”版式。

（2）单击“插入”→“图片”→“艺术字”的菜单命令，在出现的艺术字样式列表中选择第3行第4列的样式，如图4-14所示。单击“确定”按钮后，在出现的“编辑‘艺术字’文字”对话框输入“浙江工商大学”，设置字体为“华文行楷”，字号为40。

（3）选中艺术字后，单击“艺术字”工具栏中的“”按钮，在向下弹出的“形状”样式列表中选择第3行第7列的按钮（双波形1），即可完成艺术字的形状样式的设置。如图4-15所示。

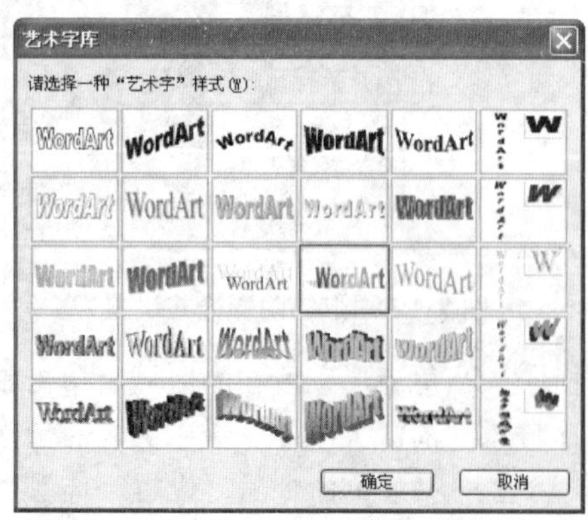

图4-14 艺术字的样式表

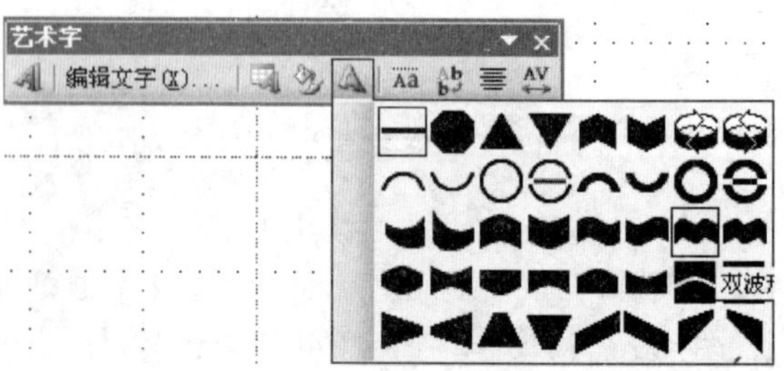

图4-15 艺术字的形状样式

步骤5 在幻灯片的中央位置创建一个长方体的三维图形，要求正面的填充图像为“工商大学行政楼”，上侧面和右侧面的填充色为红色。

（1）在“绘图”工具栏中单击“矩形”按钮，拖动鼠标在中央区域画出一个矩形。

（2）选中“矩形”后，单击“绘图”工具栏中的“三维效果样式”按钮，出现如图4–16所示的“三维样式”列表，单击第1行第1列的三维样式1。

（3）采用步骤3的操作方法设置三维图形正面的填充效果为“工商大学行政楼”，单击“绘图”工具样中的“三维样式”按钮，在弹出的样式列表的下方单击“三维设置（3）…”按钮，出现如图4–17的“三维设置”的工具栏。单击“三维颜色”按钮，选择“红色”按钮即可完成将长方体的上侧面和右侧面颜色设置为红色。

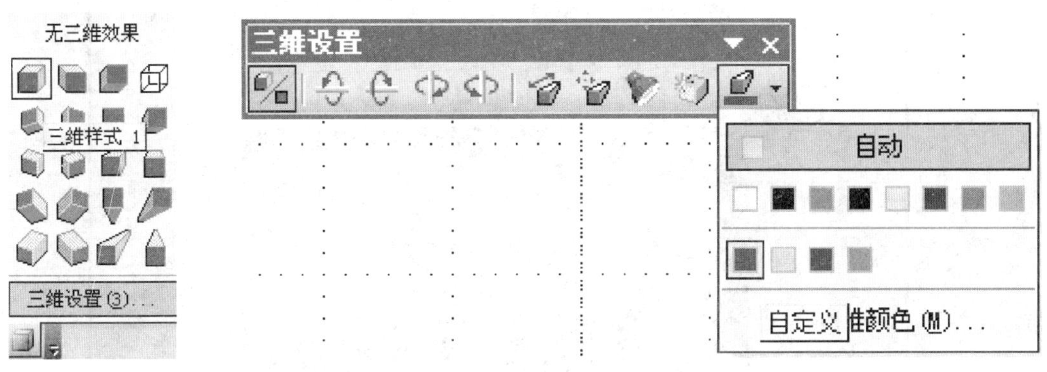

图4–16 三维样式列表　　图4–17 三维颜色

步骤6 在幻灯片的左上角区域添加一个剪贴画，剪贴画是在“OFFICE收藏集/保健”中的第2个图形。

（1）执行“插入”→“图形”→“剪贴画”的菜单命令，任务格窗口变成如图4–18所示的窗口。单击任务格下方的“管理剪辑”的超链接文字，出现如图4–19所示的“Microsoft剪辑管理器”对话框。

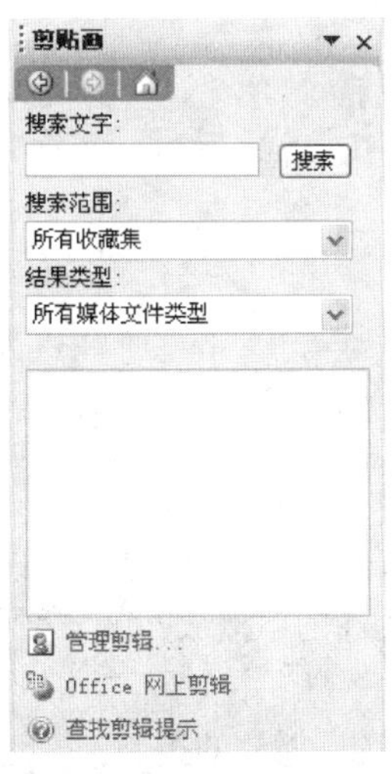

图4–18 任务格“剪贴画”

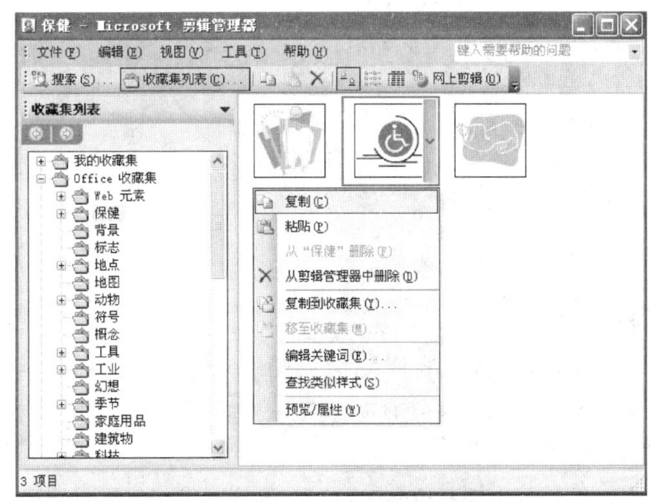

图4–19 Microsoft剪辑管理器

（2）指向“Office收藏集/保健”的文件夹，单击第2个图形右侧的按钮后选择“复制”命令，返回到幻灯片的左上角，单击“粘贴”命令即可完成剪贴画的插入。

注：插入本机的剪贴画时，不要在“搜索文字”下方的文本框输入相关的文字后进行搜索，因为在默认情况下，首先在Internet网上进行搜索，搜索的时间会很长，建议通过单击“管理剪辑”的超链接文字后，在本机提供的“Microsoft剪辑管理器”中进行查找。

（3）完成的效果图如图4-20所示。

图4-20 第4张幻灯片完成后的效果图

实验3 插入Flash动画、影片和声音

实验目的

1. 在幻灯片中插入Flash动画。
2. 在幻灯片中插入影片。
3. 在幻灯片中插入声音。

任务描述

1. 在幻灯片中插入Flash动画文件后设置Movie属性。
2. 在幻灯片中插入视频文件后，添加三个触发器按钮来控制视频文件的“播放”、“暂停”和“停止”等操作。
3. 在幻灯片中插入声音文件后，添加一个“播放”的触发器后进行音乐播放的控制。

操作步骤

步骤1 打开演示文稿“杭州欢迎你.ppt”，插入第5张“只有标题”的幻灯片，在标题区输入“浙江工商大学全景图”，在其他位置区插入一段Flash动画，对应的文件名为“工商大学.SWF”。

（1）将当前幻灯片定位到第4张幻灯片（当前最后一张幻灯片）后，单击“插入”→“新幻灯片”就可插入第5张幻灯片，在标题区输入“浙江工商大学全景图”，采用合适的字体名称、字体大小和字体颜色设置文本。

（2）单击“视图”→“工具栏”→“控件工具箱”，展开“控件工具箱”的工具栏，如图4-21所示。

图4-21控件工具箱

（3）单击工具栏中的“其他控件”按钮，在弹出的列表框中选择“Shockwave Flash Object”选项，再在幻灯片的空白位置拖动鼠标画出一个矩形区域。

（4）指向该区域后单击右键，在弹出的快捷菜单中选择“属性”命令，出现如图4-22所示的“属性”窗口，在属性名为“Movie”后的文本区输入Flash文件的路径和完整文件名。

（5）设置Flash的矩形区域，使得在该区域内刚好能显示Flash动画。完成后的效果如图4-23所示。

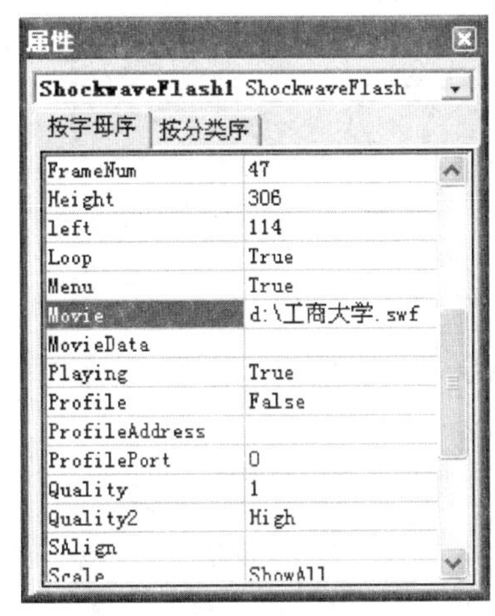

图4-22 控件的属性窗口

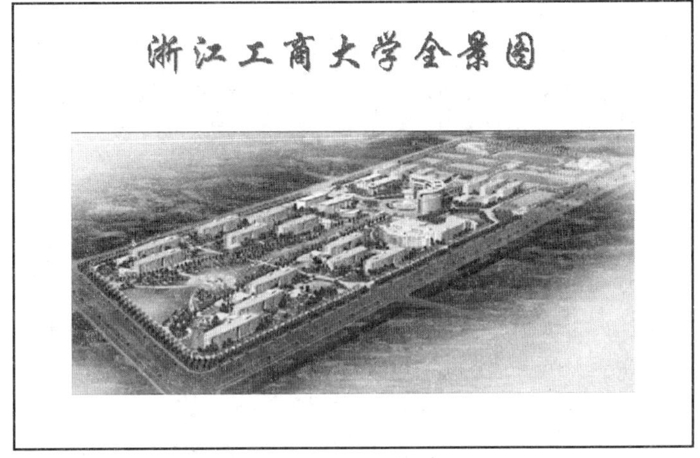

图4-23 第5张幻灯片插入Flash动画后的效果图

步骤2 插入第6张“只有标题”的幻灯片，在标题区输入“欢迎来西湖主题曲”，在其他位置区插入一段视频，对应的文件名为“欢迎来杭州.wmv”，并添加三个触发器，分别控制视频的“播放”、“暂停”和“停止”。

（1）执行“插入”→“新幻灯片”菜单命令插入第6张幻灯片，单击“任务窗口”中的“只有标题”幻灯片的版式，在标题区输入文字“欢迎来西湖主题曲”，自行设置字体名称和字体大小等属性。

（2）执行“插入”→“影片和声音”→“文件中的影片”的菜单命令，在出现的“插入影片”对话框中选择影片文件“欢迎来杭州.wmv”插入到当前幻灯片的中央位置，在操作过程中出现的视频是自动播放还是单击后播放中选择“在单击时”。

（3）执行“幻灯片放映”→“动作按钮”→“动作按钮：自定义”的菜单命令，如图4–24所示。在视频区域的下方插入3个自定义的动作按钮，并将每个动作按钮的动作设置为“无”，如图4–25所示。

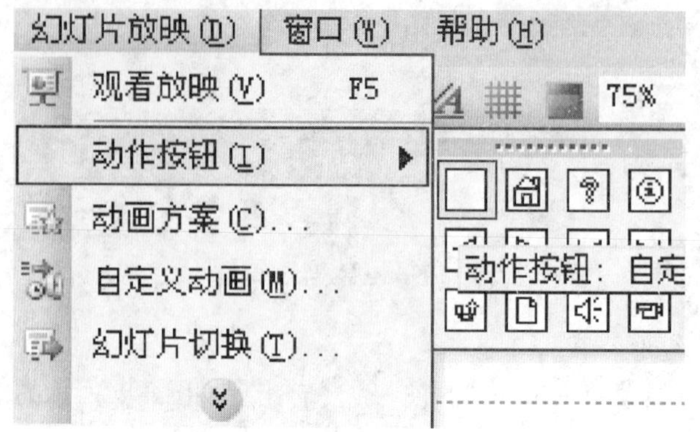

图4–24 插入自定义动作按钮

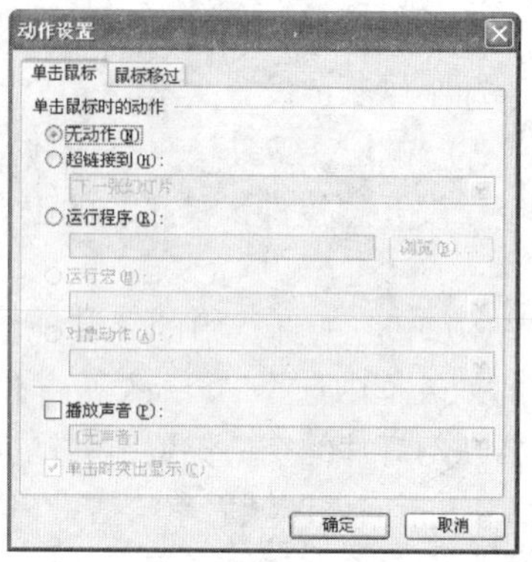

图4–25 自定义的动作按钮设置为“无动作”

（4）指向第1个按钮后，单击鼠标右键，在弹出的快捷菜单中选择“添加文本”命令，输入“播放”的文字，同理在第2个和第3个按钮上添加文字“暂停”和“停止”。

（5）执行“幻灯片放映”→“自定义动画”的菜单命令，将插入视频时生成的动画删除，选定视频所在的区域后，执行任务窗口中的“添加效果”→“影片操作”→“播放”的命令，在动画效果列表中双击刚创建的效果，出现了“播放/影片”的对话框，单击“计时”选项卡后单击“触发器”按钮，选择弹出的“单击下列对象启动效果”后的列表框内的“动作按钮：自定义3：播放”的列表项，如图4–26所示。这样就完成了视频的“播放”功能与单击“播放”按钮的单击事件相关联。

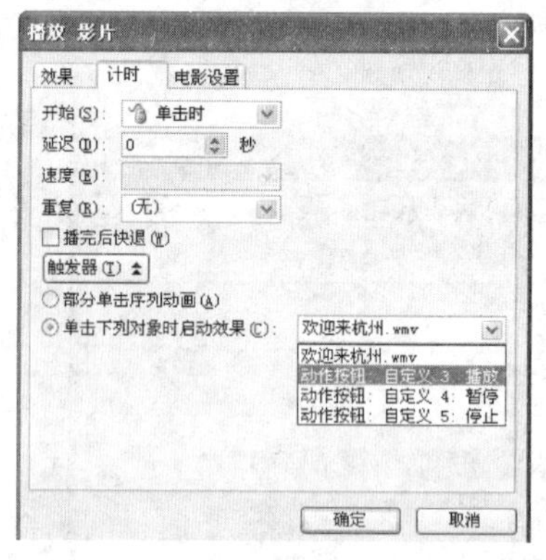

图4–26 设置“视频”的“播放”功能与自定义按钮“播放”的关联

（6）依次设置视频的“暂停”功能、“停止”功能与自定义的动作“暂停”按钮、“停止”按钮的关联。以上实际上是采用自定义按钮的触发器事件完成对视频的播放、暂停和停止操作。

步骤3 插入第7张“只有标题”的幻灯片，在标题区输入“杭州市歌——梦想天堂”，在标题区的下方插入一个文本框，文本框输入“梦想天堂”的歌词；在其他位置插入一个声音文件，文件名为“梦想天堂.mp3”，并添加一个“播放”按钮作为触发器，来控制声音的“播放”操作。

（1）执行“插入”→“新幻灯片”菜单命令插入第7张幻灯片，单击“任务窗口”中的“只有标题”幻灯片的版式，在标题区输入文字“杭州市歌——梦想天堂”，自行设置字体名称和字体大小等属性。

（2）执行“插入”→“文本框”→“垂直”的菜单命令，在文本框中输入“梦想天堂”的歌词。将字体大小设置为26磅，行距设置为1.1倍。

（3）执行“插入”→“影片和声音”的菜单命令，在“插入声音”的对话框中选择“梦想天堂.mp3”的声音文件，在弹出的对话框中设置“单击”作为启动声音的播放。

（4）执行“幻灯片放映”→“动作按钮”→“动作按钮：自定义”的菜单命令，如图4-24所示。在视频区域的下方插入一个自定义的动作按钮，并将每个动作按钮的动作设置为“无”，指向该按钮后，单击鼠标右键，在弹出的快捷菜单中选择“添加文本”命令，输入“播放”。

（5）选择“ ”按钮后，执行“幻灯片放映”→“自定义动画”的菜单命令，在动画效果列表中双击刚创建的效果，单击任务窗口中的“更改”→“声音操作”→“播放”的命令，再次双击刚才创建的效果，在出现的“播放”→“声音”的对话框中，单击“计时”选项卡后单击“触发器”按钮，选择弹出的“单击下列对象启动效果”后的列表框内的“动作按钮：自定义3：播放”的列表项。这样就实现了声音文件的“播放”功能与单击“播放”按钮的单击事件相关联。

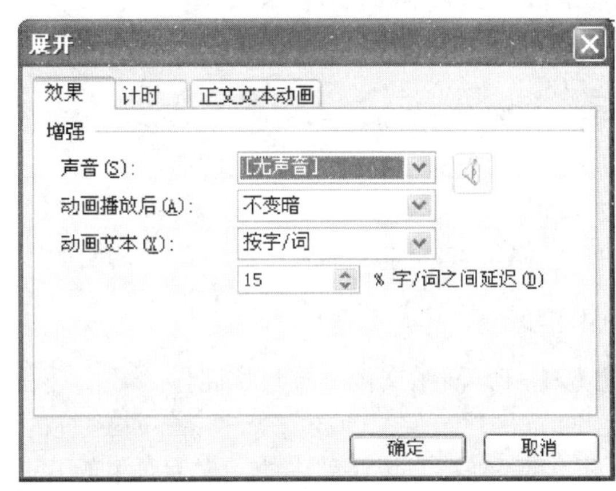

图4-27 “效果选项”中的效果选项卡

（6）选择“文本框”后，执行“幻灯片放映”→“自定义动画”的菜单命令，在出现的“自定义动画”任务窗口中执行“添加效果”→“进入”→“展开”命令。

（7）选择效果列表中的“形状2 我们…”后单击右键，选择“效果选项”的快捷菜单命令，出现了如图4-27所示的对话框，选择“效果”选项卡内的“动画文本”中的“按字/词”选项，并设置“字/词之间延迟”的比例为15%

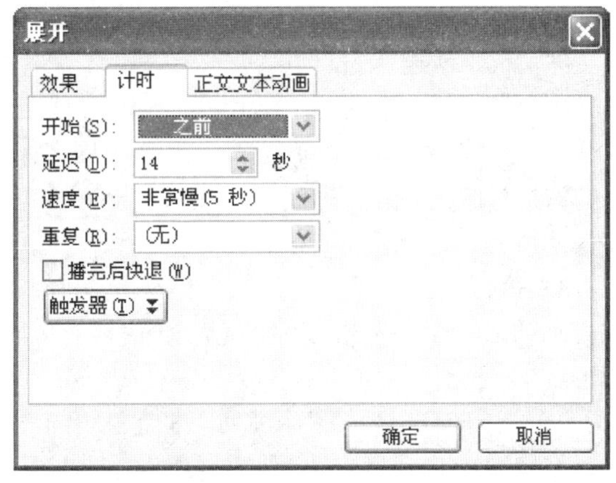

图4-28 “展开”效果中的“计时”设置

（8）单击“展开”对话框中的“计时”选项卡，将“开始”后的选项设置为“之前”；将“延迟”后的选项设置为“14秒”；这两个选项的设置表示该对象的“展开”动画在前一对象的动画开始后“14秒”才开始。再设置展开的“速度”为“非常慢（5秒）”，如图4-28所示。

（9）调整或确认“自定义动画”列表中两个对象的动画效果项的前后顺序，要求是先播放声音后展开垂直文本框中的文字。

（10）完成后的效果图如图4-29所示。

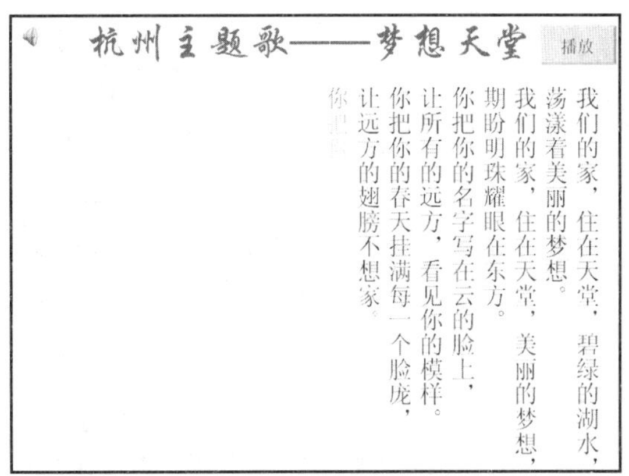

图4-29 第7张幻灯片完成后的效果图

实验4 插入和编辑Excel图表

实验目的

1. 在PowerPoint 2003 中插入Excel图表。
2. 编辑Excel表格和设置图表类型。
3. 设置Excel图表的自定义动画。

任务描述

1. 在PowerPoint 2003 创建Excel图表。
2. 编辑Excel图表的类型、选项等。
3. 设置图表的自定义动画。

操作步骤

步骤1 打开演示文稿“杭州欢迎你.ppt”，插入第8张“只有标题”的幻灯片，在标题区输入“EXCEL范例1”，在其他位置区插入一张系统内置的Excel范例图表，设置图表的类型为“簇状柱形图”和添加图表以序列中的元素为对象的“渐变”动画。

（1）执行“文件”→“打开”的菜单命令，打开文件“杭州欢迎你.ppt”。

（2）移到最后1张幻灯片后，执行“插入”→“新幻灯片”的菜单命令，选择“只有标题”的幻灯片版式，在标题区输入文字“EXCEL范例1”。

（3）执行“插入”→“图表”的菜单命令，系统自动插入一个Excel的范例图表，如图4-30所示。

（4）指向Excel表格中第1列第3行右侧的图双击，在图表中自动删除第3列数据所对应的柱形图。

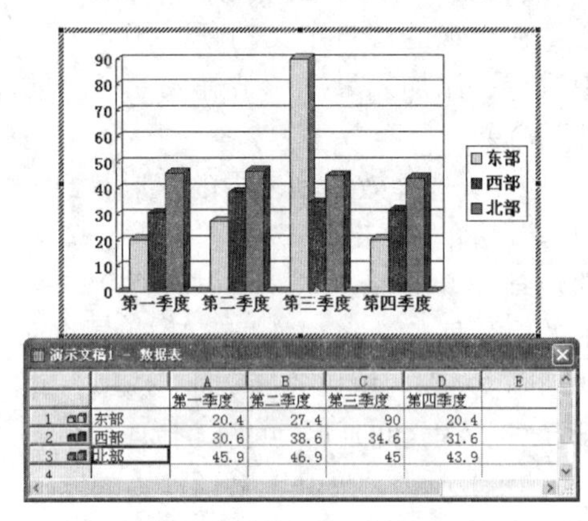

图4-30 插入图表后的效果图

（5）关闭Excel表格后，指向图表区的任意位置，单击鼠标右键选择“图表类型”的快捷菜单命令，出现如图4-31的“图表类型”对话框，将默认的“三维簇状柱形图”改成二维的“簇状柱形图”。

（6）选中“图表”后，执行“幻灯片放映”→“自定义动画”的菜单命令，单击“添加效果”→“进入”→“渐变”，然后双击生成的动画方案，在“渐变”的对话框中选择“图表动画”页面，在“组合图表”后的组合框中选择“按序列中的元素”选项，如图4-32所示。

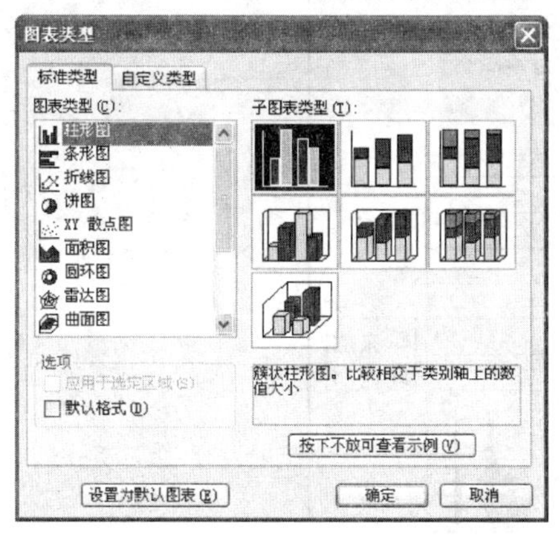

图4-31 “图表类型”对话框

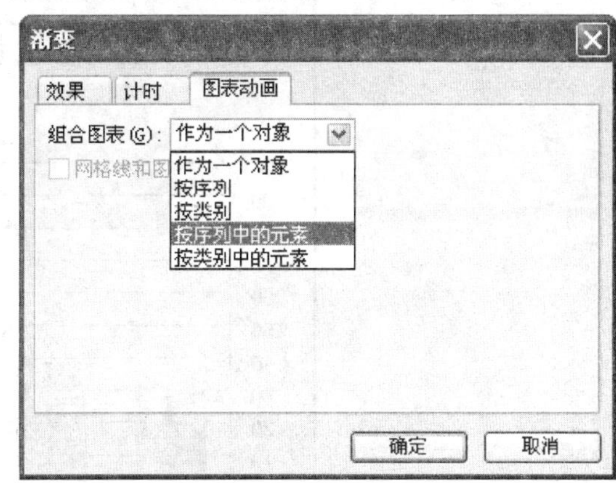

图4-32 “渐变”图表动画选项

（7）最后生成由9个对象组成的“渐变”动画，其中第1个是坐标系的“渐变”动画，其他依次是序列1（即东部）的4个方柱的“渐变”动画，最后是序列2（即西部）的4个方柱的“渐变”动画。

步骤2 打开演示文稿“杭州欢迎你.ppt”，插入第9张“只有标题”的幻灯片，在标题区输入“EXCEL范例2”，在其他位置区插入一张系统内置的Excel范例图表，设置图表的类型为“簇状柱形图”，设置图表内的方柱为由垂直过渡的颜色填充的圆柱，对同一序列中的圆柱设置同时进行的“切入”操作。

（1）重复步骤1中的1-5步，完成在第9张幻灯片中插入一个图表。

（2）选中图表后单击右键，执行“组合”→“取消组合”的快捷菜单命令，在出现的“是否转换”的信息框中单击“确定”按钮，表示该图表因“取消组合”后，会将图表内的数据与Excel表格中的数据取消链接，从而造成数据的丢失。

（3）再次执行“组合”→“取消组合”的快捷菜单命令，从而使图表内的所有元素都取消组合。

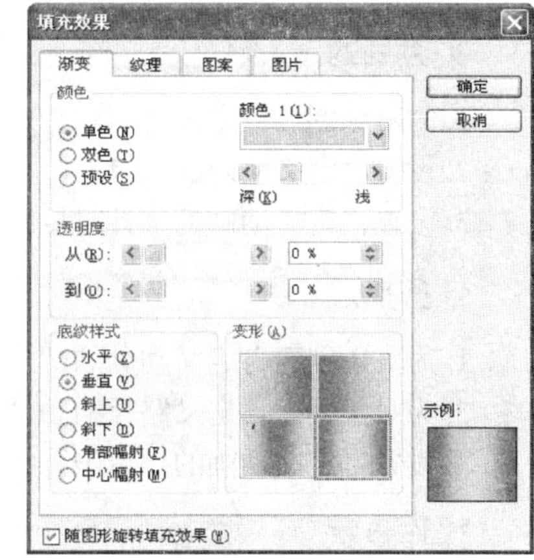

图4-33 “填充效果”对话框

（4）选中代表“东部”的4个方柱，单击鼠标右键选择“设置自选图形格式”，在出现的“设置自选图形格式”对话框中单击“颜色”后组合框内的“填充效果”，出现如图4-33所示的“填充效果”对话框，在“颜色”后的组合框内选择“黄色”，底纹样式为“垂直”，选择“变形”中的第4个样式。

（5）同理设置代表“西部”的4个方柱为“蓝色”渐变的填充色。

（6）选择代表“东部”的4个圆柱后，执行“幻灯片放映”→“自定义动画”的菜单命令，在任务窗口中选择“添加效果”→“进入”→“切入”的命令。同理设置代表“西部”的4个按钮为“切入”的自定义动画。

（7）完成后的效果图如图4-34所示。

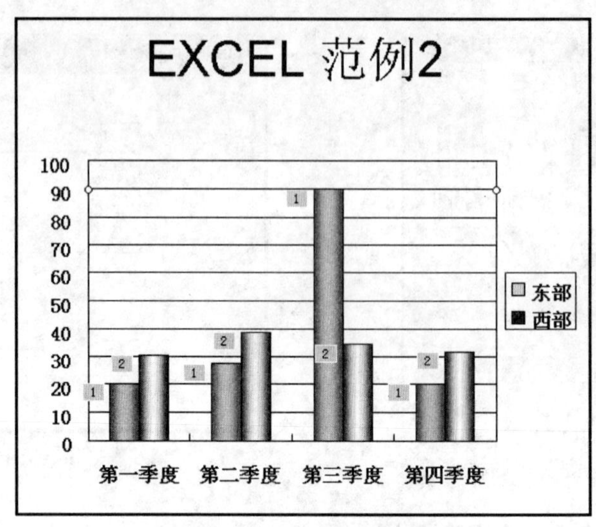

图4-34 第9张幻灯片完成后的效果图

实验5 设置对象的自定义动画

实验目的

1. 为对象创建自定义动画。
2. 设置自定义动画的“单击”事件。
3. 设置自定义动画的“计时控制”事件。

任务描述

1. 为对象创建自定义动画的“进入”、“强调”和“退出”效果。
2. 为对象创建自定义路径的动画效果。
3. 设置自定义动画的“单击”或“计时控制”事件。

操作步骤

步骤1 打开演示文稿“杭州欢迎你.ppt”，插入第10张“只有标题”的幻灯片，在标题区输入“住在杭州”，在其他位置插入三个“自选图形”→“流程图”→“流程图：可选过程”的图形，同时在这三个图形的上方分别添加三个文本框，文本框内的文字分别为“杭州公寓”、“杭州别墅”和“杭州宾馆”。

（1）执行“文件”→“打开”的菜单命令，打开文件“杭州欢迎你.ppt”。

（2）移到最后1张幻灯片后，执行“插入”→“新幻灯片”的菜单命令，选择“只有标题”的幻灯片版式，在标题区输入文字“住在杭州”。

（3）单击“绘图”工具栏中的“自选图形”按钮，在向上弹出的菜单中选择“流程图”→“流程图：可选过程”的按钮后，在幻灯片的中间位置画出一个带圆角的矩形。

（4）指向该图形后，单击右键选择“设置自选图形格式”的快捷菜单命令，在出现的“设置自选图形格式”的对话框，单击“填充”→“颜色”→“填充效果”的选项，在出现的“填充效果”中选择“单色”→“其他颜色”选项，将出现一个颜色对话框，单击“自定义”选项卡后，出现如图4–35所示的对话框，在“颜色模式”中选择“RGB”，在“红色”、“绿色”和“蓝色”后的微调器分别输入“153”、“204”和“0”。单击“确定”按钮返回到“填充效果”对话框后，在“底纹样式”中选择“水平”，在“变形”的样式表中选择第3个。

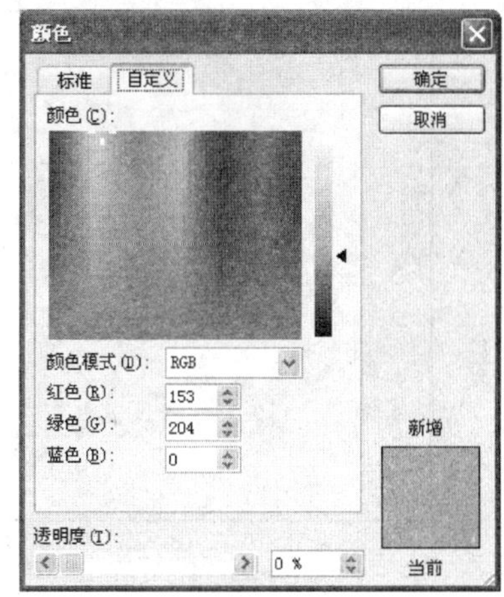

图4–35 “自定义”颜色对话框

（5）重复第4步，再创建两个类似的自定义图形，使得三个按钮分别在垂直方向上处于上中下位置。

（6）执行“插入”→“文本框”→“水平”的菜单命令，在幻灯片的其他位置单击后输入“杭州公寓”，并设置该文本框的字体名称为“华文行楷”，字体大小为40，字体颜色为“黄色”，然后将文本框放在第一个自选图形的上方。

注意：执行“插入”→“文本框”→“水平”的菜单命令后不要在自选图形的内部单击鼠标，否则输入的文本将自动嵌入到自选图形中，即刚创建的文本框与自选图形会自动组成一个整体。

（7）重复第6步，分别在第2个和第3个自选图形的上方创建文本框，文本框内的文字分别为“杭州别墅”和“杭州宾馆”，同时设置字体颜色分别为“蓝色”和“红色”。

步骤2 将3个自选图形和3个文本框的“进入”效果设置为“渐变”；将3个自选图形的第1个“强调”效果设置为“放大和缩小”，设置放大比例为“150%”，第2个强调效果也设置为“放大和缩小”，但比例为“66.7%”；最后将3个自选图形和3个文本框的“退出”效果设置为“菱形”。

（1）将鼠标指向三个自选图形的左上角，拖动鼠标在幻灯片视图上画出一个矩形，该矩形要包含3个自选图形和3个文本框，如图4–36所示。释放鼠标左键后，系统自动选择矩形框内的所有对象，即已选择了幻灯片中所有的自选图形和文本框。

（2）执行“幻灯片放映”→“自定义动画”的菜单命令，单击右侧出现的“自定义动画”的“添加效果”按钮，选择“进入”→“渐变”选项，即可完成将3个自选图形和3个文本框的动画效果设置为“进入”→“渐变”的效果。

（3）选择第1个自选图形后，单击右侧窗口中的“自定义动画”→“添加效果”→“强调”选项，选择“放大/缩小”，采用默认的放大比例“150%”。再次单击右侧窗口中的“自定义动画”→“添加效果”→“强调”选项，选择“放大/缩小”，但放大比例从默认的“150%”改为“66.7%”。

（4）选择第2个自选图形后，单击右侧窗口中的“自定义动画”→“添加效果”→“强调”选项，选择“放大/缩小”，采用默认的放大比例“150%”。指向刚创建的“圆角矩形 2”的动画方案选项后，双击鼠标左键，出现了如图4–37所示的“放大/缩小”的对话框，单击“计时”选项卡，将“开始”后的组合框的选项值从默认的“单击时”改成“之前”，其他选项采用默认值，这样就将第1个自选图形的“缩小为原来66.7%”的动画与第2个自选图形的“放大到原来的150%”的动画组合成“同时进行”的动画效果。

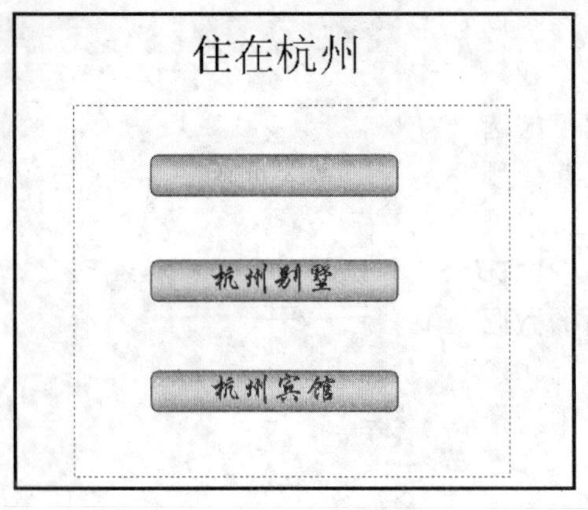

图4-36 选择幻灯片中“所有对象”

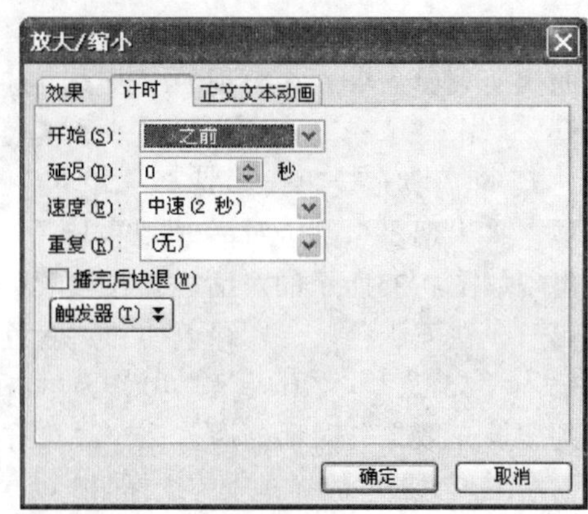

图4-37自定义动画的选项设置

（5）重复第3步和第4步，完成第2个自选图形的第2个强调效果为“放大/缩小”、比例为“66.7%”的动画效果和第3个自选图形的第1个强调效果为“放大/缩小”、比例为“150%”的动画效果。

（6）重复第3步，完成第3个自选图形的第2个强调效果为“放大/缩小”、比例为“66.7%”的动画效果。

（7）重复第1步，将3个自选图形和3个文本框的“退出”效果设置为“菱形”。完成后的效果图如图4-38所示，3个自选图形和3个文本框设置的动画效果列表如图4-39所示。

说明：图4-39中的圆角矩形4、矩形2和矩形6分别表示第1个、第2个和第3个自选图形，形状5、形状3和形状7分别表示第1个、第2个和第3个文本框。

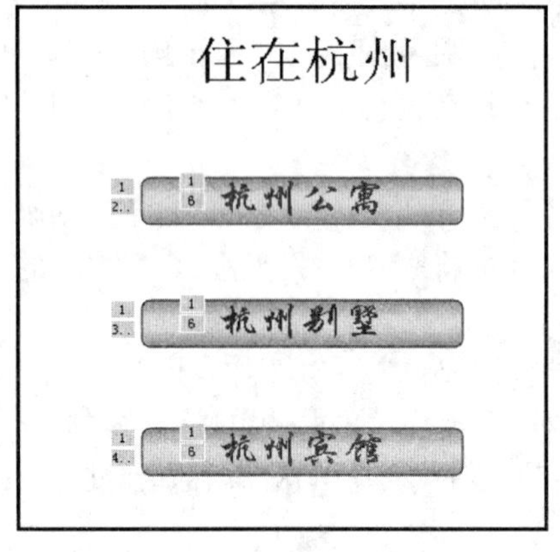

图4-38 完成后的效果图

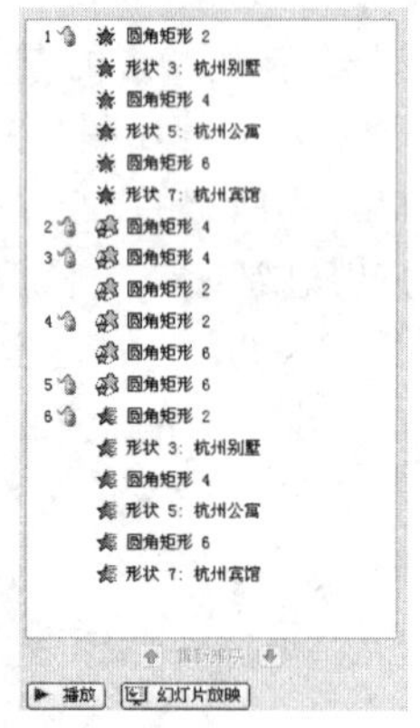

图4-39 各对象设置的动画效果列表

步骤3 插入第11张版式为“只有标题”的幻灯片，在标题区输入“杭州公寓”，在其他位置插入3张图片，图片的文件名分别是“观澜时代.jpg”、“金色蓝庭.jpg”和“上东城.jpg”,同时分别插入3个文本框，显示值分别是“观澜时代”、“金色蓝庭”和“上东城”，将文本框“观澜时代”和图片“观澜时代.jpg”作为一个组合，设置动画为“出现”；同理将文本框“金色蓝庭”和图片“金色蓝庭.jpg”作为一个组合；将文本框“上东城”和图片“上东城.jpg”作为一个组合，设置这两个组合的动画为“出现”。

（1）插入第11张幻灯片，选择版式为“只有标题”。

（2）在标题区输入文本“杭州公寓”。

（3）执行“插入”→“图片”→“来自文件”的菜单命令，分别插入3个图片，对应的文件名为“观澜时代.jpg”、“金色蓝庭.jpg”和“上东城.jpg”

（4）分别插入3个水平文本框，分别输入文本“观澜时代”、“金色蓝庭”和“上东城”。

（5）选择第1图片和第1个文本框后，执行“幻灯片放映”→“自定义动画”的菜单命令，单击“添加效果”→“进入”→“出现”后完成了第1张图片和第1个文本框作为一个组合的“出现”动画效果的设置。

（6）重复第5步完成其他两个组合的“出现”动画效果的设置。完成后的自定义动画效果列表图如图4-40所示。

（7）最后将3张图片重叠在一起，将3个文本框重叠在一起后放在图片的中下方位置。

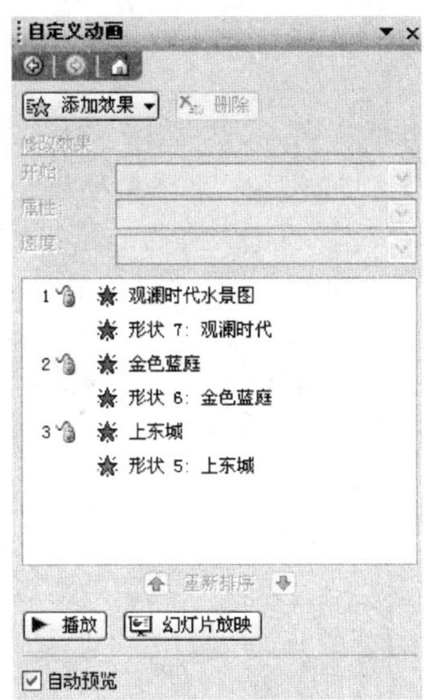

图4-40 第11张幻灯片的动画效果列表

步骤4 插入第12张版式为“只有标题”的幻灯片，在标题区输入“杭州别墅”，在其他位置插入4张图片，图片的文件名分别为文件夹“西溪风情”下的“图1.jpg”、“图3.jpg”、“图4.jpg”和“图6.jpg”。首先将这4个图片依次设置动画为“自左侧切入”，切入速度为“中速”，然后将这4张图片重叠在一起，最后在图片的左上角位置插入一个剪贴画，剪贴画的位置是“管理剪贴画”→“Office剪贴画”→“保健”中的第2个图片，并设置该剪贴画的动画是沿图片的四周运动一圈。

（1）插入第12张幻灯片，选择版式为“只有标题”。

（2）在标题区输入文本“杭州别墅”。

（3）执行“插入”→“图片”→“来自文件”的菜单命令，分别插入4个图片，对应的文件为“西溪风情”文件夹下的“图1.jpg”、“图3.jpg”、“图4.jpg”和“图6.jpg”。

（4）选择第1张图片后，执行“幻灯片放映”→“自定义动画”的菜单命令，在任务窗口中单击“添加效果”→“进入”→“切入”的选项，将方向从默认的“自底部”改成“自左侧”，速度从默认的“快速”改成“中速”。使用鼠标左键双击列表的效果选项后，在出现的“切入”窗口中选择“计时”选项卡，出现如图4-41所示的对话框中，设置“开始”后的事件为“之前”，“延迟”后的微调器将默认的时间“0秒”改成“2秒”。

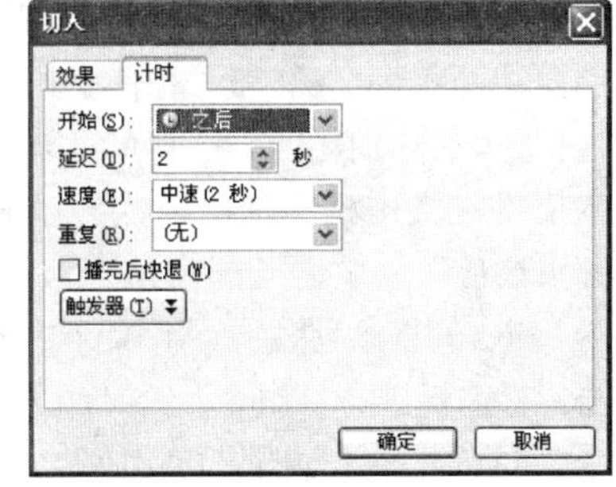

图4-41 设置对象的动画计时控制

（5）重复第4步完成其他3张图片的动画设置。

（6）执行“插入”→“图形”→“剪贴画”的菜单命令，任务格窗口变成如前图4-19所示的窗口。单击任务格下方的“管理剪辑”的超链接文字，单击“保健”和指向第2个图形右侧的按钮后选择“复制”命令，返回到幻灯片的左上角，单击“粘贴”命令即可完成剪贴画的插入。

（7）选择“剪贴画”后，执行“幻灯片放映”→“自定义动画”的菜单命令，在任务窗口中单击“添加效果”→“动作路径”→“其他路径”的选项，出现如图4-42所示的对话框，选择

“基本路径”中的“正方形”效果，然后调节正方形的高度和宽度。完成后的效果如图4-43所示。

步骤5 插入第13张版式为“空白”的幻灯片，在幻灯片的上方添加艺术字，内容为“杭州宾馆”，艺术字的字体大小和样式自行设置。在其他位置依次插入图片文件名分别为“望湖宾馆.jpg”、“五洲大酒店.jpg”、“西子国宾馆.jpg”和“香格里拉.jpg”的4张图片。依次设置这4张图片的动画效果为“随机效果”，开始事件为“之后”，延迟时间为“2秒”。

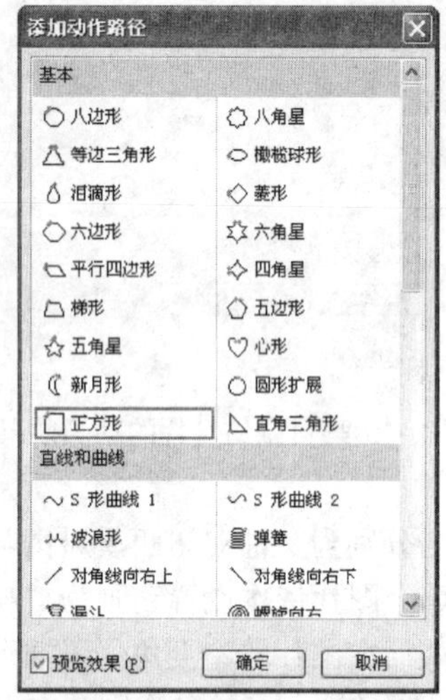

图4-42 设置对象的动作路径

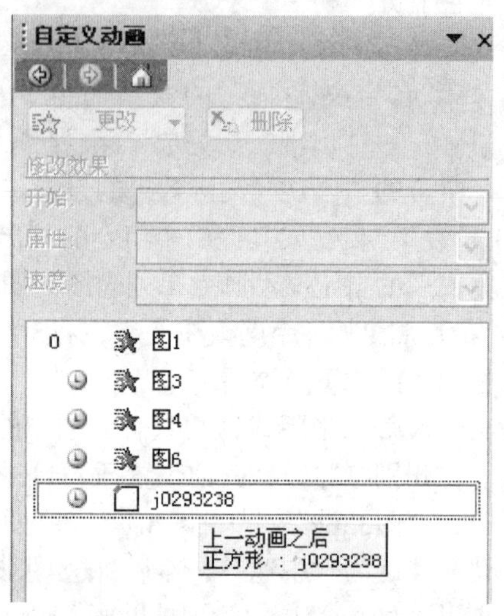

图4-43 第12张幻灯片完成后效果列表图

（1）插入第13张幻灯片，选择版式为“空白”。

（2）执行“插入”→“图片”→“艺术字”，在出现的“艺术字样式”表选择第3行第3列作为艺术字的样式，然后输入文字“杭州宾馆”。

（3）执行“插入”→“图片”→“来自文件”的菜单命令，分别在幻灯片的左上、右上、左下和右下的4个位置插入4张图片，对应的文件名别为“望湖宾馆.jpg”、“五洲大酒店.jpg”、“西子国宾馆.jpg”和“香格里拉.jpg”。

（4）分别在四张图片的适当位置插入一个文本框，在文本框中依次输入“望湖宾馆”、“五洲大酒店”、“西子国宾馆”和“香格里拉”。

（5）将第1张图片与第1个文本框选中后，单击鼠标右键选择“组合”→“组合”的快捷菜单命令，同理设置其他图片与相应的文本框进行组合。

（6）依次将每个组合采用“计时控制”的方式进行动画设置，动画的方式是“随机效果”，事件为“之后”，每个动画的延迟为“2秒”。完成后的效果图如图4-44所示。

图4-44 第13张幻灯片完成后的效果图

步骤6 插入第14张版式为“空白”的幻灯片，在幻灯片的左方添加一个竖直文本框，内容为“吃在杭州”；插入3个水平文本框，分别输入“欢迎光临”、“请付188元”和“欢迎下次再来”，设置字体名称为“楷体_GB2312”，字号为“48”，字体颜色为“红色”；插入5个文本框，内容分别为“八宝童子鸡”、“东坡肉”、“红烧卷鸡”、“西湖醋鱼”和“百鸟朝凤”，字体颜色为“蓝色”，字体大小为“19”；先创建2个圆形的桌面，填充面为“白色大理石”的纹理；再插入5张图片，文件名分别为“八宝童子鸡.jpg”、“东坡肉.jpg”、“红烧卷鸡.jpg”、“西湖醋鱼.jpg”和“百鸟朝凤.jpg”；最后按照顾客进入宾馆就餐的顺序安排各对象的动画效果。

（1）插入第14张幻灯片，选择版式为“空白”。

（2）执行“插入”→“文本框”→“垂直”的菜单命令，将光标定位到幻灯片的左侧，输入文字“吃在杭州”，设置字体为“楷体_GB2312”，字号为65。

（3）采用类似方法，创建3个水平文本框后，分别输入文字“欢迎光临”、“请付188元”和“欢迎下次再来”，并设置字体名称为“楷体_GB2312”，字号为48，字体颜色为“红色”。

（4）采用类似方法，创建5个水平文本框后，分别输入文字“八宝童子鸡”、“东坡肉”、“红烧卷鸡”、“西湖醋鱼”和“百鸟朝凤”，并设置字体颜色为“蓝色”，字体大小为“19”。

（5）单击“绘图工具栏”中的“圆形”工具，按住Shift键和移动鼠标左键，在幻灯片中画一个圆，单击右键选择“设置自选图形格式”后设置填充色为“白色大理石”的纹理。再将该圆形复制一个，完成后的效果图如图4-45所示。

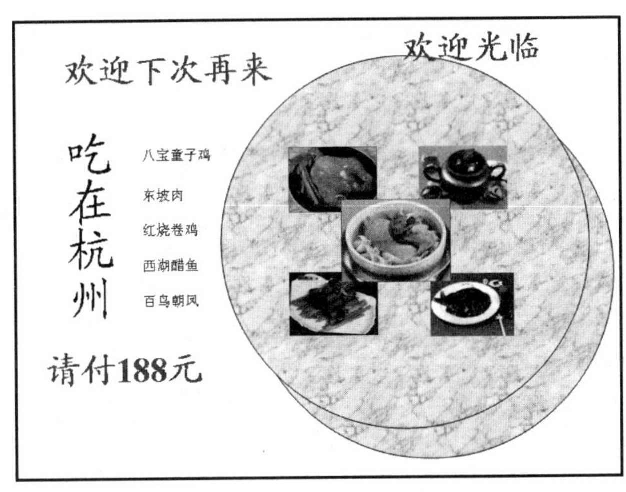

图4-45 在幻灯片中插入文本框和图形后的效果图

（6）设置第1个圆形桌面的动画效果为“出现”，采用“计时控制”的事件，开始事件为“之前”，延迟时间为“2秒”。

（7）将“欢迎光临”的文本框放在第1个桌面的中央位置，设置该文本框的动画效果为“渐变”，并设置该文本框的开始事件为“之后”，延迟时间为“1 秒”，并在“效果”选项卡上设置“动画播放后效果”为“下次单击后隐藏”的选项。

（8）设置第1个图片（八宝童子鸡）的动画效果为“从左上角飞入”的动画，设置开始事件为“之后”，延迟时间为“3秒”；将内容为“八宝童子鸡”的文本框放在图片的上方，并设置该文本框的动画为“出现”，并设置开始事件为“之后”，延迟时间为“1 秒”。

（9）采用类似方法设置其他图片的动画效果分别为“从右上角飞入”、“左下角飞入”、“右下角飞入”和“出现”，开始事件都为“之后”，延迟时间都为“1秒”；同时设置其他4个表示菜名的文本框的动画设置为“出现”，开始事件都为“之后”，延迟时间都为“1秒”。

（10）指向第2个圆形桌面后，单击右键选择“叠放次序”→“置于顶层”的快捷菜单命令，然后将该图片放在第一个圆形桌面的上方，设置该桌面的动画效果为“出现”，开始事件为“之后”，延迟时间为“14秒”，以表示客人的就餐时间。

（11）将内容为“请付188元”的文本框放在桌面的中央位置，并设置该文本框的叠放次序为“置于顶层”，再设置该文本框的动画效果为“出现”，开始事件为“之后”，延迟时间为“2秒”，并在“计时控制”的选项卡中设置“动画播放后效果”为“下次单击后隐藏”的选项。

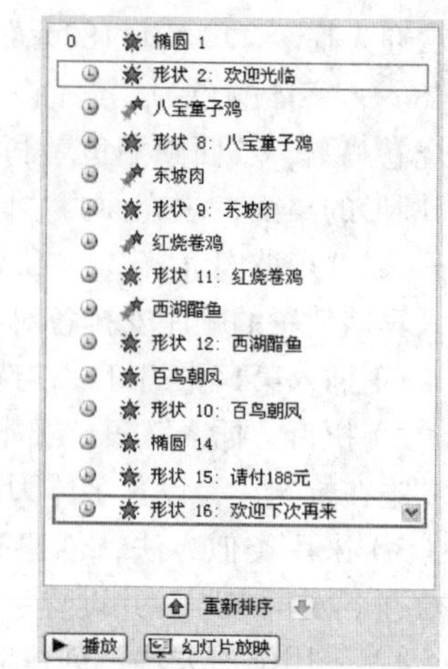

图4-46 第14张幻灯片的动画效果列表

（12）将内容为“欢迎下次再来”的文本框放在桌面的中央位置。将该文本框的动画效果设置为“出现”，开始事件为“之后”，延迟时间为“6秒”。第14 张幻灯片各对象的动画效果列表如图4-46所示。

实验6 演示文稿的布局和美化

实验目的

1. 掌握母版的创建和使用技巧。
2. 掌握模板的创建和使用技巧。
3. 掌握配色方案的设置。
4. 设置幻灯片的背景。

任务描述

1. 创建多种类型的母版后应用到选定的幻灯片中。
2. 创建一个简单的求职简介的幻灯片模板。
3. 调整幻灯片的配色方案。
4. 设置幻灯片的背景。

操作步骤

步骤1 打开演示文稿“杭州欢迎你.ppt”，创建3个幻灯片的母版，可分别适用于“标题与文本”、“标题幻灯片”和“只有标题幻灯片”，然后将这3张幻灯片应用于第2张、第1张和第5张幻灯片。

（1）单击“视图”→“母版”→“幻灯片母版”的菜单命令，出现如图4-47所示的对话框，指向标题区，单击鼠标右键，选择“字体”的快捷菜单命令，设置标题的字体名称为“楷体_GB2312”，字号为“53”，字体颜色为“红色”。

（2）选择“第二级”至“第五级”的文本区，按键盘中“Delete”键删除“第一级”以外所有的项目。

（3）选中“单击此处编辑母版文本样式”的文字后，单击“格式”→“项目符号和编号”的菜单命令，在出现的对话框中单击“自定义”按钮，出现如图4-48所示的对话框，在字体后选择“windings”，选择列表中的第2行第6个图形作为项目符号，返回后再选择“自定义符号”的颜色为“红色”；再设置项目符号后的文字字体为“华文行楷”，字号为“40”，字体颜色为“蓝色”。

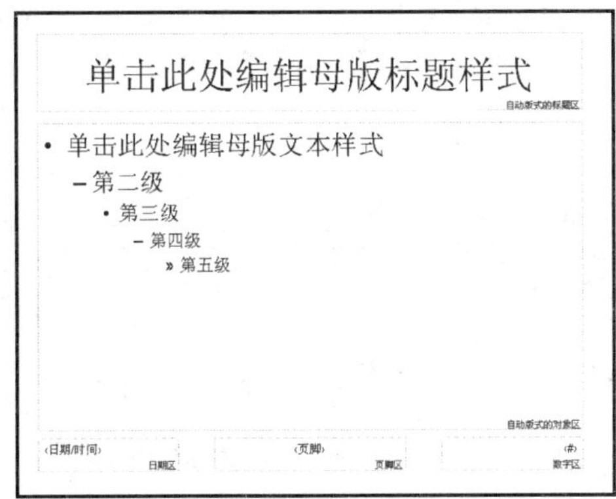

图4-47 “标题与文本”型的母版设计

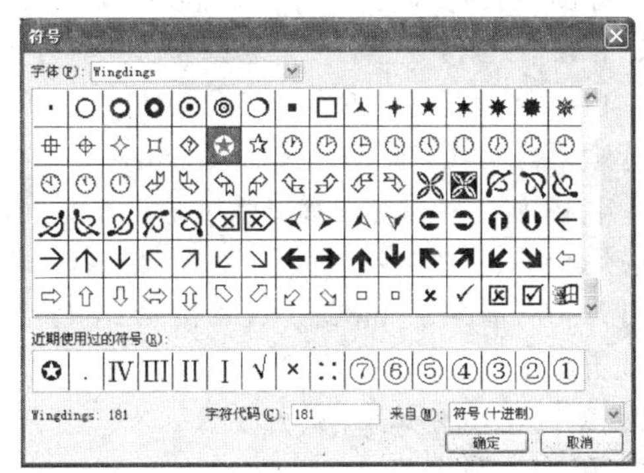

图4-48 “符号”对话框

（4）指向“文本”区后，单击右键选择“设置占位符格式”快捷菜单命令，在出现的“设置自选图形格式”对话框的“颜色”→“填充效果纹理”选项卡中选择“新闻纸”。

（5）单击“视图”→“页眉和页脚”菜单命令，出现如图4-49的对话框，单击“自动更新”选项，选中“幻灯片编号”。

（6）单击“插入”→“图片”→“来自文件…”的菜单命令，将“PPT文件夹”下的“zjgsulogo.jpg”插入到当前母版，再将该图片移到“页脚”区。

（7）单击“母版”工具栏中的第5个按钮“重命名母版”，在“重命名母版”对话框中输入“标题与文本母版”文字后，单击“重命名”按钮，如图4-50所示。

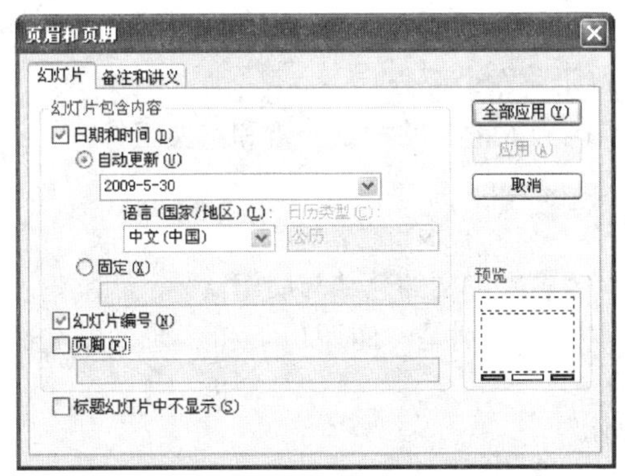

图4-49 “页眉和页脚”的选项设置

图4-50 “幻灯片母版视图”工具栏

（8）单击“母版”工具栏中的第2个按钮“插入新标题母版”后，设置主标题的字体名称为“隶书”，字体大小采用默认值，字体颜色为“黄色”；设置副标题的字体名称为“楷体_GB2312”，占位符的填充颜色设置为“无填充颜色”。

（9）重复第8步，创建一个“只有标题”的母版，要求标题的字体名称为“楷体_GB2312”，字号为44，字体颜色为“红色”。幻灯片的背景设置为“纹理”中的“蓝色面巾纸”；在页脚区添加“自动更新”的日期、幻灯片编号和内容为“杭州旅游公司”的页脚，单击“母版”工具栏中的第5个按钮“重命名母版”，使用“其他方案”保存新建的母版，单击“母版”工具栏中的“关闭母版视图”按钮。

（10）单击“格式”→“幻灯片设计”菜单命令，在“任务窗口”的上半部出现了用户创建的母版，如图4–51所示。其中第1个是由“标题母版”和“标题与文本母版”两部分组成，可应用于第1张和第2张幻灯片；第2个是名称为“其他方案”的母版，可应用于第3张到第14张幻灯片。

（11）单击幻灯片左下角的“幻灯片浏览视图”按钮，选中第1张和第2张幻灯片后，单击图4–51中的第1个母版（名称为“标题与文本母版”）后，即可将母版的方案应用于第1张和第2张幻灯片；同理选择第3张到第14张幻灯片（可借助于Shift键），单击第2个母版（名称为“其他方案”），即可将第2个母版方案应用于除第1张和第2张幻灯片外的所有幻灯片。

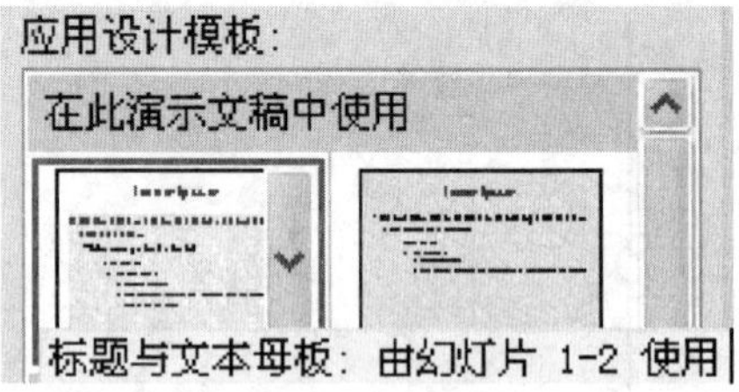

图4–51 新建母版的浏览图

步骤2 新建1个演示文稿后，更改系统默认的配色方案，再创建一个有关“毕设答辩”的演示文稿作为PowerPoint 2003的模板。

（1）单击“格式”→“幻灯片设计”的菜单命令，在任务窗口中单击“配色方案”后，再单击窗口底部的“编辑配色方案”的快捷方式。

（2）单击“背景”前的方框后，单击“更改颜色”按钮，将系统默认的背景色从白色更改为其他颜色（使用自定义标签中的红色200，绿色200，蓝色255），“文本和线条”颜色改为“蓝色”，“强调文字和超链接”设置为“黄色”，“强调文字和已访问过的超链接”设置为“紫色”。单击“添加为标准配色方案”和“应用”按钮。

（3）创建8张幻灯片，具体要求如下：

① 第1张标题幻灯片，主标题为“论文题目”，副标题为“答辩人姓名、指导教师姓名和日期”。

② 第2张幻灯片的版式是“标题与文本”，标题是“论文提纲”，文本区输入“论文的背景、研究方法、结果表述、结果讨论、总结与展望和致谢”六个部分。

③ 第3张幻灯片的版式是“标题与文本”，在文本区输入论文的背景分析和本文工作。

④ 第4张幻灯片的版式是“标题和图片”。

⑤ 第5张和第6张幻灯片的版式是“标题和表格”。

⑥ 第7张幻灯片的版式是“标题与文本”，在文本区输入论文的总结与展望。

⑦ 第8张幻灯片的版式是“空白”，添加2个文本框，分别是“谢谢！”和“请多提宝贵意见！”，再插入一些图片作为点缀。

（4）参照“步骤 1”为新创建的演示文稿制作母版。

（5）单击“文件”→“保存”的菜单命令，在文件类型中选择“演示文稿设计模板（*.pot）”，以“论文题目”作为文件名进行保存，一般情况下新建的模板文件都是保存在系统文件夹下的“Templates”子文件夹中。

（6）用户要创建一个自己的毕设答辩PPT，则在启动PowerPoint 2003 后，单击“文件”→“新建”的菜单命令，在右边的任务窗口中单击“根据现有演示文稿…”的快捷方式，在出现的“根据现有演示文稿新建”的对话框中选择“论文题目.pot”即可打开模板进行添加和修改。

实验7　演示文稿的放映和输出

实验目的

1. 掌握幻灯片的切换效果的设置。
2. 掌握幻灯片的自定义放映。
3. 掌握动作按钮的超链接设置。
4. 掌握演示文稿转换成网页或幻灯片放映文件PPS。

任务描述

1. 在幻灯片中添加切换效果。
2. 为演示文稿中的各幻灯片设置自定义的播放顺序。
3. 掌握使用动作按钮实现幻灯片的切换操作。
4. 将演示文稿转换成网页或幻灯片放映文件PPS。

操作步骤

步骤1 打开演示文稿“杭州欢迎你.ppt”，将第10张幻灯片中的“杭州公寓”、“杭州别墅”和“杭州宾馆”分别与第11张、第12张和第13张幻灯片建立超链接；在第11张、第12张和第13张幻灯片分别插入一个“后退或上一张”的动作按钮，并与第10张幻灯片建立超链接。

（1）打开演示文稿“杭州欢迎你.ppt”后，指向第10张幻灯片，选中文本“杭州公寓”后单击右键选择“超链接”后，出现如图4–52所示的对话框。单击“本文档中的位置”选项卡后，选择第11张（标题为“杭州公寓”）。

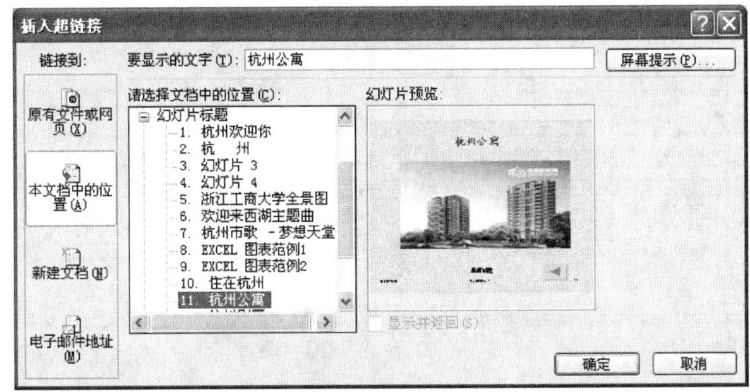

图4–52 插入超链接

（2）采用同样方法依次为“杭州别墅”和“杭州宾馆”分别与第12张和第13张幻灯片建立超链接。

（3）单击“幻灯片放映”→“动作按钮”的菜单命令，选择“后退或上一张”的按钮后，在第11张幻灯片的空白位置画出一个按钮，在随后弹出的对话框“超链接到…”后的列表框选择“幻灯片…”的选项，在出现的对话框中选择“10：住在杭州”的选项，这样就完成了第11张的动作按钮与第10张幻灯片的超链接。

（4）采用同样方法，在第12张和第13张幻灯片分别插入一个“后退或上一张”的动作按钮与第10张幻灯片建立超链接。

步骤2 打开演示文稿“杭州欢迎你.ppt”，将第1张幻灯片中的切换效果设置为“盒状收缩”，切换速度为“中速”，换片方式设置为“每隔2秒”；将第2张幻灯片的切换效果设置为“中央向左右扩展”，速度为“慢速”，换片方式设置为“每隔3秒”，其他所有幻灯片的切换效果设置为“随机”，速度为“中速”，切换方式为“每隔5秒”；同时隐藏第8张和第9张幻灯片。

（1）单击“幻灯片放映”→“幻灯片切换”的菜单命令，选择第1张幻灯片后，在任务窗口的“切换效果”列表选择“盒状收缩”，在“速度”下的组合框选择“中速”，在换片方式下的“每隔”后的微调器中输入“00：02”，表示每隔2秒切换该幻灯片。

注意：此时单击“应用于所有幻灯片”按钮是不会将该切换效果应用于本演示文稿的所有14张幻灯片，因为标题幻灯片的母版与其他幻灯片是不一样的。

（2）采用同样方法设置第2张幻灯片的切换效果为“中央向左右扩展”，速度为“慢速”，换片方式设置为“每隔3秒”。

（3）将第3张幻灯片的切换效果设置为“随机”，速度为“中速”，切换方式为“每隔5秒”后，单击“应用于母版”，这样可保证第3张至第14张幻灯片的切换效果都为“随机”效果。

（4）将第5张幻灯片的换片方式设置为“每隔15秒”，第6张幻灯片的换片方式设置为“每隔240秒”，第7张幻灯片的换片方式设置为“每隔150秒”，将第14张幻灯片的换片方式设置为“每隔60秒”。

（5）指向幻灯片视图左下角的“幻灯片浏览视图”按钮，选择第8张和第9张幻灯片后，单击右键，选择“隐藏幻灯片”的快捷菜单命令，出现如图4–53所示的界面，其中“8”和“9”中的斜线表示已隐藏该幻灯片，但幻灯片的编加模式仍然是显示的，只有在播放状态（即在幻灯片放映时）才能反映出这两张幻灯片已被隐藏。

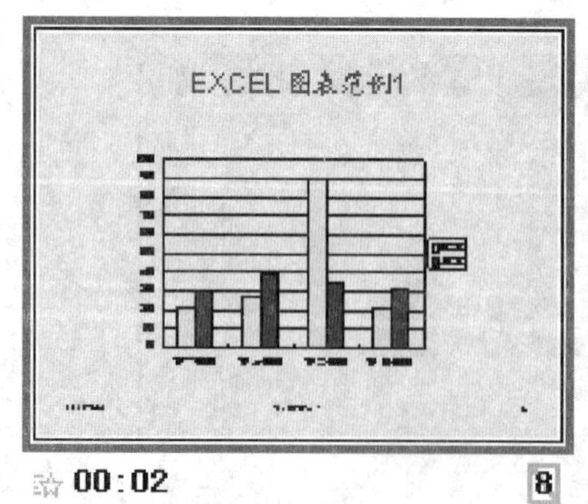

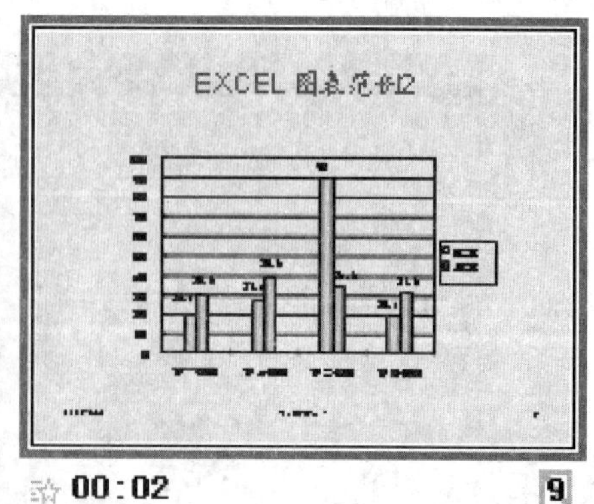

图4–53 隐藏幻灯片

步骤3 打开演示文稿“杭州欢迎你.ppt”，取消第8张和第9张幻灯片的“隐藏幻灯片”，创建一个自定义的播放顺序，幻灯片的编号顺序为：1、2、3、4、5、2、6、7、8、9、2、10、11、10、12、10、13、2、14；同时将第10张幻灯片的切换效果更改为“每隔1秒”。

（1）单击幻灯片视图中的“幻灯片浏览视图”按钮，选择第8张和第9张幻灯片后，单击右键选择“隐藏幻灯片”的快捷菜单命令，就可取消这2张幻灯片的隐藏状态。

（2）单击“幻灯片放映”→“自定义放映”的菜单命令，出现如图4-54所示的对话框，将左边列表框中的幻灯片按照幻灯片编号的顺序1、2、3、4、5、2、6、7、8、9、2、10、11、10、12、10、13、2、14添加到右边的列表框。

（3）要观看“自定义放映”的效果，则单击“自定义放映”对话框中的“放映”按钮，而不能使用“幻灯片放映”→“观看放映”的菜单命令。

步骤4 将演示文稿“杭州欢迎你.ppt”保存为网页或幻灯片放映文件（PPS）。

（1）单击“文件”→“另存为网页”的菜单命令，在出现的“另存为”对话框，单击“发布”按钮，出现如图4-55所示的“发布为网页”的对话框，发布内容设置为“整个演示文稿”，其他采用默认值，此时在当前文件夹下生成一个“杭州欢迎你.mht”的网页文件。

（2）单击“文件”→“另存为网页”的菜单命令，在出现的“另存为”对话框，在保存类型后的列表框中选择“PowerPoint 2003放映（*.PPS）”，此时在当前文件夹下生成一个“杭州欢迎你.PPS”的放映文件。

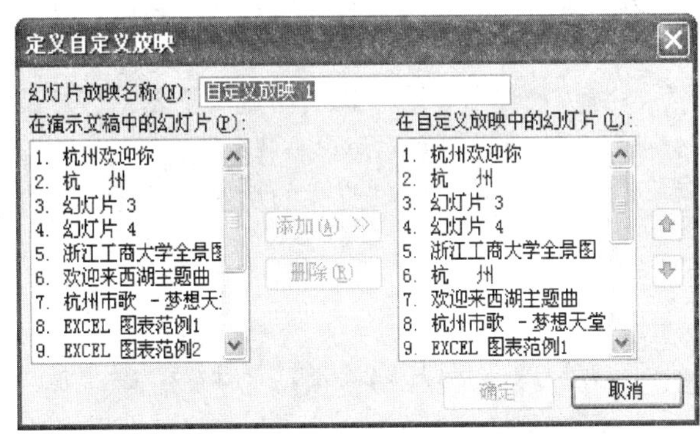

图4-54 “定义自定义放映”对话框

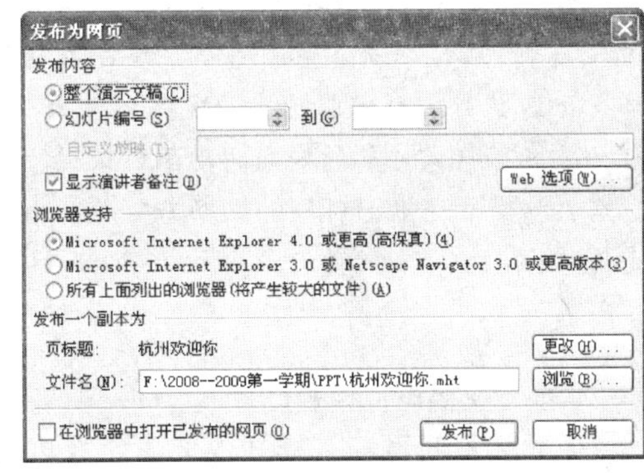

图4-55 “发布为网页”对话框

实验练习题

注意：如果找不到相应的“演示文稿设计模板”，请点击“应用设计模板”最下面的“浏览…”，在弹出的浏览框中，请在文件夹“Presentation Designs”中查找相应的模板。

练习一

1.演示文稿设计模板设置成“Capsules”，插入一张幻灯片，幻灯片版式为“标题幻灯片”。

2.输入标题内容“美好的大学时光”，字体属性设置为“隶书”，60号，加粗。输入副标题内容“杭州理想学院”，字体属性设置为“隶书”，32号，加粗。

3.插入第2张空白幻灯片，并在新幻灯片中插入系统内置的剪贴画，位置为“Office收藏夹”→“地点”→“地标”中的“第3个剪贴画”，设置剪贴画从左侧飞入的“进入”动画效果，位置为水平2.42英寸，垂直1.58英寸，阴影效果为“阴影样式1”。在剪贴画下面插入水平文本框，内容为：“几年的大学生活使我们成为朋友”，字体为“华文行楷”，字号“30”，动画效果为“回旋”。

4.插入第3张空白幻灯片，并在新幻灯片中插入“来自文件”中的影片（PPT文件夹下的“欢迎来杭州.wmv”），并设置为动画效果为“启动时自动播放”。在影片下面插入水平文本框，输入内容为“时间转瞬即逝”，字体属性设置为“隶书”，字号“48”，动画效果为“从底部慢速进入”。

5.插入第4张空白幻灯片,并在新幻灯片中插入一个图片，文件名为“PPT文件夹下的杭州介绍”→“学在杭州”中的“树人广场.jpg”，将图片的高度调整为2.5英寸，宽度调整为4英寸，动画效果为“放大/缩小”的强调效果。插入第5行第4列艺术字，内容为“同学们努力吧！”，隶书，字号“40”，动画效果为“劈裂”，方向为“左右向中央收缩”。

6. 插入第5张空白幻灯片做个黄色椭圆形，自定义动画效果设置为“劈裂”，方向“上下向中部收缩”，然后采用三维样式19，制作一个底面和这个黄色椭圆形重合的黄色椭圆柱体。

注意：先通过“绘图工具栏”创建一个填充色为“黄色”，边框色为“红色”的椭圆；再通过“复制/粘贴”命令生成一个完全一样的椭圆，将其中一个椭圆的三维样式设置为“三维样式19”；再将另一个椭圆的叠放次序调整为“顶层”，将该椭圆与前一个椭圆的底面重合；然后设置为“三维样式19”的椭圆的动画效果设置为“劈裂”，方向为“左右向中央收缩”。

7.设置第一张幻灯片的切换方式为：向左下插入，中速；第二张幻灯片的切换方式为：向右上插入。

练习二

1.演示文稿设计模板设置成“Ocean”。插入一张幻灯片，幻灯片版式为“空白”。

2.插入第4行第4列样式的艺术字，内容为“怀念”,字体属性设置为“华文行楷”，字号“36”。尺寸高度为6cm，宽度为13cm。动画效果为“慢速的回旋”。

3.插入一张幻灯片，幻灯片版式为“空白”。插入一张“来自文件”的图片，文件名为“PPT文件夹下的杭州住宅”中的“金色蓝庭.jpg”，动画设置为向内溶解。插入第1行第4列样式的艺术字“永远的BEYOND”，颜色设置为红色（注意：请使用自定义标签中的红色255，绿色0，蓝色0），动画设置为“十字形展开”的进入效果。

4.插入一张幻灯片，幻灯片版式为“空白”。在文本框下面插入3幅图片，文件名分别是“PPT文件夹下的西溪风情”中的“图1.jpg”、“图2.jpg”和“图3.jpg”。适当调整图片的大小，第1幅图片的动画效果为从“左侧飞入”，第2幅的动画效果为“从底部飞入”，第3幅的动画效果为“从右侧飞入”。动画顺序为第1幅图、第2幅图、第3幅图，并设置所有图片的启动动画为“之前”，时间为“0秒”。

5. 插入一张幻灯片，幻灯片版式为“空白”。创建一个椭圆柱面体，柱面体的填充色为棕色（采用自定义设置，红为255，绿为102，蓝为0），并采用“三维样式16”制作。设置动画效果设置为“扇形展开”。

6.将所有幻灯片的切换效果设置为从左下抽出，速度为“慢速”。

练习三

1.演示文稿设计模板设置为“Blends”，插入一张幻灯片，幻灯片版式为“空白”。

2.在幻灯片顶部插入“红绿灯”为内容的文本框，字体设置：60磅，华文彩云，蓝色（注意：请用自定义标签中的红色0，绿色0，蓝色255），斜体，加粗，阴影。

3.在中部竖直插入3个圆形，颜色从上到下依次是深红（注意：请使用自定义标签中的红色128，绿色0，蓝色0）、深黄（注意：请使用自定义标签中的红色204，绿色102，蓝色0）、深绿（注意：请使用自定义标签中的红色0，绿色128，蓝色0）。

4.三个圆形的颜色从上到下依次变为鲜红（注意：请使用自定义标签中的红色255，绿色51，蓝色0）、鲜黄（注意：请使用自定义标签中的红色255，绿色255，蓝色0）、鲜绿（注意：请使用自定义标签中的红色0，绿色255，蓝色0）。依次将三个圆的动画效果设置为慢速闪烁，即将这三个圆的效果设置为“闪烁一次”，事件为“之后”，延迟时间设置为“2秒”。

注意：需要再做三个圆形，颜色分别为鲜红，鲜黄，鲜绿，将这三个圆形分别放在前面对应颜色的圆形上，并设置这三个圆形的自定义动画效果都为按时间顺序慢速闪烁。

5.在全部幻灯片中加入自动更新的日期和幻灯片编号。

6.两张幻灯片间的切换使用“从全黑中淡出”。

练习四

1.使用模板与配色方案。

（1）将第一张页面的设计模板设为“Globe”，其他页面的设计模板为“Ocean”。

（2）新建一个自定义的配色方案，其中配色方案颜色为：

①背景色：红色50，绿色100，蓝色255。

②文本和线条：黑色（即红色、绿色和蓝色的RGB值为0）。

③标题文本：红色（即红色、绿色和蓝色的RGB值分别为255，0，0）。

④强调文字与已访问的超链接：绿色（即红色、绿色和蓝色的RGB值分别为0，255，0）。

⑤其他（包括阴影、填充等）的颜色均为白色（红色、绿色和蓝色的RGB值为255）。

完成后，将此配色方案添加为标准配色方案。

（3）修改（2）中的配色方案，将其中的标题文本颜色改成绿色，其他不变，完成后将此配色方案添加为标准方案。

（4）将修改前的配色方案应用于第一页，将修改后的配色方案应用到其他页面。

2.按照以下要求设置并应用幻灯片的母版。

（1）对于首页所应用的标题母版，将其中的标题样式设为“黑体”，字号“54”。

（2）对其他页面所应用的一般幻灯片母版，在日期区中插入日期为“2009-9-9”并显示，在页脚中插入幻灯片编号（即页码）。

3.设置幻灯片的动画效果，具体要求如下。

（1）将首页的标题文本的动画方案设置成系统自带的“向内溶解”效果。

（2）针对第二页幻灯片，按顺序（即 a→g 的顺序播放）设置以下自定义动画效果。

① 将标题内容“内容列表”的进入效果设置为“棋盘”。

② 将文本内容“RPC背景”的进入效果设置成“颜色打字机”，并且在标题内容出现1秒后自动开始，而不需要鼠标单击。

③ 按顺序依次将文本“RPC概念”、“RPC数据表示”、“远程控制技术”、“RPC编程”的进入效果设置成“滑翔”。

④ 将文本内容“RPC数据表示”的强调效果设置成“波浪形”。

⑤ 将文本内容“远程控制技术”的动作路径设置成“向右”。

⑥ 将文本内容“RPC编程”的退出效果设置成“折叠”。

⑦ 在页面中添加“前进”与“后退”的动作按钮，当点击按钮时分别跳到当前页面的前一页和后一页，并设置这两个动作按钮的进入效果同时“飞入”。

4.按下列要求设置幻灯片的切换效果。

（1）设置所有幻灯片之间的切换效果为“垂直梳理”。

（2）实现每隔5秒自动切换，也可以单击鼠标进行手动切换。

5.按下列要求设置幻灯片的放映效果。

（1）隐藏第四张幻灯片，使得播放时直接跳过隐藏页。

（2）选择前三张幻灯片进行循环放映。

6.按以下要求对演示文稿进行输出。

（1）将演示文稿的前三页发布为WEB页。

（2）将其保存到指定路径下，命名为“DPPT-Ans.mht”。

第 5 章 Access数据库操作实验

本章知识点

Access 2003是微软公司推出的系列办公软件之一，是一款实用的数据库系统。友好的用户界面和直观的操作方式非常便于不熟悉数据库的人使用，因而使之成为财务及其他数据管理人员所喜爱的软件之一。

本章从实用入手，以六个实验为线索，结合具体操作实例，系统而详略得当地讲授Access2003使用操作方法和技巧，目的是帮助初次面对数据库的学生快速掌握这种数据库管理工具，学会一种信息资源数字化建设中的实现技术。

实验1 创建Access数据库和表

实验目的

1.了解Access数据库窗口的基本组成。

2.熟悉Access的工作环境，达到熟练使用的目的。

3.学会如何创建数据库文件。

4.熟练掌握使用数据库表的建立方法。

5.掌握表属性的设置。

6.掌握记录的编辑、排序和筛选。

7.掌握表间关系的建立。

任务描述

1.启动Access数据库，在“我的文档”文件夹中创建一个名为“管理.mdb”的空数据库文件。

2.创建一个空数据库，数据库名为“管理”。

3.使用表设计器创建“学生”表。

4.通过输入数据创建表的方式创建“课程”表。

5.通过使用向导创建表的方式创建“教材”表。

6.建立“学生”表与“成绩”表的关系。

操作步骤

步骤1 创建/打开数据库文件。

数据库系统是对数据库对象的管理体系，在Access 2003建立数据库对象前，首先应建立数据库系统。了解、掌握数据库文件的操作方法，如数据库文件的建立、备份等，可以使我们对以后的操作建立扎实的基础。创建/打开数据库文件的具体操作步骤如下：

（1）启动 Access 2003。

（2）选择“文件”→“新建/打开”命令，出现图5-1的窗口。

（3）如果是新建数据库文件，在任务窗格中选择单击“空数据库”选项。系统会弹出一个对话框，要求我们选择路径输入新数据库的名称“管理”如图5-2，然后点击“创建”按钮，即完成了新数据库文件的创建任务。

（4）如果是打开数据库文件，系统会马上弹出对话框要求输入所需打开的数据库文件名。在输入数据库文件名后，单击“打开”即可完成数据库文件的打开任务。

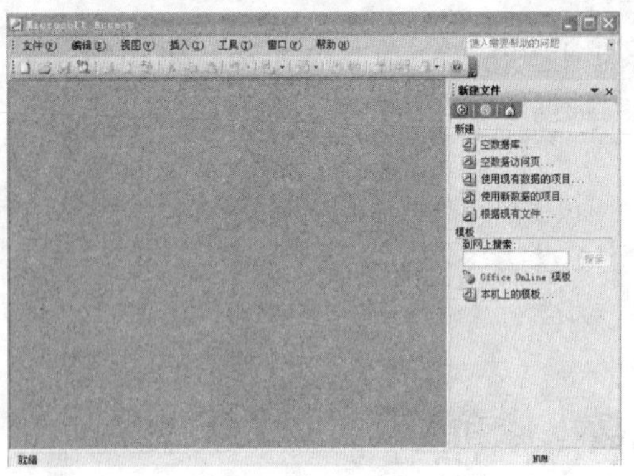

图5-1 数据库新建

图5-2 数据库文件保存路径

步骤2 表的创建。

Access 2003有“使用设计器创建表”、“使用向导创建表”和“通过输入数据创建表”3种方式。

（1）使用设计器创建表。

使用设计器创建表是先定义字段名称、字段数据类型和字段属性，然后输入数据及确定主键。以创建“学生”表为例，操作步骤如下：

① 启动Access 2003，打开“管理”数据库，在对象列表中选择表，如图5-3所示。

② 在右边窗格中选择“使用设计器创建表”，将弹出如图5-4所示设计器。

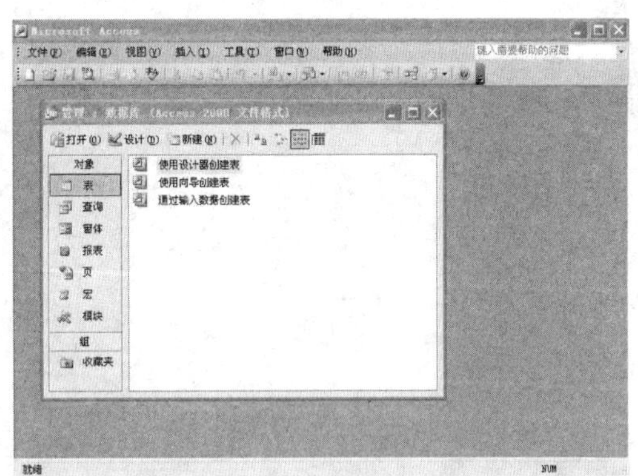

图5-3 表的创建

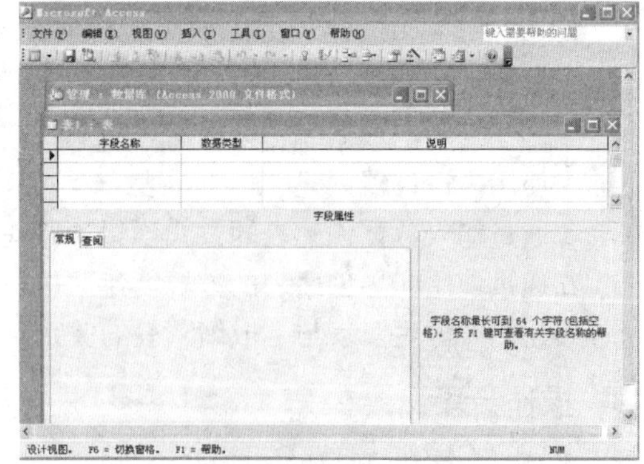

图5-4 表设计器

③ 根据表的结构，定义每一个字段的字段名、数据类型。在数据类型的“常规”选项卡中，定义该字段的各个属性。如果这个字段需要特殊说明，在“说明”栏进行解释，但它仅供编程人

员帮助理解字段。“学生”表结构设计结果如图5-5所示。

④ 定义好字段后，我们选定“学号”字段，用鼠标右键弹出快捷菜单选择“主键”。

这时“学号”前就有一个符号，它就是主键标记。如果对它进行同样的再次操作，那么就取消主键。所有字段都设计结束后，点击文件菜单的“保存”，将表名改成“学生”。

⑤ 这时候图5-3变成如下图5-6所示，列出了刚才所建的学生表。

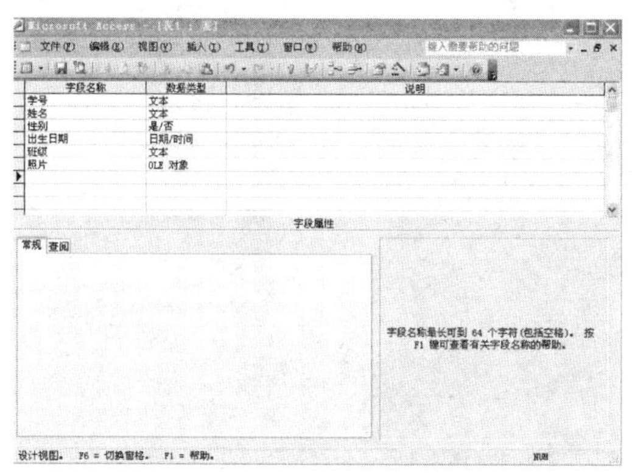

图5-5 “学生”表结构

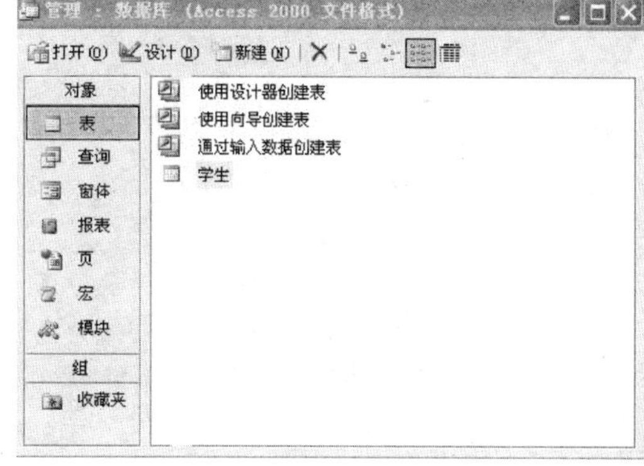

图5-6 数据库管理

⑥ 双击图5-6所示的窗格中的“学生”表，或右键点击“学生”表从弹出的快捷菜单中选择“打开”命令，进行数据输入，如图5-7所示。对表内容进行适当的保存，“学生”表创建完成。

（2）通过输入数据创建表。

通过输入数据创建表是在定义表结构前，先输入数据，然后再调整表的结构。以“课程”表为例，操作步骤如下：

① 启动Access 2003，打开“管理”数据库后，选择“通过输入数据创建表”，出现如图5-8所示窗口。

② 双击“字段1”，将“字段1”改为“课程号”。同样的方法更改“字段2”、“字段3”为“课程名”和“课时数”，然后根据表内容输入数据。使用文件更名方式把表名更改为“课程”，最终效果如图5-9所示。

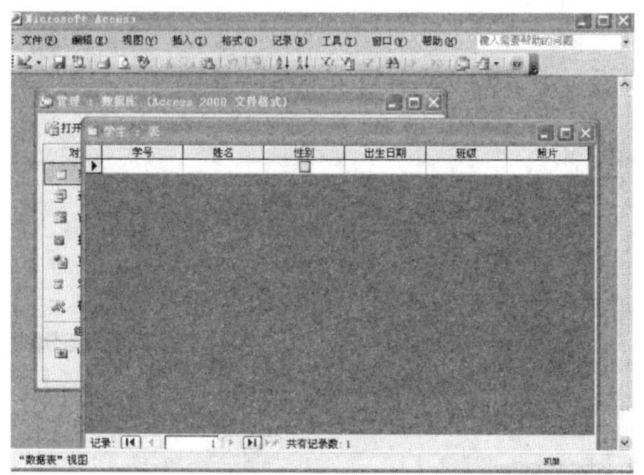

图5-7 数据输入

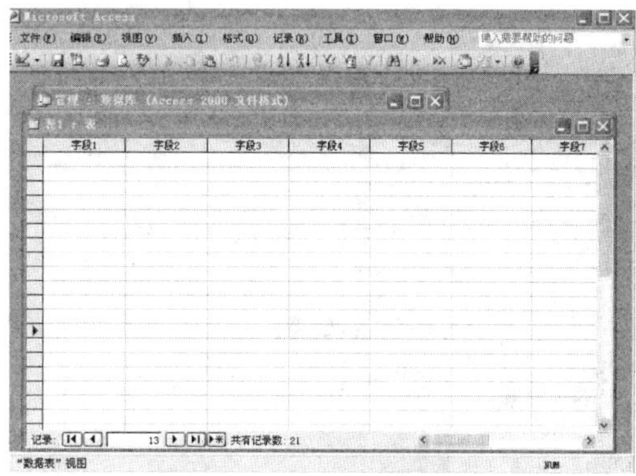

图5-8 输入数据建表

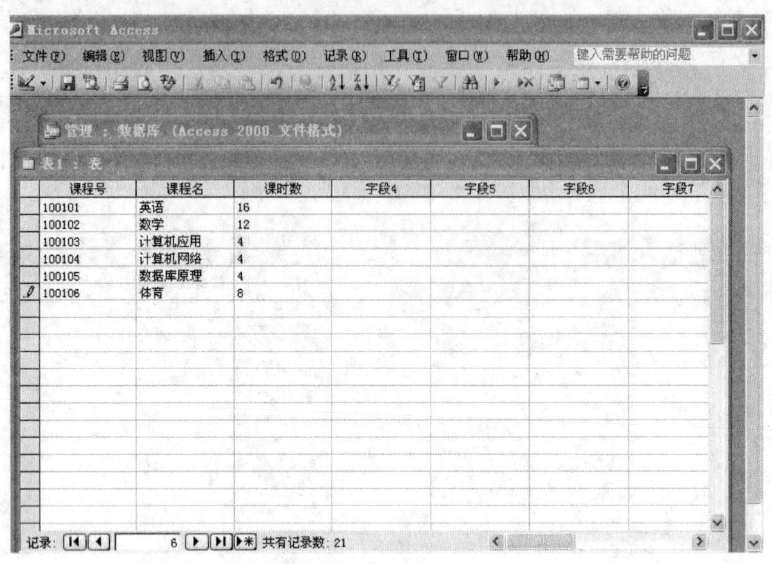

课程号	课程名	课时数	字段4	字段5	字段6	字段7
100101	英语	16				
100102	数学	12				
100103	计算机应用	4				
100104	计算机网络	4				
100105	数据库原理	4				
100106	体育	8				

图5-9 表中主键设置

③ 在数据库窗口中，我们选定“课程”表，然后在菜单栏中选择“设计”，进入“设计视图”窗口，用与“使用表设计器创建表”同样的方法对表结构重新定义。在定义字段长度时，注意字段值可能的最大值长度，当定义字段长度短于字段值可能的最大值长度时，就有可能造成数据丢失。

④ 在“课程”表中选定字段“课程号”，将其定义为主键，“课程”表创建完成。

（3）使用向导创建表。

在Access 2003中，系统提供了创建表的向导，即范例。范例中表字段的名字、数据类型、字段属性都已经定义，新生成的表从各个范例中选取合适的字段添加到新表中，就构成了新表的表结构。以创建“教材”表为例，使用向导创建表操作步骤如下：

① 启动Access 2003后，打开“管理”数据库。

② 在数据库窗口中，双击选择“使用向导创建表”，系统显示范例表与待建表，如图5-10所示。

③ 通过在“示例表”中选取不同的表，把“示例字段”中合适的字段添加到“新表中的字段”，并且通过“重命名字段”功能把字段名改为与新表一致的名字，结果见图5-11所示。

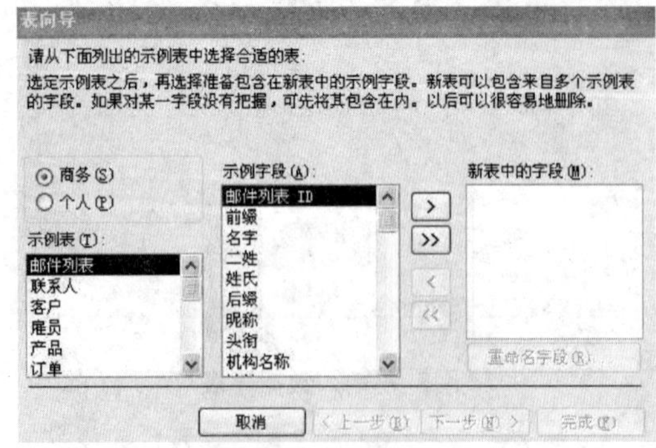

图5-10向导创建表

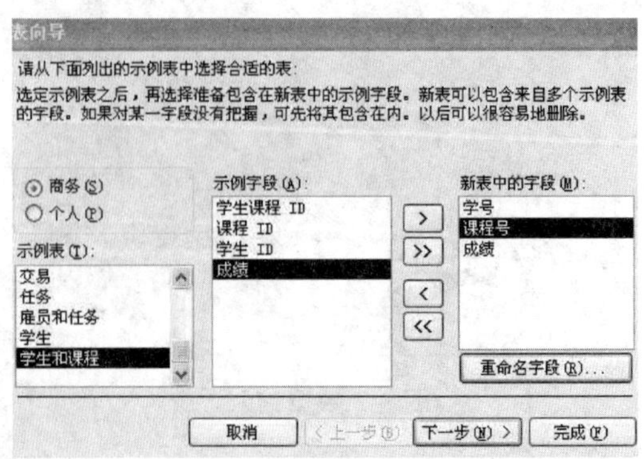

图5-11 添加字段

④ 按照向导步骤，定义表的名字、关系与主键。同样，可以使用“视图方式”对表结构进行补充定义。结构定义完成后，根据表内容输入数据。“教材”表文件创建完成。

步骤3 表间关系。

表关系一般通过各表匹配键字段中的数据来建立。通常两个表中具有相同名字的字段，其中一个是一个表的主键，对表中的记录提供唯一的辨识标记，而另外一个是其所在表的外键。在Access 2003中，表关系的方式有三种：“一对一的关系”、“一对多的关系”和“多对多的关系”。

（1）建立表间关系。

下面以“学生”表与“成绩”表建立关系为例，来说明表之间建立关系的步骤。具体如下：

① 启动Access 2003，打开“管理”数据库，进入数据库窗口。在数据库窗口中，选择“表”对象，这时“对象列表区”显示所有表。

② 单击“数据库”工具栏上的“关系”按钮，将打开“关系”窗口并出现“显示表”对话框。选中“学生”与“成绩”这两个表，单击“添加”将这两个表添加到“关系”窗口中如图5-12，然后关闭“显示表”。

③ 在“学生”表中选中“学号”字段，按住鼠标左键拖至“成绩”表中的“学号”字段，系统显示“编辑关系”对话框如图5-13所示。

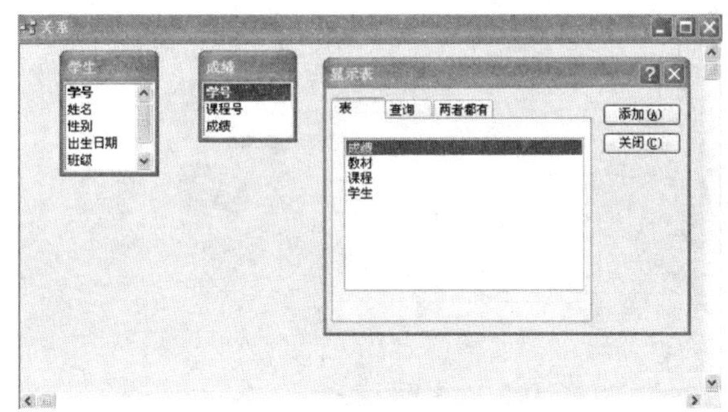

图5-12 创建关系

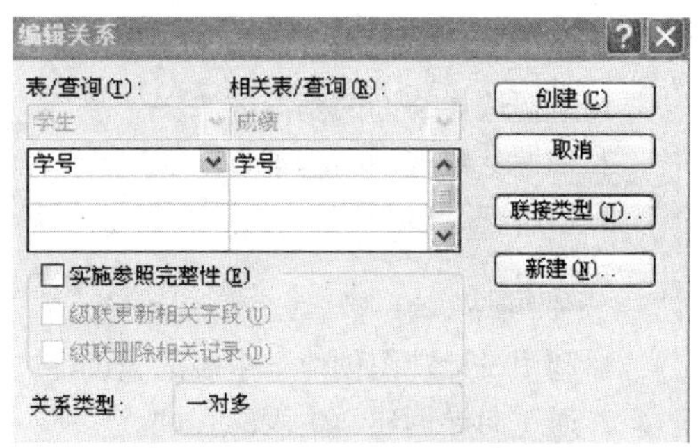

图5-13 编辑关系

④ 系统根据两个表的记录数据能自动辨识关系类型。单击创建，两个表的关系创建完成。用同样的方法创建完成“课程”与“成绩”的关系，如图5-14所示。

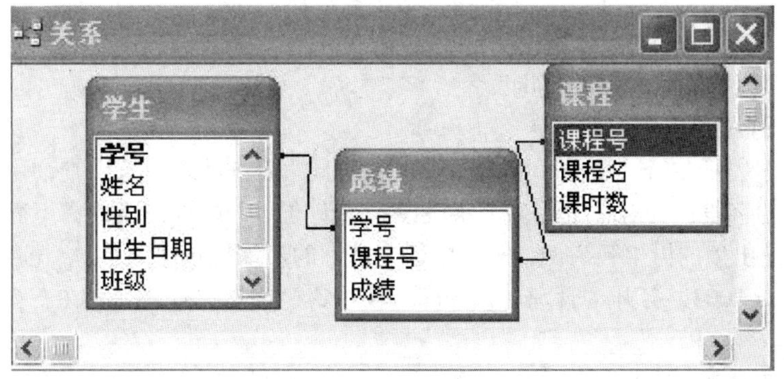

图5-14 关系图

（2）有关关系的操作。

①编辑关系的操作：在数据库窗口中，选择工具栏的“关系”按钮，打开“关系”窗口；双击两个表之间的关系线，打开编辑属性对话框；在编辑属性对话框中，对所选中的关系进行编辑修改，并对编辑修改结果进行保存，就完成了编辑。

②删除关系的操作：在数据库窗口中，选择工具栏的“关系”按钮，打开“关系”窗口；选中需要删除的关系，选择数据库窗口菜单栏“编辑”中的“删除”功能或Delete键并确认，就完成了关系的删除。

③查询关系的操作：查询关系的方法很多，一般的查询方法是在数据库窗口下，单击工具栏中的“关系”按钮就可以查询同一数据库内各个表之间的关系。若要查询特定表的关系，那么单击该表并用“关系”按钮就可查询。

实验2 查询设计

实验目的

1. 掌握选择查询的基本方法。
2. 掌握参数查询的基本方法。
3. 了解交叉表查询。

任务描述

1. 利用设计视图创建学生表的查询。
2. 通过向导创建学生表的查询。
3. 利用“交叉表查询向导”创建交叉表查询。

操作步骤

步骤1 选择查询。

选择查询是最常用的查询手段，它由用户给定条件然后从一个或多个表中找出符合条件的记录，并且在用户设定的查询表中显示结果。Access 2003有“通过向导创建查询”与“在设计视图中创建查询”两种方法建立“选择查询”。

（1）在设计视图中创建查询。

主要有三种方法：在当前数据库中选择作为数据源的表；从表中选出查询用的字段，以及规定查询表要显示的字段；针对一个或多个字段设置查询准则，即查询条件。下面以在“学生”表中查找“1988年前出生的男生”为例，来说明建立查询的步骤。具体如下：

① 启动Access 2003，打开“管理”数据库。在对象栏选择“查询”，在右窗格中显示查询列表如图5-15所示。

② 在右窗格中选择“在设计视图中创建查询”，出现如图5-16所示的对话框。

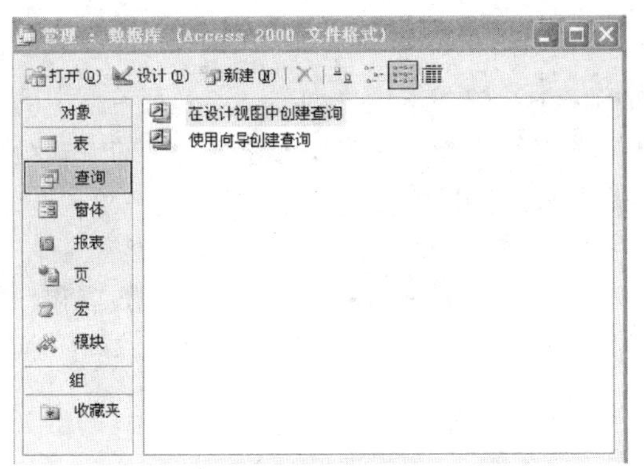

图5-15 查询列表

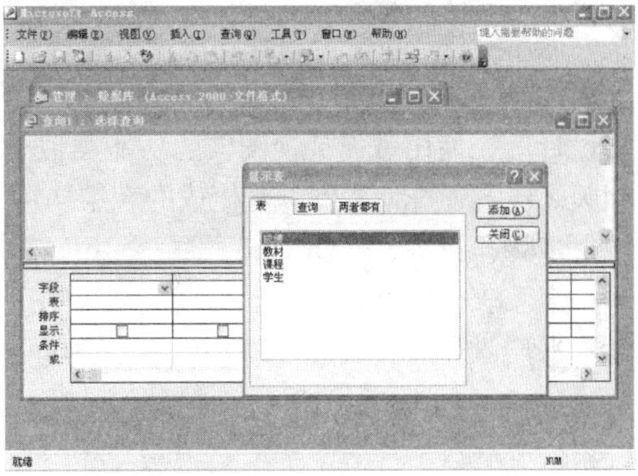

图5-16 创建查询

③ 选择“添加”→“学生”，然后关闭显示表，如图5-17所示。图中各选项的说明如下：

字段：表明数据来源某个字段或表达式。

表：字段所属的表名。

排序：确定所属内容是否进行排序。

显示：选中表示所属内容在查询表中显示，否则不显示。

条件：输入查询要求，它的书写方式必须符合逻辑表达式的书写规范。

或：用来输入逻辑“或”的另一个条件。

④ 双击“学生”中需要显示的字段，并且相关字段下的“条件”栏输入条件。如“男生”，“<#1988-1-1#”等，条件输入后如图5-18所示。当所输入的条件比较复杂时，用户将光标点到“字段”栏，用右键弹出快捷菜单选择表达式生成器，就可以用表达式生成器书写表达式。用户也可以在“字段”栏直接填写规范的表达式或统计命令，用来进行各种运算，表达式的书写类似于“条件”栏。对于书写表达式或统计命令的字段，可以用“字段属性”下的“标题”来定义字段名称，将该结构保存，系统自动生成“查询1”表文件。再通过更改文件名的方式，将“查询1”更名为“学生信息查询”，就完成了该查询表的创建。

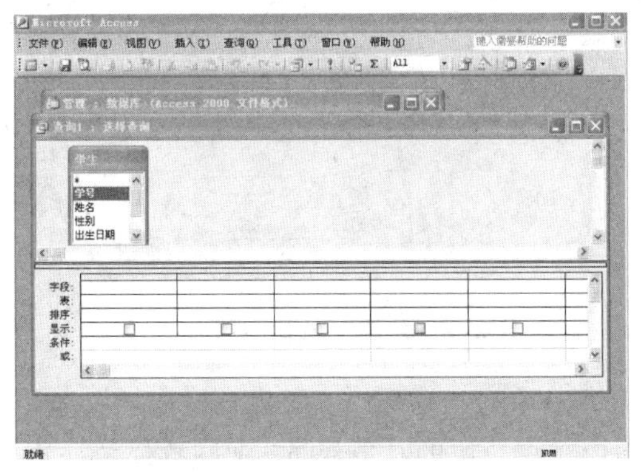

图5-17 查询中添加表

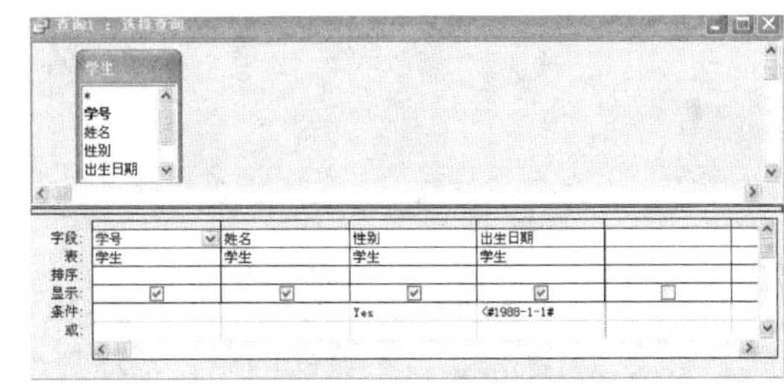

图5-18 查询中输入条件

（2）通过向导创建查询。

① 在数据库窗口中，选择对象为“查询”，右窗格中选择“通过向导创建查询”。先选中“学生”表作为数据源，仿照“通过向导创建表”的方式，把“学生”源文件中需要显示的字段添加到查询表的表结构中。保存查询表的表结构，系统自动生成查询文件“学生查询”。但是该

文件的所有信息都未经过虑，因而需要进一步信息加工。

② 在数据库窗口中选择“对象”为“查询”，右窗格中选中“学生查询”。点击菜单栏中的“设计”，使用“设计视图”的功能类似于“在设计视图中创建查询”中设置查询条件的方式给相关字段设置查询条件。对生成的表结构加以保存，就完成了创建查询。

步骤2 交叉表查询。

交叉表是一种常用的汇总性表格，通过创建交叉表查询可以实现对表数据的运算，如求和、计算平均值等等。Access 2003提供了9种标准函数，详见表5-1。

表5-1 Access标准函数

函数名	功能	数据类型
Sum	字段值总和	数值、日期、货币和自动编号
Avg	字段求平均值	数值、日期、货币和自动编号
Min	字段的最小值	文本、数值、日期、货币和自动编号
Max	字段的最大值	文本、数值、日期、货币和自动编号
Count	统计记录个数（不含空值）	文本、数值、日期、备注、自动编号、货币、是/否和OLE对象
StDev	字段的标准偏差值	数值、日期、货币和自动编号
Var	字段的放差值	数值、日期、货币和自动编号
第一项	首记录	文本、数值、日期、备注、自动编号、货币、是/否和OLE对象
最后一项	尾记录	文本、数值、日期、备注、自动编号、货币、是/否和OLE对象

利用“交叉表查询向导”创建交叉表查询的操作步骤如下：

（1）点击数据库窗口对象选项中的“查询”，进入查询窗口，如图5-19所示。

（2）单击菜单栏中的“新建”，打开如图5-20所示的“新建查询”对话框。

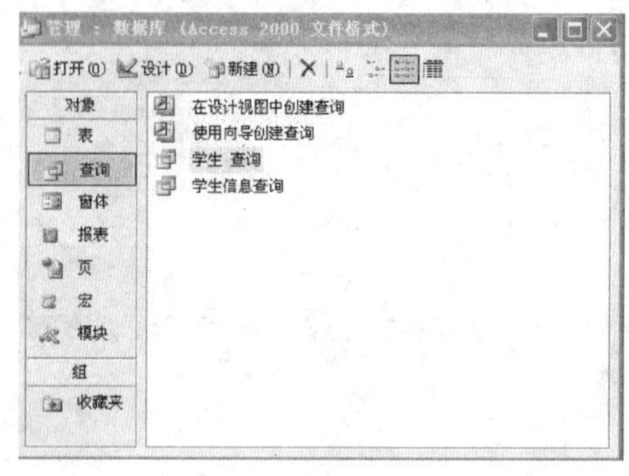

图5-19 查询窗口

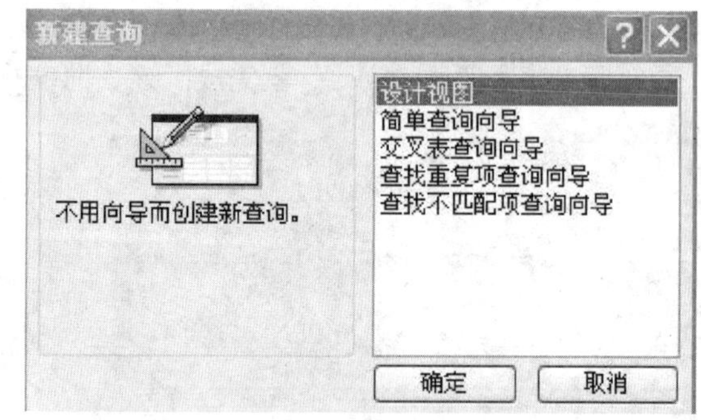

图5-20 新建交叉查询

（3）在“新建查询”对话框中，选择“交叉表查询向导”，打开“交叉表查询向导”对话框，如图5-21所示。这个对话框用来选择数据源，它可以是表，也可以是查询，或两者都是。

（4）选择“学生”表作为示例，点击“下一步”。从可选的字段中选择“学号”作为行标题，“课程号”作为列标题，如图5-22、5-23所示。

（5）确定每个单元的计算方式，如图5-24所示。

（6）在“简单查询向导”最后一个对话框输入查询表名称“学生单科最低成绩查询”，单击“完成”就创建完成了交叉表查询。

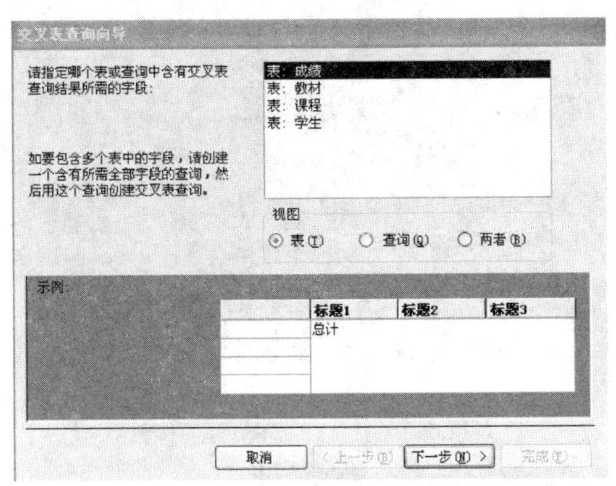

图5-21 交叉表查询向导

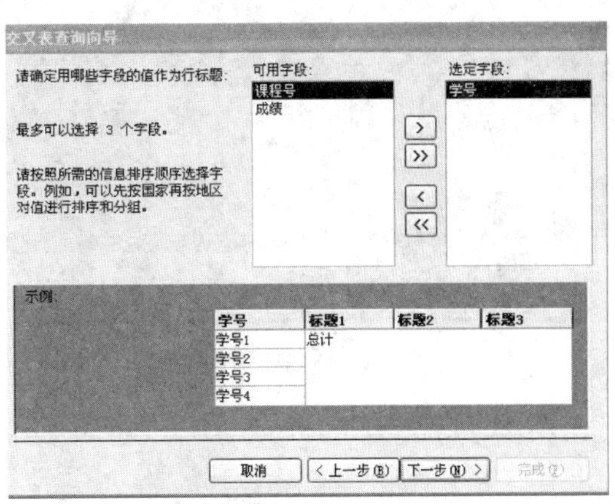

图5-22 交叉表查询字段选择1

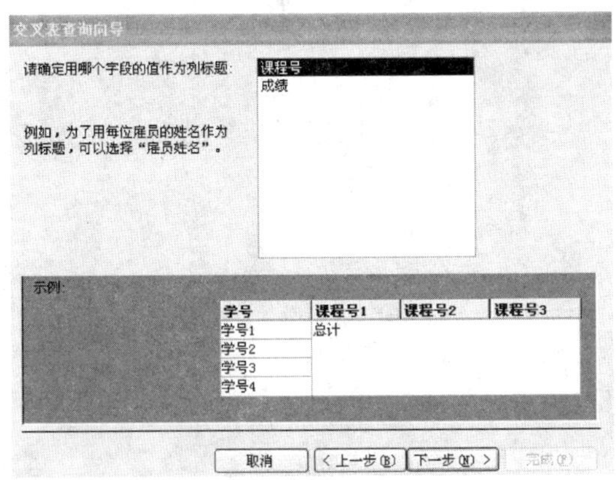

图5-23 交叉表查询字段选择2

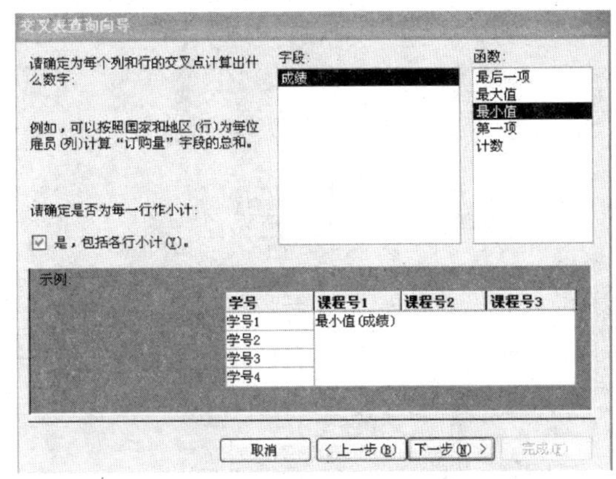

图5-24 确定单元计算方式

实验3 窗体设计

实验目的

1.掌握窗体设计的方法。

2.根据具体要求设计窗体，并使用窗体完成相关操作。

任务描述

1.使用自动功能创建窗体的方式建立一个"学生"窗体，如图5-25所示。数据源为"学生"表，窗体标题为"学生"。

2.用向导创建窗体的方法建立一个"学生成绩"窗体，如图5-26所示。数据源为"学生"和"成绩"表，窗体标题为"学生成绩"。

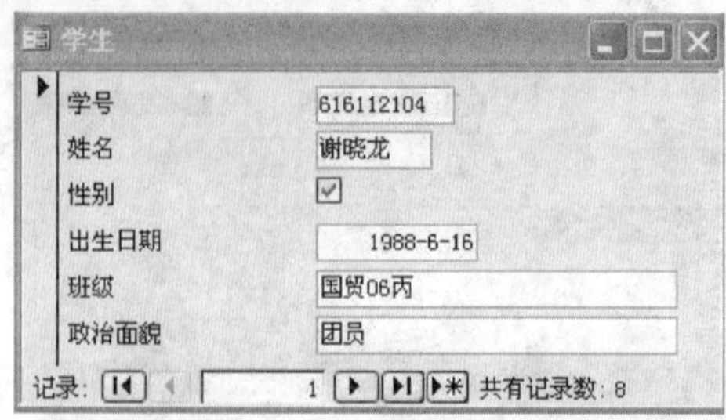

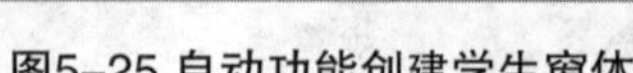
图5-25 自动功能创建学生窗体

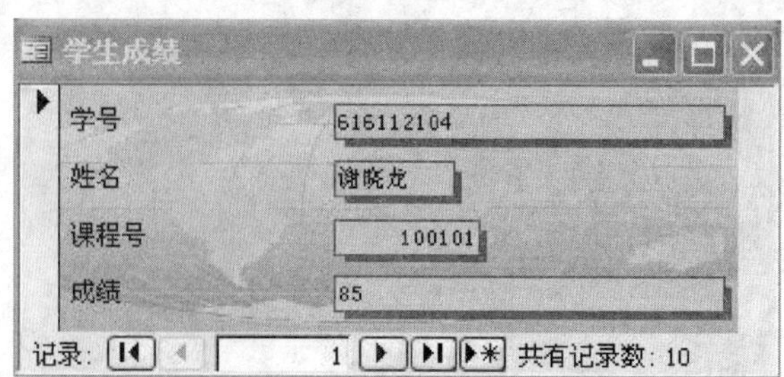

图5-26 向导方式创建学生窗体

3.建立一个“学生信息”窗体，如图5-27所示。数据源为“学生”表，窗体标题为“借书记录”。

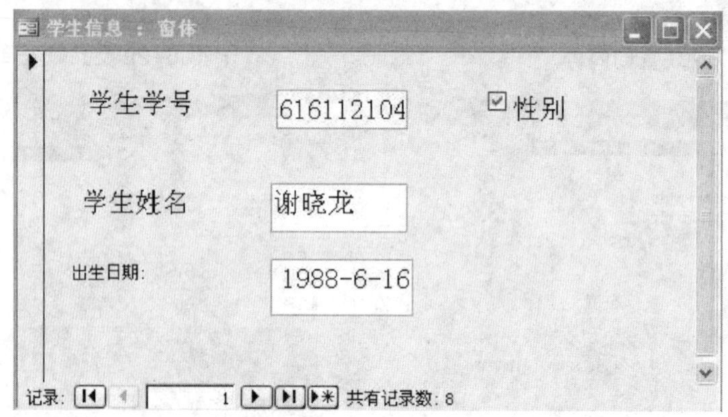

图5-27 借书登记

操作步骤

窗体主要由节组成，所有的窗体都有一个主体节，但是它还包括窗体页眉、页面页脚、页面页眉和窗体页脚。窗体中每一节都有它的作用，它们的具体功能如表5-2所示。

表5-2 Access的节

节　名	功　能
主　体	显示记录，可以是一条，也可以是多条
窗体页眉	每一条记录都显示同样的信息，如窗体的标题
页面页眉	在打印页顶部显示标题或列标题等信息
页面页脚	在打印页底部显示如日期或页码等信息
窗体页脚	每一条记录都显示同样的信息，如命令按钮或其他使用窗体的指导

在Access中，窗体具有5种不同作用的视图：设计视图、窗体视图、数据表视图、数据透视表视图和数据透视图视图。一般用设计视图创建一个窗体。在设计视图中创建窗体后，可以使用窗体视图或数据透视表视图查看窗体的设计情况。在数据表视图中，可以查看以行和列显示的记录。

步骤1 自动功能创建窗体。

使用自动功能创建窗体可以创建纵栏式窗体、表格式窗体和数据表窗体。以“学生”表文件作为数据源，使用“自动功能窗体”的操作步骤如下：

（1）在数据库窗口中单击“对象”栏的“窗体”选项，出现如图5-28所示的窗口。

（2）选中菜单栏的“新建”，打开“新建窗体”对话框，如图5-29所示。

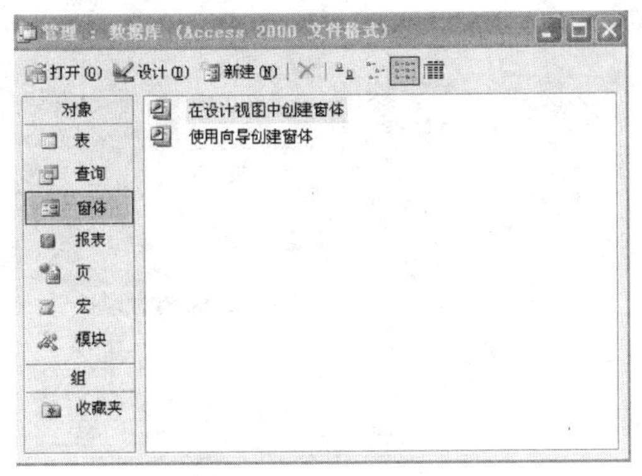

图5-28 自动窗体创建

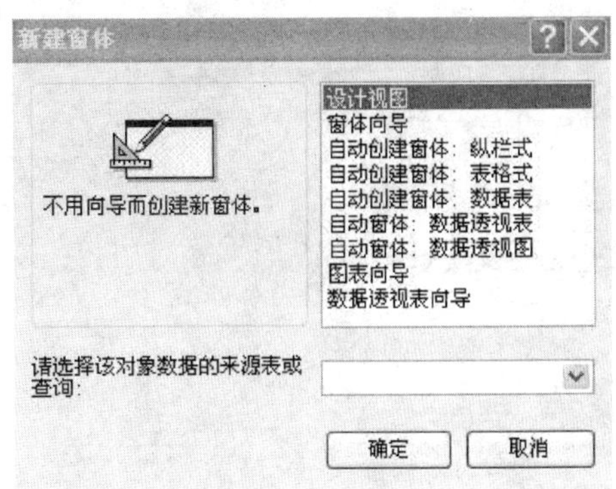

图5-29 新建窗体

（3）在数据源中选中“学生”表，在右上窗格中选择“自动创建窗体：纵栏式”。点击“确定”，系统自动生成如图5-30所示窗格。

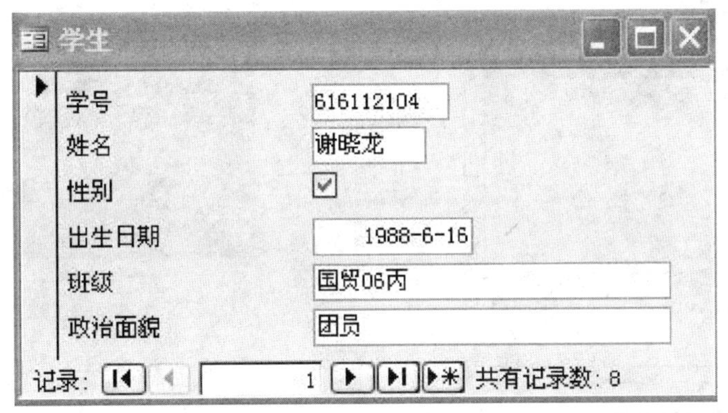

图5-30 自动生成结果

（4）保存窗格，并按系统要求输入名称为“学生”，就完成了窗格的创建工作。

步骤2 使用向导创建窗体。

当数据源来自多个表文件，就需要使用“窗体向导”创建窗体。“窗体向导”将创建窗体布局的基本格式，并在窗体中添加文本框用来显示和编辑数据项的值。

用“学生”和“成绩”这两个表文件作为数据源，创建“学生成绩”窗体的操作步骤如下：

（1）在数据库窗口中，单击“对象”栏的“窗体”选项后出现如图5-28所示窗口。

（2）选中菜单栏的“新建”，打开“新建窗体”对话框。

（3）在新建窗体对话框中打开“窗体向导”对话框，如图5-31所示。

（4）选中“成绩”表的“学号”、“课程号”和“成绩”以及“学生”表的“姓名”，形成如图5-32所示对话框。

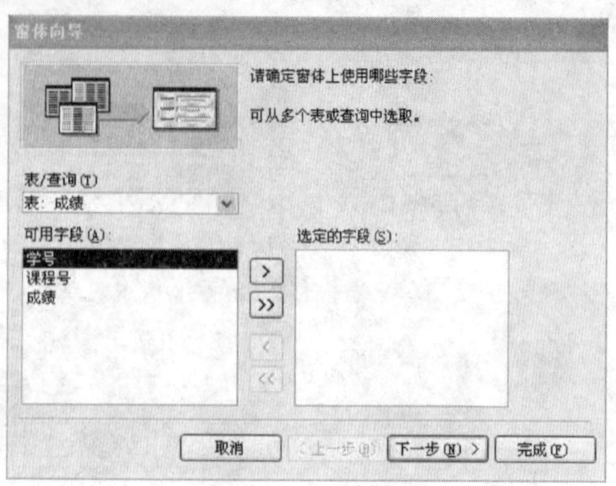

图5-31 窗体向导

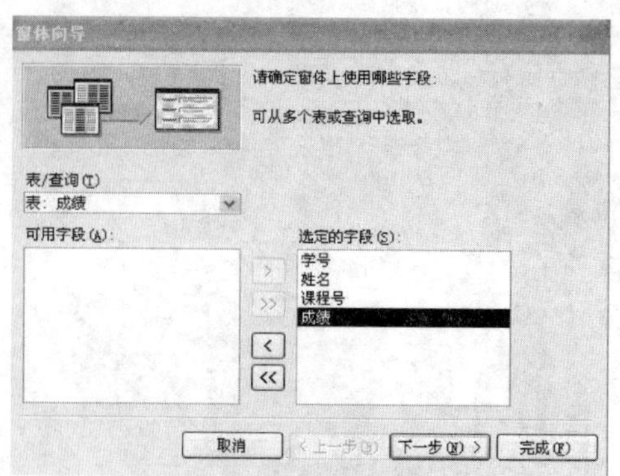

图5-32 选表

（5）根据“窗体向导”的提示，单击“下一步”进入如图5-33所示对话框，展示添加字段的先后次序，并会以这种顺序来显示。

（6）继续单击“下一步”，进入如图5-34所示的窗体布局选择的对话框。

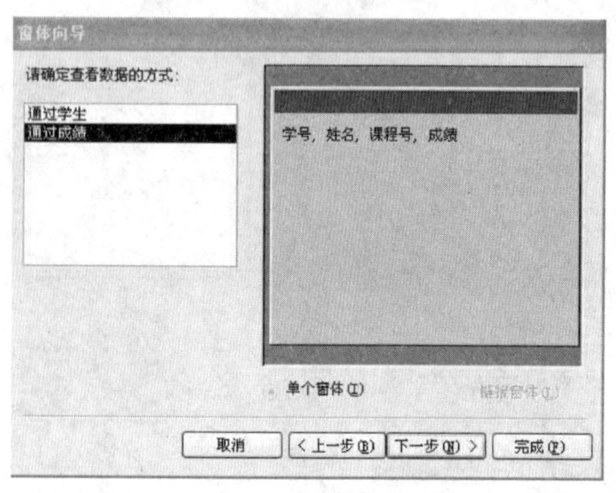

图5-33 添加字段顺序

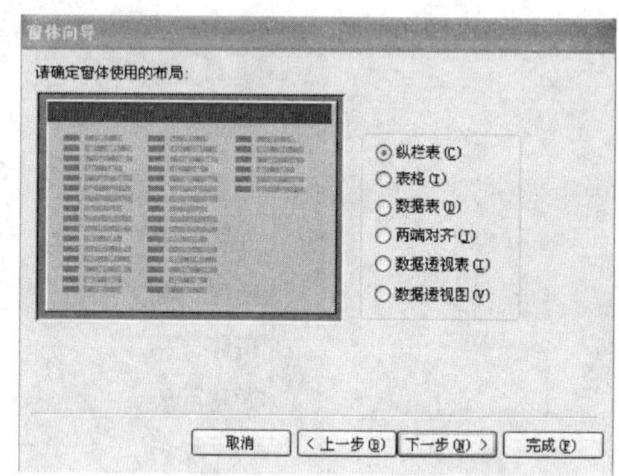

图5-34 布局选择

（7）选择“纵栏表”并继续执行“下一步”，进入图5-35。在这一步可以选择不同的显示样式，它主要反映在文本框和窗体的显示背景上。

（8）如选择“国际”，则在单击“下一步”后见到如图5-36所示对话框。

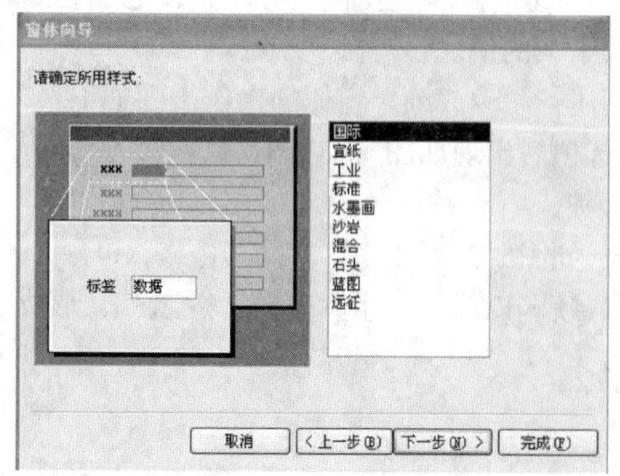

图5-35 显示样式选择窗口

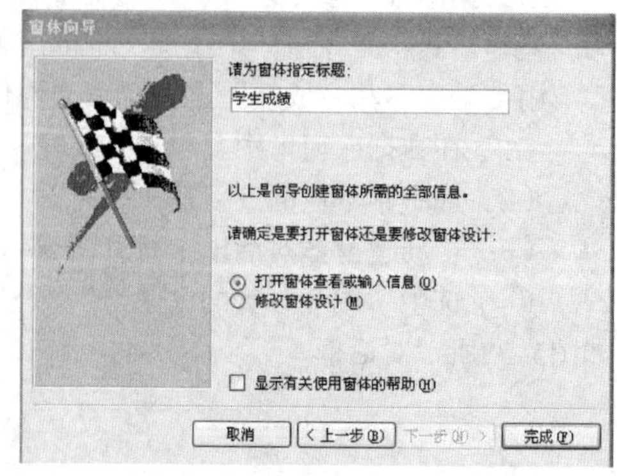

图5-36 指定窗体标题

（9）在“请为窗体指定标题：”中输入“学生成绩”，单击“完成”，Access2003就自动生成了一个窗体，如图5-37所示。

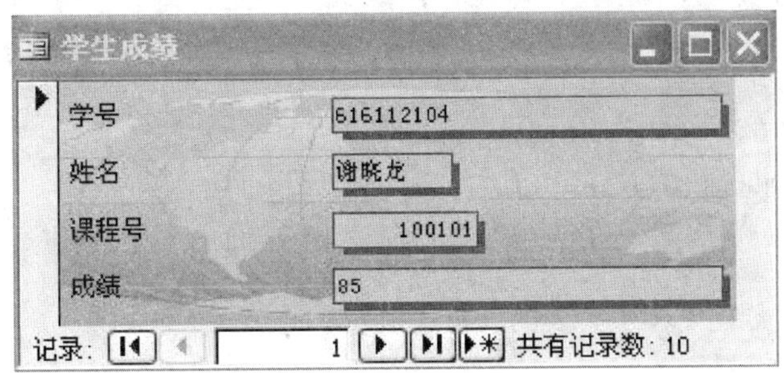

图5-37 生成结果

步骤3 创建自定义窗体。

所谓自定义窗体，就是在一个空白窗体中按照自己的意愿添加控件，达到窗体设计的目的。通过创建“学生信息”窗体，来说明自定义窗体的创建步骤。具体如下：

（1）打开“管理”数据库，在数据库“对象”列表中选定“窗体”选项。

（2）单击该窗口菜单栏“新建”按钮，打开“新建窗体”对话框。在对话框中选择“设计视图”选项，并在数据来源或查询框中输入“学生”，然后单击“确定”按钮，将进入窗体“设计”视图，如图5-38所示。

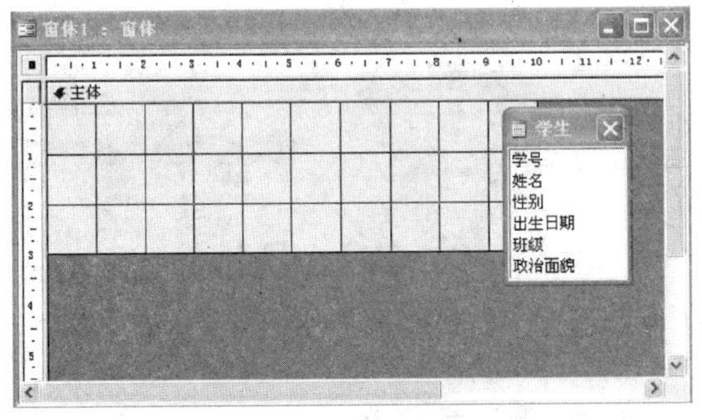

图5-38 窗体设计视图

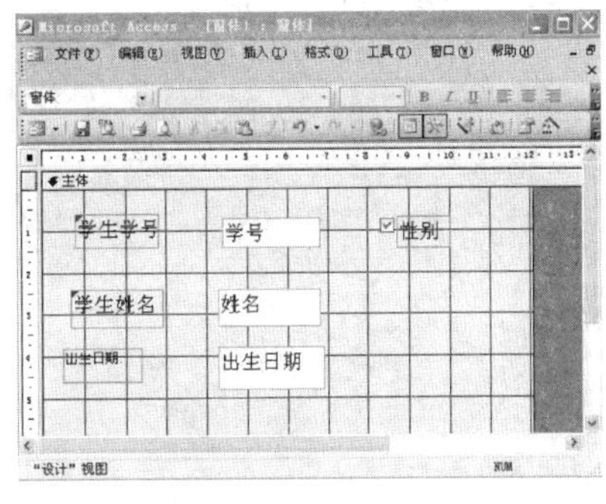

图5-39 控件布局

（3）根据实验内容，对窗体进行设计后，窗体控件布局如图5-39所示。

（4）保存设计方案，系统要求输入窗格名称。输入“学生信息”，单击“确定”就完成了自定义窗体“学生信息”，结果如图5-40所示。

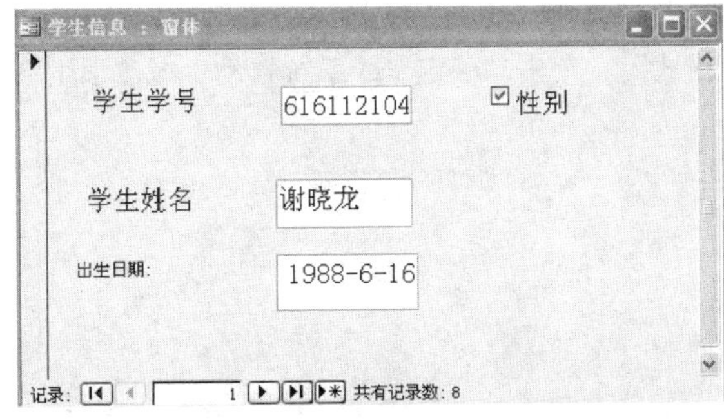

图5-40 设计结果

实验4 创建报表

实验目的

1.掌握创建报表的方法。

2.掌握修改报表的方法。

3.掌握报表中排序和分组的方法。

任务描述

利用设计视图方式创建“学生”表的表格式报表。

操作步骤

根据显示方式和作用不同，Access 2003的报表可以分为四类：纵栏式报表、表格式报表、标签报表和图标报表。

创建报表也分为“快速创建报表”与“使用设计视图创建报表”，其中根据数据源来自一个或多个表文件又分“自动创建报表”与“使用报表向导创建报表”两种。由于报表的创建方式与窗体的创建方式几乎一致，因此此处只以“学生”表为数据源，用“自动创建报表”方式快速创建报表来举例说明报表创建的过程。

步骤1 在数据库窗口中选择数据库对象为“报表”，如图5-41所示。

步骤2 在菜单栏中选择“新建”，打开“新建报表”对话框，如图5-42所示。

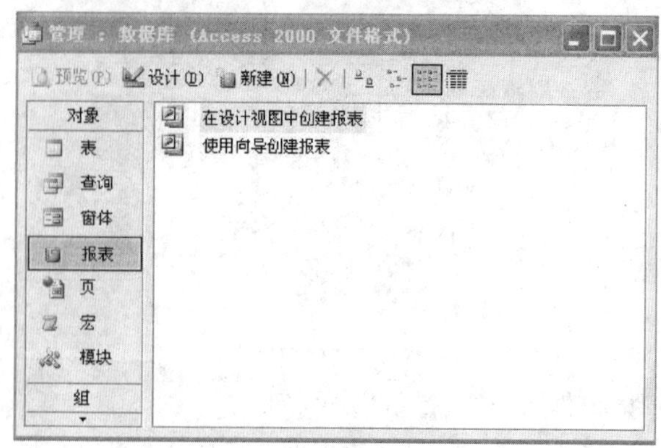

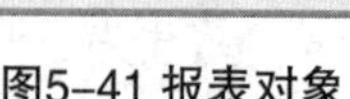
图5-41 报表对象

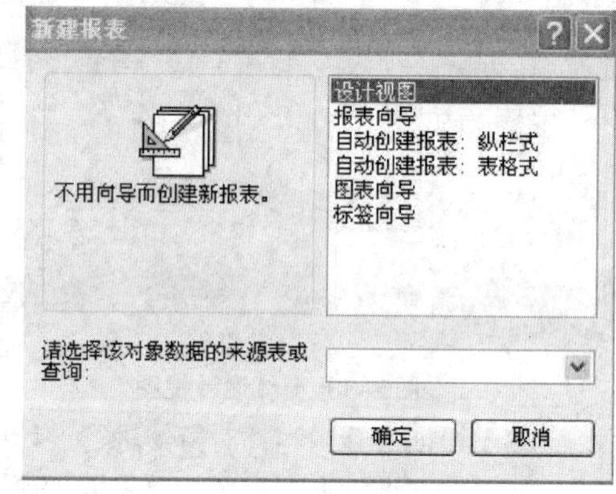

图5-42 新建报表向导

步骤3 在图5-41中的“数据来源或查询”下拉窗口里选中“学生”表文件，并在右上窗格中选择“自动创建报表：表格式”，单击“确定”，系统自动生成“学生”报表，如图5-43所示。

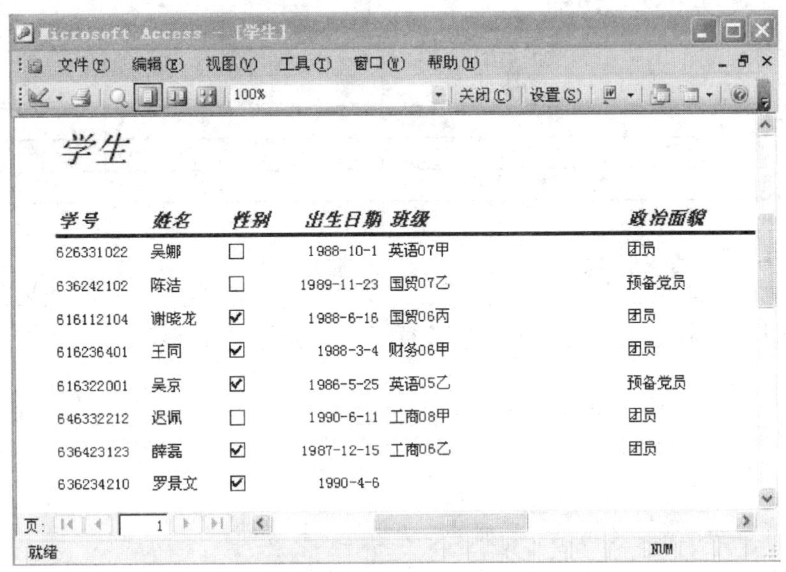

图5-43 设计结果

实验练习题

练习一

1.启动Access数据库，在“d:\Access练习”文件夹中创建一个名为“图书管理.mdb”的空数据库文件。

2.按照以下表5-3、5-4、5-5的结构，在上述建立的数据库中创建“读者”、“图书”、“借书登记”3个表。

表5-3 “读者”表结构

字段名称	数据类型	字段大小	主键
借书证号	文本	6	是
姓名	文本	3	否
部门	文本	10	否
办证时间	日期/时间	–	否
照片	OLE对象	–	–

表5-4 “图书”表结构

字段名称	数据类型	字段大小	主键
书号	文本	5	是
书名	文本	20	否
作者	文本	3	否
出版社	文本	10	否
价格	数字	单精度（小数位数2）	否
是否有破损	是/否	–	否
备注	备注	–	否

表5-5 “借书登记”表结构

字段名称	数据类型	字段大小	主键
流水号	自动编号	长整型	是
借书证号	文本	6	否
书号	文本	5	否
借书日期	日期/时间	–	否
还书时期	日期/时间	–	否

3.将所有日期型字段的格式设置为“短日期”。

4.将“图书”表的“书号”字段的“标题”设置为“图书编号”；“出版社”字段的默认值设置为“电子工业出版社”；“价格”字段的有效性规则为“价格>0”；有效性文本为“价格必须大于0”。

5.“登记”表设置有效性规则“还书日期>借书日期”，有效性文本为“还书日期必须大于借书日期”。

6.为“读者”表的“部门”字段设置查阅属性，显示控件为组合框，行来源类型为值列表，行来源为法律系、英语系、中文系、科研处、人事处、教务处。

7.在“读者”、“图书”和“借书登记”3个表中输入记录（见表5-6、5-7、5-8），照片和备注内容可以自己定义。

表5-6 “读者”表记录

借书证号	姓名	部门	办证日期	照片
502001	刘平平	人事处	2003/06/20	
512015	张云	英语系	2003/03/10	
512018	马晓慧	英语系	2002/10/08	
522100	彭丽	法律系	2003/06/21	
522106	张朝阳	法律系	2002/12/12	
532150	陈洪	科研处	2003/09/26	

表5-7 “图书”表记录

书号	书名	作者	出版社	价格	借出有破损	备注
J1022	C语言程序设计	刘志强	清华大学出版社	22.00		
J1035	网页设计技术	王芳	电子工业出版社	21.00		
J1039	图形图像处理	王芳	电子工业出版社	25.00		
W1101	红楼梦	曹雪芹	文化艺术出版社	32.50	是	
W2210	基督山伯爵	大仲马	文化艺术出版社	30.60	是	

表5-8 “借书登记”表记录

流水号	借书证号	书号	借书日期	还书日期
1	502001	W2210	2005/10/08	2005/10/30
2	502001	J1035	2005/07/05	2005/09/10
3	512018	W1101	2004/03/20	2004/04/21
4	522100	W1101	2004/11/15	2004/12/06
5	522100	W2210	2004/11/15	2004/11/30
6	522100	J1035	2005/05/21	2005/06/22
7	522106	W1101	2005/09/16	2005/10/16
8	522106	W2210	2005/11/12	2006/01/20
9	522150	J1039	2006/03/20	

8.在“读者”表中，将“部门”字段移到“姓名”字段的前面，然后增加一个“联系方式”字段，数据类型为“超链接”（存放读者的E-mail地址）。

9.在“读者”表和“图书”表中添加两条记录，内容自定。

10.删除“读者”表中新添加的两条记录。

11.对“读者”表按“办证日期”排序。

12.对“借书登记”表按“借书证号”排序，对同一个读者按“借书日期”降序排序。

13.从“图书”表中查找有破损的图书。

14.从“借书登记”表中查找借书证号为“522100”的读者在2004年的借书情况。

15.在“读者”表中，按“办证日期”字段建立普通索引，索引名为“办证日期”。

16.在“借书登记”表中，按“借书证号”和“书号”两个字段建立唯一索引，索引名为“借书证号+书号”。按“借书证号”和“借书日期”两个字段建立普通索引，索引名为“借书证号+借书日期”。

17.在“读者”表和“借书登记”表之间按“借书证号”字段建立关系，在“图书”表和“借书登记”表之间按“书号”字段建立关系，两个关系都实施参照完整性。

练习二

1.利用“查找不匹配项查询向导”查找从未借过书的读者的借书证号、姓名、部门和办证日期，查询对象保存为“未借过书的读者”。

2.利用“查找重复项查询向导”查找同一本书的借阅情况，包含书号、借书证号、借书日期和还书日期，查询对象保存为“同一本书的借阅情况”。

3.利用“交叉表查询向导”查询每个读者的借书情况和借书次数，行标题为“借书证号”，列标题为“书号”，按“借书日期”字段计数。查询对象保存为“借阅明细表”。

4.创建一个名为“法律系借书情况”的查询，查找法律系读者的借书情况，包括借书证号、姓名、部门、书名和借书日期，并按书名排序。

5.创建一个名为“按图书查询”的参数查询，根据用户输入的书名查询该书的借阅情况，包括借书证号、姓名、书名、作者、借书日期和还书日期。

6.创建一个名为“价格总计”的查询，统计各出版社图书价格的总和，查询结果中包括出版社和价格总计两项信息，并按价格总计项降序排列。

7.创建一个名为“借书超过60天”的查询，查找借书人的姓名、借书证号、书名、借阅时间等信息。

8.创建一个名为“已借出图书”的查询，查找书号、书名和借书日期。

9.创建一个名为“查询部门借书情况”的生成表查询，将“法律系”和“英语系”两个部门的借书情况(包括借书证号、姓名、部门、书号)保存到一个新表中。新表的名称为“部门借书登记”。

10.创建一个名为“添加部门借书情况”的追加查询，将“人事处”读者的借书情况添加到“部门借书登记”表中。

11.创建一个名为“删除部门借书情况”的删除查询，将“英语系”读者的借书情况从“部门借书登记”表中删除。

12.将“读者”表复制一份，复制后的表名为“读者 copy”，然后创建一个名为“更改部门”的更新查询，将“读者 copy”表中部门为“人事处”的字段值改为“教务处”。

练习三

1.建立一个“读者登记”窗体，如图5-44所示。数据源为“读者”表，窗体标题为“读者记录”。

2.建立一个“图书登记”窗体，如图5-45所示。数据源为“图书”表，窗体标题为“图书记录”，要求出版社的信息利用组合框控件输入或选择，然后通过窗体添加两条新记录，内容自行确定。

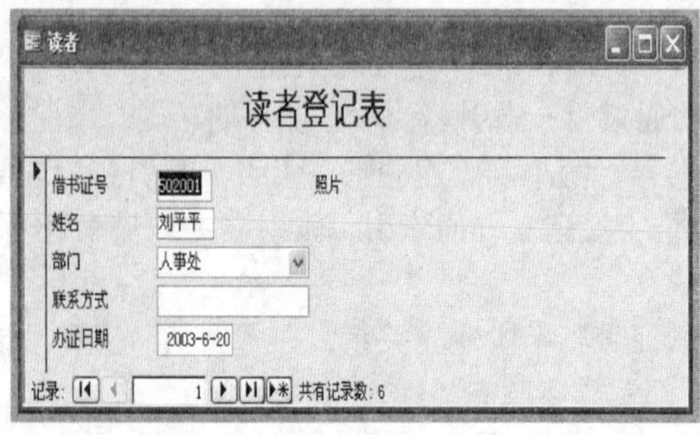

图5-44 “读者”登记窗体

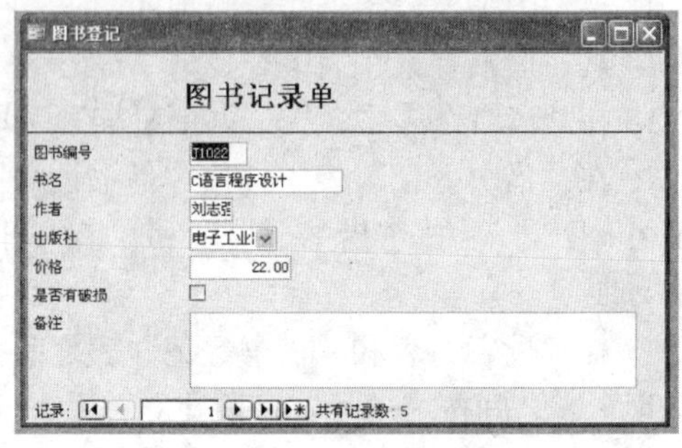

图5-45 “图书”登记窗体

3.建立一个“借书登记”窗体，如图5-46所示。数据源为“借书登记”表，窗体标题为“借书记录”。要求显示系统当前的日期，并统计借书人次（使用count函数实现）。

4.建立一个“读者借书情况”的主窗体，如图5-47所示。主窗体显示读者的借书证号、姓名和部门。子窗体显示相应读者的借书情况，包括借书证号、书号、借书日期和还书日期。

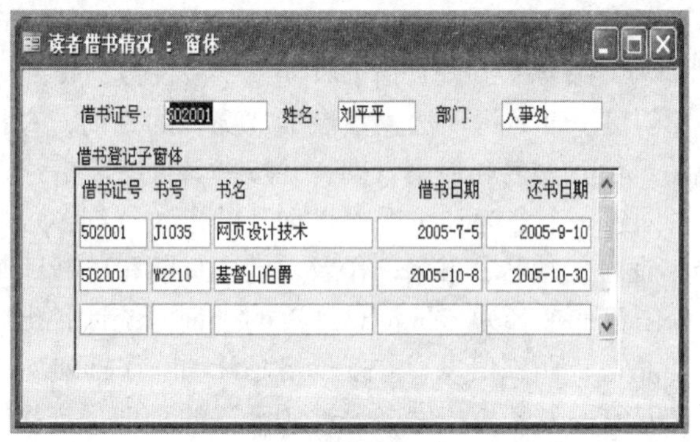

图5-46 借书登记

图5-47 读者借书情况登记

5.建立一个“图书管理主界面”的窗体，如图5-48所示。单击各命令按钮，可分别打开上面建立的4个窗体，单击“退出”按钮，可关闭窗体。

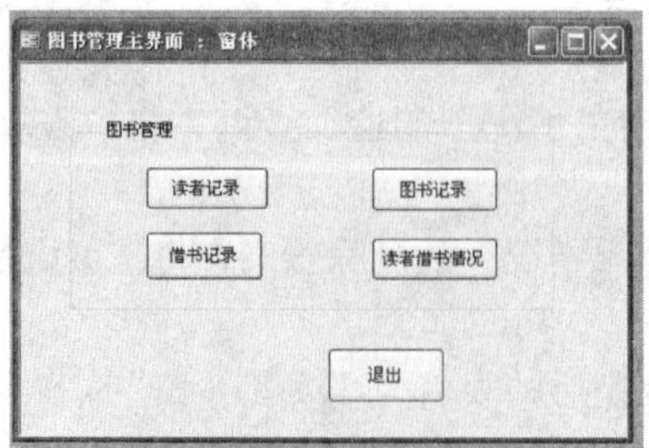

图5-48 图书管理主界面

练习四

1.建立一个“读者信息”报表，显示每位读者的详细信息，如图5-49所示。

2.使用标签向导，建立一个“图书登记卡”标签，如图5-50所示。

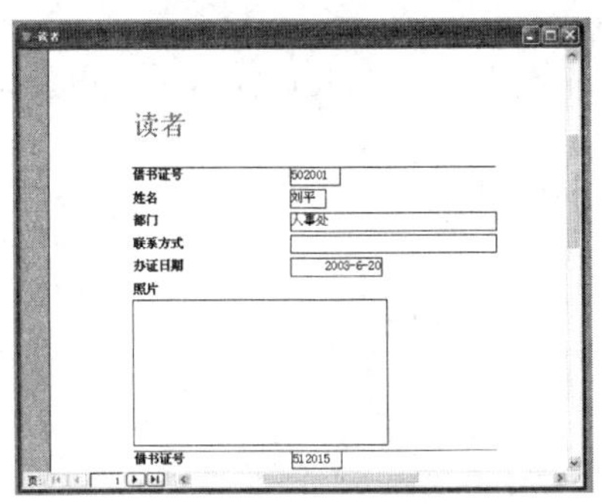

图5-49 读者信息

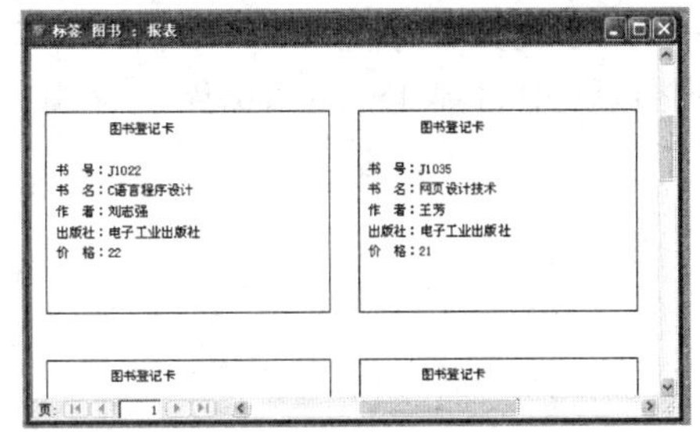

图5-50 图书登记卡

3.建立一个“图书借阅情况”报表，显示每本书的借阅情况及借阅次数。

4.建立一个“还书情况”报表，统计每个读者的还书情况（按书号排序）。如果还书日期不为空，则表示已还书；否则，就表示未还书（用红色文字显示）。

5.建立一个“读者借书”报表，显示每个读者的借书情况，要求使用子报表实现，并且第1页只显示报表的标题、制作人和日期等信息，从第2页开始显示读者借书的信息。

6.建立一个“借书统计”报表，显示图书信息及借书统计图表。

第 6 章 网络应用操作实验

本章知识点

1.IE浏览器的设置与使用。

2.邮件软件Outlook Express的配置与使用。

实验1 IE浏览器的设置与使用

实验目的

Internet Explorer浏览器是众多网络浏览器中市场占有份额最大、性能良好的浏览器软件。本实验的目的，是让学生熟练掌握Internet Explorer浏览器的基本使用方法，能应用Internet Explorer浏览器查阅指定的网页，能下载页面内容，能对Internet Explorer浏览器进行设置。

任务描述

1.了解万维网的工作方式。

2.熟悉Internet的网络地址。

3.掌握使用Internet Explorer浏览网页的基本方法。

4.掌握使用Internet Explorer保存网页和页面上的图片、文字等对象的方法。

5.掌握收藏夹的使用方法。

6.掌握设置IE浏览器的方法。

操作步骤

说明：本实验中访问的网页地址可根据实际情况而更改，请听从实验指导教师的安排。

步骤1 使用Internet Explorer浏览网页。

（1）启动IE浏览器。执行“开始”菜单“所有程序”子菜单的“Internet Explorer”命令，或双击桌面上的“Internet Explorer” 图标，启动IE浏览器。如果IE浏览器设置有默认主页，IE浏览器将自动连接并显示默认主页。

（2）浏览网页。IE窗口中的标题栏、菜单栏及工具栏与windows中其他窗口类似，紧挨工具栏的下方有地址栏，用来输入URL内容，即要访问的网页地址。如可输入新浪的地址“http://www.sina.com.cn”后按回车键，打开如图6-1所示的新浪网站主页。鼠标指向主页窗口中的超级链接“新闻”，当鼠标指针变成手指形状后单击打开该链接，注意观察地址栏变化。单击标准工具栏上的“前进” 按钮和“后退” 按钮在访问过的页面之间跳转。

（3）搜索网页。在IE窗口的地址栏输入“http://www.google.com”，打开如图6-2所示的Google搜索引擎。在搜索栏中输入要查找的内容，如“office高级应用”，单击“Google搜索”按钮。然后可以在搜索结果中点击相应链接进行浏览，如图6–3所示。

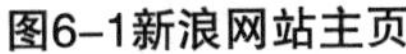
图6–1新浪网站主页

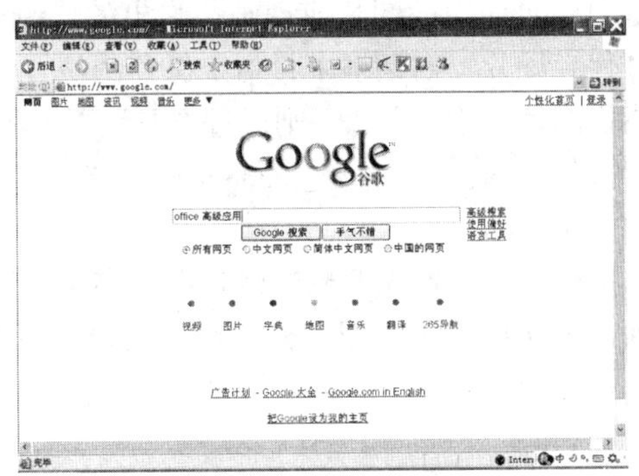

图6–2 Google搜索引擎

步骤2 使用Internet Explorer保存网页和页面上的图片。

（1）在IE浏览器窗口执行“文件”菜单的“另存为”命令，可以将当前窗口打开的网页保存至硬盘中。单击保存类型下拉列表按钮，出现4种类型选择，如图6–4所示。

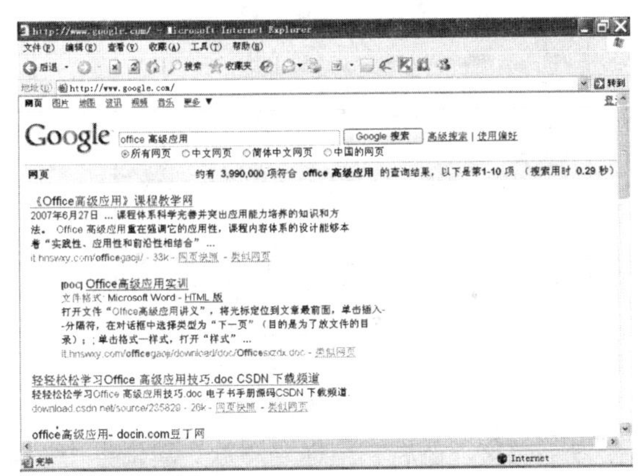

图6–3 搜索结果

图6–4 保存网页

①“网页，全部（*.htm;*.html）”：保存页面的HTML文件和页面的图像文件、背景文件、框架和样式表以及其他已连接的页面内容。按原始格式保存所有文件，文件会被保存在一个和HTML文件同名的子文件夹中。

②“Web档案，单一文件（*.mht）”：保存页面的HTML文件和页面的图像文件、背景文件以及其他已连接的页面内容，保存当前网页的可视信息。

③“网页，仅HTML（*.htm;*.html）”：只保存当前页面中的页面内容，它不保存图像、声音和其他文件。

④“文本文件（*.txt）”：将页面中的文字内容保存为一个纯文本格式文件。

如将“新浪首页”保存到“我的文档”文件夹，文件名为“sina”，保存类型为“网页，仅HTML(*.htm;*.html）”。

操作如下：打开新浪网站，单击“文件”菜单的“另存为”命令，在弹出的“保存页面”对话框中，设置保存在“我的文档”，设置文件名为“sina”，选择保存类型为“网页，仅HTML(*.htm;*.html）”，然后单击“保存”按钮即可。

（2）保存网页中的图片或动画，也就是要将当前网页中的图片或动画保存到硬盘，方法是：右键单击页面中的图片或动画，弹出的快捷菜单如图6-5所示。单击“图片另存为”命令，然后在“保存图片”对话框中，指定保存的位置和文件名，最后单击“保存”按钮即可。如果需要保存指定图片名称的图片，则通过查看网页上图片的属性，找到指定的图片，然后保存。

操作实例：将“logo_home.jpg”保存在目录“D:\result”中，文件名为“picture”，保存类型为“位图(*.bmp)”。

操作如下：首先要判断哪幅图片名为“logo_home.jpg”，可以右键单击网页上的任意图片，在弹出的快捷菜单（图6-5所示）中选择“属性”命令，在弹出的“属性”窗口中查看图片文件的名称是否为要保存的图片，如图6-6所示。

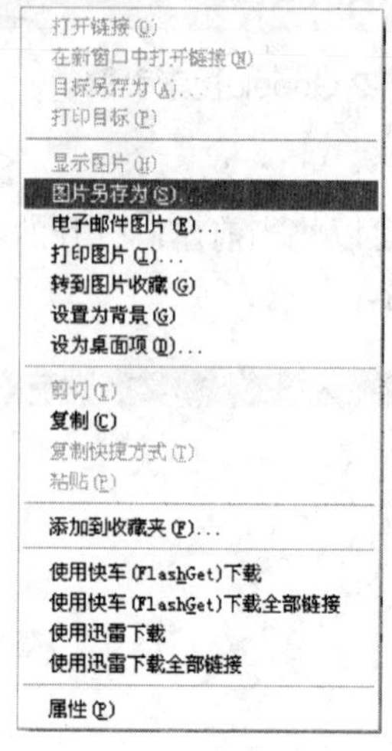

图6-5 保存图片的快捷菜单

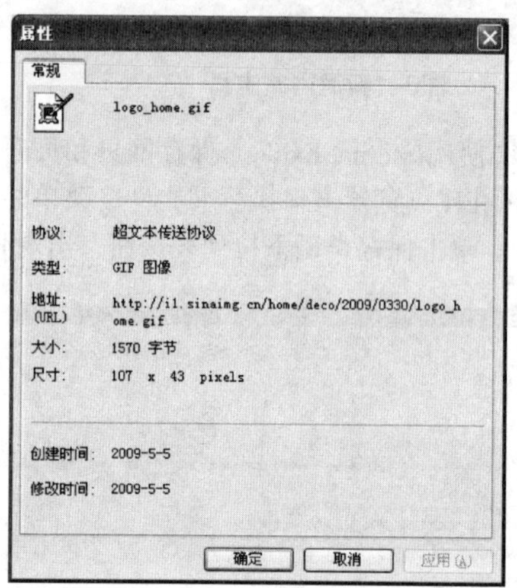

图6-6图片属性

如果该图片是要保存的图片，则保存；如果不是，则继续查看网页中的其他图片。找到图片后，右键点击该图片，快捷菜单中单击“图片另存为”命令，然后在“保存图片”对话框中，单击“我的电脑”→“d盘”→“result”文件夹，设置保存在“D:\result”中，接下来输入文件名为“picture”，选择保存类型为“位图(*.bmp)”，如图6-7所示，最后单击“保存”按钮。

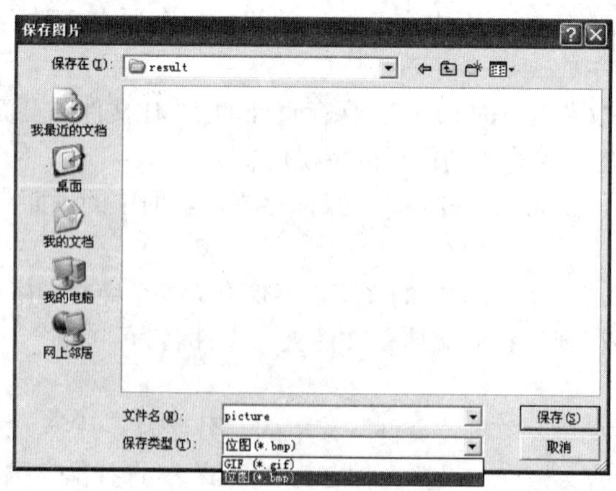

图6-7 保存图片

步骤3 管理收藏夹。

（1）添加到收藏夹。

利用收藏夹功能，可以把浏览的网页或站点地址存储下来，方便以后再次打开。通过“收藏”菜单的“添加到收藏夹”命令，可将浏览的网址加入到收藏夹。

操作实例：将“新浪”网站主页添加到收藏夹中的“链接”子文件夹中，命名为“sina”。操作如下：打开“新浪”网，单击“收藏”菜单，选择“添加到收藏夹”命令，单击“创建到”按钮，选择“链接”子文件夹。将名称改为“sina”，然后单击“确定”按钮。如图6–8所示。打开“收藏”菜单，观察已保存在收藏夹中的文件。

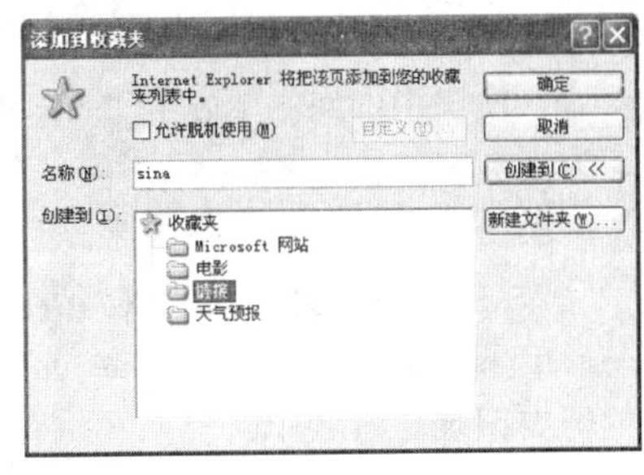

图6–8 添加到收藏夹

注意：单击“创建到”按钮可以显示或隐藏收藏夹的子文件夹。可将网页地址存储到“收藏夹”或收藏夹的子文件夹中，也可以单击“新建文件夹”按钮，在“收藏夹”中创建子文件夹。

（2）整理收藏夹

通过“整理收藏夹”，可以创建、重命名收藏夹的子文件夹，可以将网页按类收藏在各个子文件夹中，可以删除收藏夹中的网页或子文件夹。

打开“整理收藏夹”对话框的方法为：使用“收藏”菜单的“整理收藏夹”命令，打开一个如图6–9所示对话框，用户可以在该对话框中创建及管理文件夹。

当用户创建好分类的子文件夹后，这些子文件夹就出现在“收藏”菜单中，用户就可以将网页分类进行收藏。

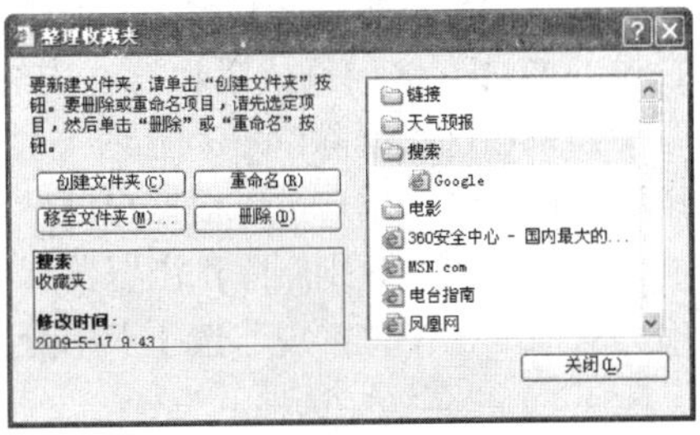

图6–9 整理收藏夹

操作实例：在收藏夹中添加一个文件夹“搜索”，将收藏夹中的“Google”网站主页移动到“搜索”子文件夹中，结果如图6–9所示。

操作步骤：单击“创建文件夹”，在右面窗格中将出现的“新建文件夹”更名为“搜索”，然后选中已存在的链接“Google”，再单击“移至文件夹”按钮，弹出窗口中选择目标文件夹为“搜索”，单击“确定”即可。

步骤4 设置IE浏览器。

单击“工具”→“Internet选项”命令，打开“Internet选项”对话框，如图6–10所示。Internet选项主要用于对IE浏览器的配置信息进行设置和修改。“Internet选项”对话框中有7张选项卡，图6–10显示的是其中的“常规”选项卡，图6–11显示的“高级”选项卡。“常规”选项卡中，主要设置IE的默认主页、删除访问网页时留下的缓存信息和其他一些辅助功能。“高级”选项卡中，主要用于设置一些IE的个性化选项，如网页图片和超链接的显示方式等。

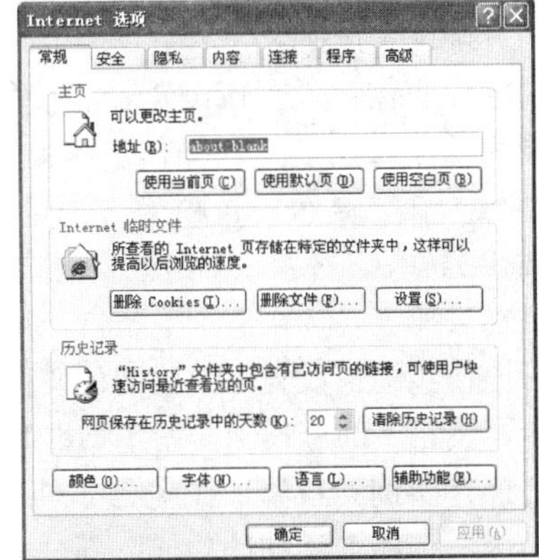

图6–10 “Internet 选项”对话框

（1）IE中主页的设置。

主页是每次启动IE时显示的那一页，只要单击工具栏上的“主页”按钮就会返回该页，默认情况下，IE将微软公司的主页作为IE的主页，用户可以进行修改。操作的方法是：

①单击“工具”→“Internet选项”命令，打开“Internet选项”对话框。

②选择“常规”选项卡，在“地址”后面的文本框中键入更改的主页地址，例如输入：http://www.sina.com.cn，然后单击“确定”按钮。

“使用当前页”表示将目前打开的Web页设为主页。“使用空白页”表示将空白的Web页指定为主页。

操作实例：设置IE浏览器，使主页地址为“http://www.sina.com.cn”。

（2）设定历史记录天数和清除历史记录。

单击“工具”→“Internet选项”命令，打开“Internet选项”对话框。在“常规”选项卡的“历史记录”区域中，“网页保存在历史记录中的天数”可以修改，从而设定历史记录的天数。单击“清除历史记录”按钮，可以将记录的URL地址删除，从而腾出磁盘空间。在“Internet临时文件区域”中，可删除临时文件和Cookies。

操作实例：清除IE浏览器保存的历史记录。操作步骤：打开“Internet选项”对话框，在“常规”选项卡中单击“清除历史记录”按钮。

（3）Internet临时文件。

上网浏览的各种文件都保存在本机硬盘上的一个临时文件夹中。当用户再次浏览时，IE先会检查这些信息资源是否被修改，如未修改则可以从硬盘上而不是从Web上打开频繁访问或已经查看过的网页，这样就可以让这些内容尽快显示。当然也可以使用“刷新”来更改当前页面的内容。如果在这里删除Internet临时文件，可以节省一部分硬盘空间，但所换来的代价是浏览网页的速度会慢一些，用户可以根据自己硬盘的空余空间设置合适的Internet临时文件夹的大小。

操作实例：分别删除IE浏览器保存的Cookies和Internet临时文件。操作步骤：打开“Internet选项”对话框，在“常规”选项卡中分别单击“删除cookies”按钮和“删除文件”按钮。

（4）“高级”选项卡设置。

“高级”选项。“高级”选项卡的内容如图6-11所示，可以按用户不同的需要对IE浏览器进行设置，例如浏览、多媒体、安全、打印、搜索和工具栏设置等。可以选中那些对浏览“Internet”有帮助的选项。要使用默认设置，可以单击“恢复默认设置”按钮。完成设置后，单击“确定”按钮。

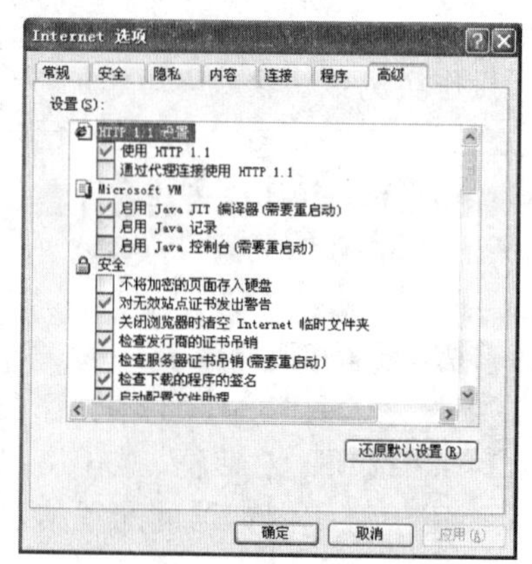

图6-11 高级选项卡

操作实例：设置IE浏览器，使得浏览Internet网页时下载完后不发出通知。操作步骤：打开“Internet选项”对话框，在“高级”选项卡“浏览”部分找到“下载完后发出通知”，使该选项处于非选中状态（把该选项前面的勾去掉）。

操作实例：设置IE浏览器，使得浏览Internet网页时禁止脚本调试。操作步骤：在“高级”选项卡“浏览”部分找到“禁止脚本调试”，使该选项处于选中状态（在该选项前面打勾）。

操作实例：设置IE浏览器，使得浏览Internet网页时不扩展图像的说明文字。操作步骤：在“高级”选项卡“辅助功能”部分找到“始终扩展图像的说明文字”，使该选项处于非选中状态（把该选项前面的勾去掉）。

（5）“安全”选项卡。

IE浏览器提供了一定的安全措施以防止用户访问不安全的地点。在“安全”选项卡中，可设置四个不同区域各自的安全级别。这四个区域是“Internet”、“本地Internet”、“可信站点”和“受限站点”。可以设定这些区域的安全级别为已有的一些安全级别，也可以自定义。

操作实例：设置IE浏览器，使得“本地Internet”的安全级别为高。操作步骤：打开“Internet选项”对话框，在“安全”选项卡选中“本地Internet”区域，然后滑动滑块，设置该区域的安全级别为“高”。

（6）“隐私”选项卡。

在“隐私”选项卡中可以为Internet区域选择一个隐私设置，还可以设定是否“阻止弹出窗口”。

操作实例：设置IE浏览器，使得浏览网页时阻止弹出式窗口。操作步骤：打开“Internet选项”对话框，在“隐私”选项卡“弹出窗口阻止程序”区域，选中“阻止弹出窗口”选项。

（7）“程序”选项卡。

“程序”选项卡用于指定Windows自动用于每个Internet服务的程序。

操作实例：设置IE浏览器，使得默认的Html编辑器为记事本。操作步骤：打开“Internet选项”对话框，在“程序”选项卡Html编辑器对应的下拉框中选中“记事本”。

实验2　邮件软件Outlook Express的配置与使用

实验目的

掌握用Outlook Express（OE）创建与管理邮件帐号，接受与管理电子邮件、创建与发送电子邮件，以及OE配置的操作方法。

任务描述

1.上网申请电子邮件信箱。

2.运行Outlook Express。

3.创建与管理邮件帐号。

4.用Outlook Express接收与管理电子邮件。

5.用Outlook Express撰写和发送电子邮件。

6. Outlook Express的配置。

操作步骤

步骤1 上网申请免费电子邮件信箱。

在Internet上，有许多站点提供免费电子邮件服务。在此，以在网易门户站点上申请免费电子邮件信箱为例，说明申请电子邮件信箱服务的一般方法及注意事项。

（1）启动IE浏览器，进入网易站点（http://www.163.com）的主页。

（2）在网易主页上，找到申请免费电子邮箱的相关链接，然后按照提示步骤，完成网易邮箱的注册过程。

下面的介绍中，假设读者申请的电子邮箱地址为“user_name@163.com”。

步骤2 运行Outlook Express。

执行“开始”菜单“所有程序”子菜单的“Outlook Express”命令，或双击桌面上的“Outlook Express”图标，运行Outlook Express。Outlook Express的主窗口如图6-12所示。窗口左边文件夹窗格中的“收件箱”用来存放收到的邮件，“发件箱”用来存放需要发送的邮件，“已发送邮件”中保存已经发出的邮件，“已删除邮件”中保存已经删除的邮件，“草稿”存放尚未编辑完成的邮件。

步骤3 设置和管理帐户。

（1）在第一次使用Outlook Express 时，会自动出现“连接向导”，让我们在向导的指引下开始设置帐户。在“Outlook Express”菜单中，单击“工具”→“帐户”，进入“Internet账户”对话框，单击“邮件”选项卡，显示所有已存在的邮件帐户，如图6-13所示。图6-13中已有一个邮件账户“mail.zjgsu.edu.cn”存在。Outlook Express中可以设置多个邮件帐户。

（2）选中已有的邮件帐户，单击“属性”按钮，可查看该账户的设置属性。单击“删除”按钮，可删除该邮件帐户。

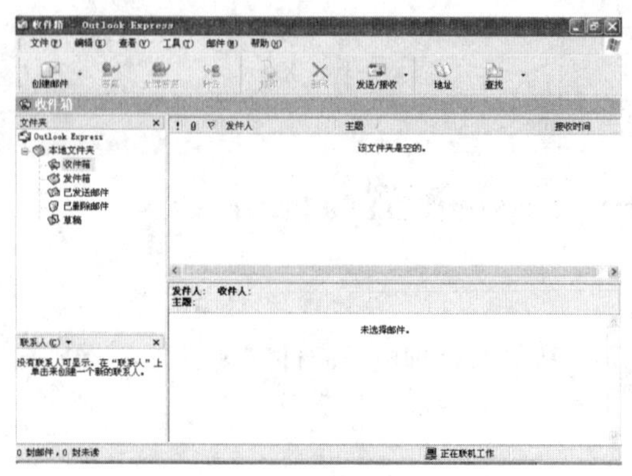

图6-12 Outlook Express的主窗口

图6-13 帐户设置对话框

（3）单击“添加”按钮，选择“邮件”来添加新的邮件帐户。在后续弹出的对话框中输入此帐户的显示名，显示名是给收信人看的，这里你可以填写真实的姓名，也可以另取一个自己喜欢的名字。接下来在“Internet电子邮件地址”对话框输入Email地址，如图6-14所示。填好Email地址后按“下一步”出现如图6-15所示的“电子邮件服务器名”设置对话框。选择接受邮件服务器的类型，如POP3，输入接收邮件服务器的IP地址或域名地址，输入发送邮件服务器IP地址或域名地址。设置完毕后按“下一步”按钮继续。在接下来的对话框中，输入电子邮箱的帐户名和密码，按“下一步”按钮直至完成设置。

（4）操作实例：删除Outlook Express内已有邮件帐户。

在“Outlook Express”菜单中，单击“工具”→“帐户”，进入“Internet账户”对话框，单击“邮件”选项卡，选中已有账户，单击“删除”按钮。

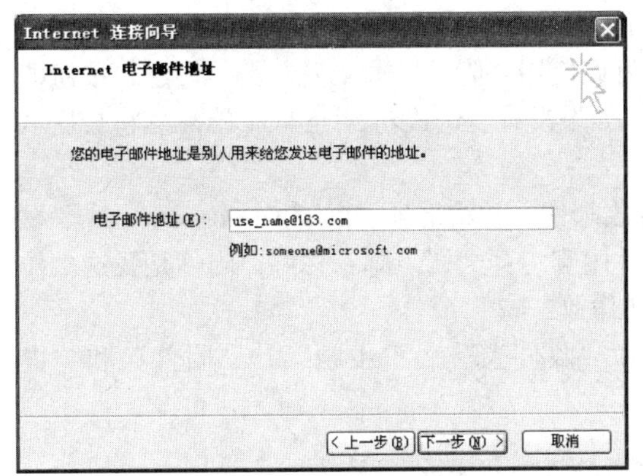

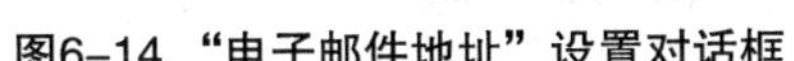
图6-14 “电子邮件地址”设置对话框

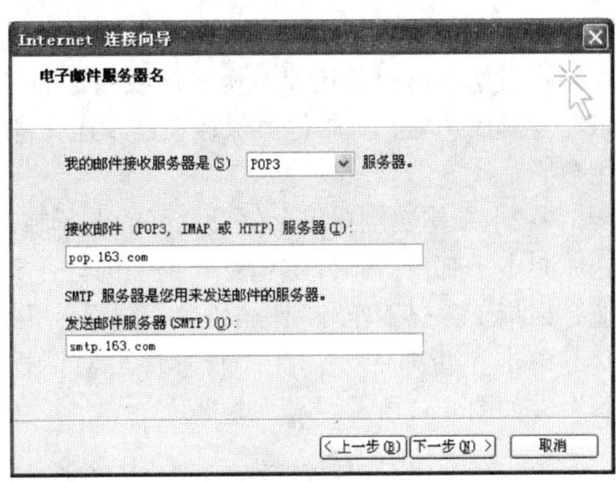

图6-15 “电子邮件服务器名”设置对话框

（5）操作实例：新建一个邮件帐户，其邮件地址为“user_name@163.com”，显示姓名为“wang”，帐户密码为“password”，接受邮件服务器和发送邮件服务器的域名分别是：pop.163.com和smtp.163.com。

单击“添加”→“邮件”。在后续弹出的对话框中输入此帐户的显示名“wang”，单击“下一步”，显示“Internet电子邮件地址”对话框，在“电子邮件地址”处填上已申请的邮箱地址“user_name@163.com”，如图6-14所示。按“下一步”出现 “电子邮件服务器名”设置对话框，选择接受邮件服务器的类型“POP3”，输入网易电子邮箱接收邮件服务器的域名地址pop.163.com，输入发送邮件服务器域名地址smtp.163.com，如图6-15所示。按“下一步”按钮，输入电子邮箱的帐户名“user”和密码“password”，按“下一步”按钮，弹出对话框单击“完成”。系统弹出Internet帐户对话框，显示添加好的帐户，如图6-16所示。

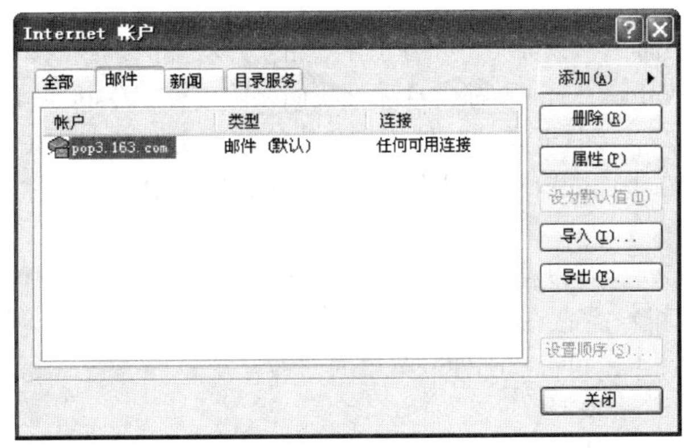

图6-16 帐户添加完毕

步骤4 发送和接受邮件。

（1）发送邮件前要编辑新邮件，单击工具栏中的“新邮件”按钮，进入如图6-17所示的新邮件窗口。在正文区编辑邮件正文，输入收件人Email地址，如果需要将一封信发送给多个人，可以在收件人Email地址处输入多个Email地址，每个Email地址用逗号隔开；也可以将其他的Email地址写在抄送人Email处。填写邮件主题，这样可以让收件人在打开信之前就能了解信的大意。另外，如果在发送邮件时，还要发送文档或照片等文件，可以使用“附件”。最后单击“发送”按钮即可。发送成功后，该邮件就保存在已发送文件夹中。如果没有发送成功，Outlook Express将会提示用户。

（2）操作实例：用上例设置好的电子邮箱帐户收邮件，并给地址“LanZhang@yahoo.com”发送一封电子邮件。邮件主题：“王平的作业”，邮件内容为：“张老师：你好，附件是我这次作业，请指正。祝工作顺利！学生：王平”，附件为“作业2.doc”。

单击“新邮件”，在“新邮件”对话框中添加“收件人”、“主题”、“附件”和“内容”，如图6-17所示。

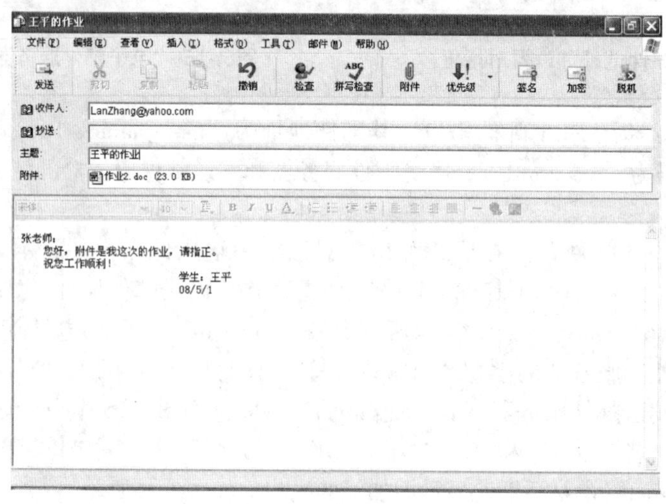

图6-17 新邮件窗口

（3）收信的操作很简单，只需点一下工具栏上的“发送和接收”按钮。其实，每次我们启动Outlook Express时，Outlook Express都会自动帮我们接收信件。Outlook Express会登录接收邮件服务器，查询并接收邮件。接收下来的邮件放在“收件箱”文件夹中，在右侧邮件列表文件窗格中单击选定邮件，即可在下面的窗格中阅读邮件了，也可以双击选定邮件，打开一个新窗口阅读邮件。

（4）对于无用的邮件，可以在“邮件列表栏”选中，执行“编辑”菜单的“删除”命令。对于需要回复的邮件，可以在“邮件列表栏”选中，执行“邮件”菜单的“答复发件人”命令。

（5）如果收到的邮件很多，可以在收件箱里建立不同的“文件夹”，把邮件分别放在各个文件中，方便管理。

步骤5 Outlook Express的配置。

（1）为了使Outlook Express更符合自己的使用习惯，可以调整其选项设置。单击主窗口的“工具”菜单，并选择“选项”命令，会出现“选项”对话框，如图6-18所示。对Outlook Express的设置就在这个窗口进行。

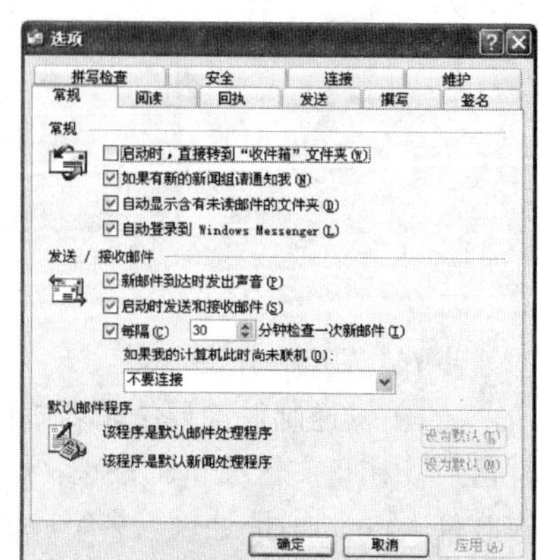

图6-18 选项窗口

（2）“选项”对话框有“常规”、“阅读”、“回执”、“发送”、“撰写”、“签名”、“拼写检查”、“安全”、“连接”、“维护”10个选项卡，分别对OE进行10个方面的设置。

（3）操作实例：设置Outlook Express选项，使得“自动显示含有未读邮件的文件夹”。操作步骤：在“选项”对话框中，选择“常规”选项卡，选中“自动显示含有未读邮件的文件夹”选项。

（4）操作实例：设置Outlook Express选项，使得“显示邮件10秒后，使其标记为已读”。操作步骤：在“选项”对话框中，选择“阅读”选项卡，选中“显示邮件5秒后，使其标记为已读”选项，并将5秒改为10秒。

（5）操作实例：设置Outlook Express选项，使得“立即发送邮件”。操作步骤：单击主窗口的“工具”菜单，选择“选项”命令，在“选项”对话框中，选择“发送”选项卡，选中“立即发送邮件”选项。

（6）操作实例：设置Outlook Express选项，使得邮件使用“常春藤”信纸。操作步骤：在“选项”对话框中，选择“撰写”选项卡，在“信纸”区域选中“邮件”，单击选择按钮，选中“常春藤.htm”为信纸，并单击“确定”按钮。

（7）操作实例：设置Outlook Express选项，使得“每次发送前自动拼写检查”。操作步骤：在“选项”对话框中，选择“拼写检查”选项卡，选中“每次发送前自动拼写检查”选项。

（8）操作实例：设置Outlook Express选项，使得“在所有待发邮件中添加数字签名”。操作步骤：在“选项”对话框中，选择“安全”选项卡，选中“在所有待发邮件中添加数字签名”选项。

实验练习题

练习一

1.使用搜索引擎Google或百度，找到中国教育部网站，进入教育部网站的教育法规网页，找到“教育法律”中的《中华人民共和国义务教育法》，然后将其内容下载到D盘中，保存文件名为“义务教育法”，保存类型为“网页，仅HTML（*.htm;*.html）”。

2.将Google网站的标识“google谷歌”图片保存在“我的文档”中，将该文件命名为“谷歌标识”，保存格式为bmp。

3.整理收藏夹，建立“常用”、“教育”、“媒体”、“财经”、“游戏”等子文件夹，并把网址分别放入各个子收藏夹中。

4.搜索浙江省所有高等学校。

5.搜索有关三峡风光的图片。

6.在Google中进行高级搜索。

7.设置IE浏览器，使得浏览Internet网页时显示每个脚本错误的通知。

8.设置IE浏览器，使得浏览Internet网页时不播放动画。

9.设置IE浏览器，使得浏览Internet网页时不播放声音。

10.设置IE浏览器，使得浏览Internet网页时不播放视频。

11.设置IE浏览器，使得链接加下划线的方式为“悬停”。

练习二

1.选择新浪、网易、雅虎等网站申请免费邮箱。然后设置Outlook Express邮件帐户，新建一封邮件，并添加附件，发送出去。注意观察邮件是否发送成功。

2.设置Outlook Express选项，使得“进行拼写检查时始终忽略Internet地址”。

3.设置Outlook Express选项，使得“进行拼写检查时始终忽略大写的单词”。

4.设置Outlook Express选项，使得“进行拼写检查时始终忽略回复或转发邮件时所引用的原文”。

5.设置Outlook Express选项，使得“为拼错的字给出替换建议”。

6.设置Outlook Express选项，使得“邮件发送格式为HTML格式”。

7.设置Outlook Express选项，使得“回复时包含原邮件”。

8.设置Outlook Express选项，使得“对所有待发邮件的内容和附件进行加密”。

9.设置Outlook Express选项，使得“新邮件到达时发出声音”。

10.设置Outlook Express选项，使得“自动将我的回复对象添加到通讯簿”。

11.设置Outlook Express选项，使得“每隔5分钟检查一次新邮件”。

现在国内广泛使用的E-mail软件除了Outlook Express外，还有Foxmail，其用法与Outlook Express相似。试安装Foxmail，练习它的用法。

参考文献

[1] 潘晓南，陈洁，张京. 计算机应用基础（Windows XP与Office 2003环境）[M]. 北京：清华大学出版社，2008.

[2] 赛贝尔资讯. Excel数据处理与分析[M]. 北京：清华大学出版社，2008.

[3] Excel Home. Excel数据处理与分析实战技巧精粹[M]. 北京：人民邮电出版社，2008.

[4] 詹国华. 大学计算机应用基础实验教程[M]. 北京：清华大学出版社，2007.

[5] 韩小良，陶圆. Excel数据透视表从入门到精通[M]. 北京：中国铁道出版社，2008.

[6] 黄海. EXCEL公式・函数・图表・VBA一本通[M]. 北京：中国青年出版社，2009.

[7]管文蔚，李涌，等. Office企业办公应用技巧与综合案例操作[M]. 北京：中国铁道出版社，2008.

[8] 谢琨琨，姚文锋. Word/Excel在文秘与行政办公中的应用[M]. 北京：中国电力出版社，2005.

[9]黎文锋. Word+excel+Powerpoint在商务办公中的应用[M]. 北京：电子工业出版社，2005.

[10] 王咏刚，周虹. Word商务应用全接触[M]. 北京：电子工业出版社，2005.

[11] 许芸，等. 计算机文化基础实验指导（Windows XP和Office 2003）[M]. 北京：人民邮电出版社，2008.

[12] 吴卿，等. 办公软件高级应用[M]. 杭州：浙江大学出版社，2009.

[13] 刘燕彬，等. PowerPoint 2003中文版实用教程[M]. 北京：清华大学出版社，2004.

[14] 王梦兰，等. 中文版Windows XP 入门与进阶[M]. 北京：清华大学出版社，2002.

[15] 秦光杰，等. 大学计算机基础实验指导与习题集[M]. 北京：清华大学出版社，2007.